貴族とは何か

ノブレス・オブリージュの光と影

君塚直隆

新潮選書

はじめに

貴族が果たすべき責務とは名誉と寛大である。フランスでは、これに礼儀も付け加わろう。秩序だった状態のなかで普通の人々は、貴族から多くの利点を引き出すべきである。［中略］王が貴族らに特別に信頼を寄せるのは、彼ら以上に王の立場を保証してくれる存在がいないからである。貴族を持たぬ王など、軍隊を持たぬ将軍のようなものだ。貴族とは歴史の申し子であり、ともに不滅の存在でもある[1]。

現代の日本人にとって「貴族」という言葉は何を連想させるのだろうか。多くの人が脳裏に思い浮かべるのは、数々の特権を振りかざし、「平民」たちを犠牲にして、果ては歴史の闇へと消えていった姿かもしれない。

そのような否定的な貴族のイメージは、近年のわが国での造語からも窺える。たとえば、家族を養わずに気楽で豪奢《ごうしゃ》な生活を謳歌する「独身貴族」。もとは社会の変革を掲げていながら、労働組合活動などで安定的な地位を築き上げるや、一般の労働者より不当に高い賃金や特権的な待遇を得ている「労働貴族」もしくは「組合貴族」。そして二〇二一年に東京オリンピックが開催された際に、法外な厚遇を受け続けたとして多くの国民から非難を浴びた「五輪貴族」など、いずれも鋭い批判を含んでいるものといえよう。

確かに、歴史上「貴族」と呼ばれた人々には「特権」が伴われていた。それは免税特権に代表される財政上の権利に始まり、司法や奉仕義務、政治参加、名誉などあらゆる種類に及んでいた。しかしこうした「特権」には、近年これも日本に現れた新造語ともいうべき「上級国民」といわれる人々が謳歌しているのとは異なり、必ず「責務」も伴っていたのだ。貴族には無私の責務が求められ、彼らは人々に対して「徳」を示す存在でなければならなかった。

冒頭に示した言葉は、フランスの貴族ド・レヴィ公爵（一七六四〜一八三〇）が一八〇八年に著した『道徳と政治の異なる主題に関する格言、教訓、省察』のなかで指摘した「高貴なるものの責務(Noblesse oblige)」に関する記述である。

「ノブレス・オブリージュ」といえば、近年ではカタカナの日本語にも定着しているほどに、日本にも浸透している言葉であろう。貴族などに代表される高貴な身分のものには、社会全体に対して果たさなければならない責務が伴うという意味である。それは戦乱の世では軍務であろうし、平和の時代には国や州（現代の日本では都道府県）、さらには市町村レベルにおいて人々の生活を豊かに快適にするための責務といえよう。

こうした考え方は何も一九世紀初頭という近代社会の成立期に確立されたわけではなく、はるか昔の古代や中世からすでにあったものではある。しかし、一七八九年に勃発したフランス革命で王制も貴族制も廃止されたにもかかわらず、ナポレオン一世（在位一八〇四〜一四、一五年）の登場でフランスに再び爵位が復活することになった。多くの「成り上がり者」たちが叙爵されることとなり、ここで古来の貴族のあり方について、革命以前から由緒ある「公爵」に叙せられていたド・レヴィがあらためて訓戒を垂れる必要が生じ、この「ノブレス・オブリージュ」の定義に結実したわけである。

本書はわが国だけではなく、経済格差が急激に進む欧米社会全体をも視野に入れ、「自分たちは特別な存在」「何をしても許される」と言わんばかりの一部の富裕層らの姿とは裏腹に、領民や地域住民、さらに国民全体を護らなければならないという強い信念によって、一〇〇〇年の長きにわたり人々から信頼を得てきた「貴族」というものが、歴史的にどのように形成され、それぞれの時代にどのような機能を果たしていったのかを考察するものである。

その際に主な探究の対象となるのが、中世以降のヨーロッパにおける貴族である。もちろん、著者の専門領域がイギリスを中心とするヨーロッパの政治や外交の歴史であることも理由の一端ではあるが、後述の通り中国や日本では早い段階で貴族が衰退しており、中世から近代にかけての世界史において、「貴族」が政治や経済、社会、文化のあらゆる分野で大きな影響力を示したのはヨーロッパだけといっても過言ではないからである。

ド・レヴィ公爵

たとえば、その近代のヨーロッパ諸国を脅かしたオスマン帝国（一二九九～一九二二年）では、メフメト二世（在位一四四四～四六年、五一～八一年）の時代に帝王の権威を脅かしかねない古いトルコ系の名家が排除され、貴家は王家のみという帝国の礎が築かれ、ヨーロッパとは異なり「貴族制度」が存在しなかった。創設当初は軍人たちが跋扈《ばっこ》していた帝国は、一七世紀以降には膨大な量の文書を管理することで成り立つ

「官僚の帝国」へと変貌を遂げていく。[2]

また南アジアに君臨した「インド」では、太古から分権的な支配勢力が割拠する状態が続き、ムガル帝国（一五二六～一八五八年）が領域の大半を支配した時代においてさえ、各地を支配し、日本語で「藩王」と訳されることの多い「マハーラージャ（maharaja）」や「ラージャ（raja）」と呼ばれる君主たちには一定の権限が付与されていた。インド独立（一九四七年八月）の時点でも、こうした「藩王」は五六二人もいたとのことである。彼らは「王侯」であり、ヨーロッパ貴族にも比肩しうる権威を有していたが、ムガル帝国の時代にも、イギリスが一八七七年に建国したインド帝国の時代にも、まとまった「貴族勢力」として政治や経済、社会に関わるようなことはなかった。[3]

これ以外の、アジア、アフリカ、オセアニア、アメリカ大陸のいずれの地域においても、特権が世襲で引き継がれるのは王家に限られるのが通常であり、貴族制が見られたのはヨーロッパの影響や支配のもとで導入された場合だけであった。しかもそれは必ずしも貴族特権の世襲によって成立している制度ではなく、財力や政治的機能や世襲されない特権によっても見分けられるものであった。[4]

こうした理由からも、本書ではヨーロッパ、とりわけ西ヨーロッパに注目して「貴族とは何か」について論じていきたい。

まず第一章では貴族の起源にさかのぼってみたい。洋の東西を問わず、古代の人間社会においては「徳」を備えた人物が人々を支配すべきであるとの考え方が流布していた。古代ギリシャでは、プラトン（紀元前四二七～前三四七）やアリストテレス（紀元前三八四～前三二二）などの代表的な哲学者によってそれが説かれていた。やがてローマ帝国の時代において、貴族たちは皇帝の側近から身を起こし、西ローマ帝国が崩壊した（西暦四八〇年）あとには、帝国での役職に起因する名称が「爵位」へと変化し、こうした爵位は各地の王たちによって認められ、彼らは各地で「貴族」層を形成していくことになる。

また、古代の中国でも春秋時代（紀元前七七〇～前四〇三年）にすでに「五等爵」が現れていたが、六朝《りくちょう》時代（西暦二二二～五八九年）から唐末（九〇七年に唐滅亡）ぐらいまでが「貴族政治の最盛期」とされた。六朝貴族は「道徳的共同体の主宰者」ともいうべき存在であり、彼らは九品官人法《きゅうひんかんじんほう》によりその権力基盤を築いていたが、宋代までには衰退していく[5]。

このように一時期は「貴族」たちの力が大きかった中国でも「貴族政治」から「君主独裁政治」へと移行していくなかで、ヨーロッパでは貴族らが中世以降にも相変わらず影響力を持ち続けていった。

第二章では、中世には封建領主として小さな領域を治めていたヨーロッパの貴族が、やがて国家の支柱として国全体の政治、経済、社会、文化を担っていく近代的な貴族層へと変貌を遂げていく様子を考察する。彼らは貴族集会（議会へと発展）や軍事力を背景に君主を支える重要な存在となった。しかし、やがて一八世紀にフランスを中心に啓蒙思想が普及し、「法の下の平等」という考え方が市民にも拡がると、法的な特権を享受していた貴族への反感が一気に強まり、一七八九年にフランス革命が勃発したことにより、貴族たちは追い詰められていく。

しかしフランスやドイツ諸国などとは異なった道を歩んだのが島国イギリスであった。第三章では中世以来、大陸諸国とは違って貴族集会（議会）が王権に対して大きな力を行使しえたイングランド（イギリス）の歴史について検討する。ヨーロッパ大陸で絶対君主制が黄金期を迎えていたのとは対照的に、一七世紀の二度の「革命」を経て、イギリスでは立憲君主制が確立された。彼らイギリス貴族には下の階級に対する柔軟な姿勢が見られ、一九世紀に入ってからも幾多の政治改革を乗り越え、影響力を維持していた。二〇世紀初頭の貴族院改革や二度の世界大戦によりイギリスにも大衆民主政治が根づき、貴族政治は徐々に衰退していくが、それでも戦後の新たな貴族制改革を経て、二一世紀の今日《こんにち》においても世界で唯一の「貴族院」を有する国として、いまだに貴族たちが一定の影響力を及ぼすようになっている。

そして第四章では、日本の「貴族」たちに焦点を当てていきたい。わが国にも、古代律令制《りつりょうせい》が確立されたのちの一〇世紀以降に、「公卿《くぎょう》」と呼ばれる高位の貴族（近年では平安貴族とも称される）が政治の中枢に携わっていたが、一二世紀後半から一九世紀半ばまでは「武家」と呼ばれる軍事貴族らに実権を握られた。それが明治維新（一八六八年）により、「華族」という新しい貴族制度が導入され、ヨーロッパを範とする「貴族院」も設立された。華族に叙せられたものは、それ以前の公家と武家を中心とする貴族たちであったが、その名称と機能は古代の中国と近代のヨーロッパの折衷ともいうべきものであった。

それも第二次世界大戦での敗北によって姿を消す運命となり、かわりに新たに「参議院」が国会に創設された。しかし、参議院は当初期待されていた「良識の府」としての役割を充分に果たすことができず、近年では参議院改革がしきりに取り沙汰されている。短期的な利益や党利党略が優先されがちな議会制民主主義において、政治に「ノブレス・オブリージュ」の視点を組み込むには、どうすればよいのだろうか。

コロナ禍でむしばまれた昨今の世界全体の状況を見るにつけ、個人間においても、国家間でも、経済的な格差はなくなるどころかますます拡大しつつあるように見える。こうしたなかで、貧富の差や各種の社会問題を緩和するために、古代からの「貴族の叡智」にも学ぶべき点があるのではないか。もちろん、二一世紀の現代の世界に特権階級を再生すべきなどと考えているわけではない。むしろ、「上級国民」なる言葉に象徴されるような政治力や経済力を併せ持つ「ハードの（権力を伴う）貴族」の恣意《しい》を抑え、社会問題の解決を責務とする「ソフトの（精神的な）貴族」を生み出すためにこそ、「貴族の叡智」は役に立つことだろう。

その意味からも、「貴族とは何か」を歴史的に検討していくことはきわめて大切なのである。

◉貴族とは何か　目次

貴族とは何か　ノブレス・オブリージュの光と影

第一章　「貴族」の形成――「徳」を備えた貴族たち

1　古代ギリシャの貴族たち

貴族とは何か

　しかしまた、貴族の名称がいかにむなしく、いかにつまらないか、ということを知らない人が、誰かいるでしょうか。もし貴族の身分が名望のおかげであるならば、それはもともと他人のものです。と言うのは、貴族の身分は祖先の功績に基づく一種の賞賛と見られているからです。もしこのような称揚《しょうよう》が名望を作るならば、名望は称揚される人々のものであるはずです。それであるから、他人の名望は、あなたが自分のものをもたないかぎり、あなたを輝かすことにはなりません。貴族の身分に何か善いことがあるとすれば、それはただ、貴族に生れた者には、祖先の高徳を辱《はずか》しめないことが、当然のこととして課せられているように見える、ということだけである、と私は考えています(1)。

この一文は、西ローマ帝国が完全に消滅した年に生を享《う》けた、イタリアの哲学者ボエティウス（四八〇～五二四／五二五）が記し、没後（一四七三年）に刊行された『哲学の慰め』の一節である。西ローマ帝国の名門貴族の家に生まれ、アテナイに留学を果たしたボエティウスは、当時帝国内にも教えが拡大していたキリスト教の影響も受け、人間の徳とは、哲学と信仰によって神の摂理を知ることにあると考えた。

『哲学の慰め』の別の箇所で、ボエティウスはこのようにも述べている。「私は［物欲などの］はかない事柄に対する野心に支配されたことは、少しもありません。しかし、私は徳性をむなしく朽ちさせないために、実際に［公共の奉仕のために］試してみる機会を求めました」「徳性には特有の品位があって、徳性はその品位をただちに徳性の所有者に付与するからです。世俗の栄位はこれができないから、そのようなものに特有の美しい品位がないことは明らかです」「栄位はその位にある人に名誉と尊敬をもたらします。しかし官職には官吏の精神に徳性を植えつけ、悪徳を追い出す力があるでしょうか。ありません。それは悪徳を追いはらうどころか、その無能をさらけ出すのが普通です。栄位がしばしばろくでもない人間に授けられることに、私たちが腹を立てるのもそのためです(2)」。

ボエティウスが、アテナイ留学中に大きな影響を受けたのが古代ギリシャの大哲学者プラトン（紀元前四二七～前三四七）とアリストテレス（紀元前三八四～前三二二）の思想であった。

そのプラトンが理想の政体として思い描いたのが「徳」を備えた人々による「貴族政治」だった。そもそも古代ギリシャ語で「貴族（英語ではaristocrat）」を示すようになったaristos（ἄριστος）とは、「すぐれた」「優秀な」を意味する言葉であった。のちに「貴族政治（英語でaristocracy）」と呼ばれる本来の意味は「最善の人々による統治（優秀者支配）」だったのである。[3]

プラトンの「貴族政治」

それではプラトンにとって「優秀な」人々とはどのような存在だったのか。アテナイの名門の家に生まれたプラトンは、当代随一の哲学者ソクラテス（紀元前四七〇／四六九～前三九九）に師事し、彼もまた哲学を極めることになった。そのプラトンが理想とした統治形態は、「哲学者たちが国々において王となって統治する」か「現在王と呼ばれ、権力者と呼ばれている人たちが、真実にかつじゅうぶんに哲学する」かのいずれか、すなわち「哲人王」による統治であった。[4]

プラトンは国制を四つに分類している。それは、①名誉支配制、②寡頭制、③民主制、④僭主独裁制、の四つであり、プラトンによればこの順番でギリシャの国制は推移していった。

名誉支配制（ティーモクラティアー）とは、まさに「哲人王」による「王制」もしくは「優秀者支配制」を意味している。それは豊かな理知と同時に「徳」を備えた人々を「守護者（ピュラクス）」とする国制である。彼らは「けっして自分のための利益を考えることも命じることもなく、支配される側のもの、自分の仕事がはたらきかける対象であるものの利益になる事柄をこそ、考察し命令する」存在となる。そのような支配者たちのなかに、一人だけ傑出した人物が現れる場合には「王制（モナルケス）」と呼ばれ、すぐれた支配者が複数である場合には「優秀者支配（アリストクラティアー）」と呼ばれる。[5]

プラトンが最善の国制と呼んだのがまさにこれであるが、やがて支配者たちは殖財に邁進し、次の寡頭制（オリガルキアー）へと転じていった。プラトンによれば、「富と徳」とは対立関係にあり、金をつくることを尊重すればするほど、人々はそれだけ徳を尊重しないようになる。「両者のそれぞれを秤の皿の上に乗せると、つねにまったく正反対のほうに傾く」。このため一国で富と金持ちが尊重されるのに応じて、徳とすぐれた人々は尊重されなくなり、支配される側の人々も金もうけを求め、金銭を愛する人間となり、「金持の人を賞讃し讃嘆して支配の座につけ、貧乏な人を軽んじることになる」とプラトンは説いている(6)。

やがて富や権力を独占する支配者に対する反発から、国制は民主制（英語で democracy）へと転じていく。ギリシャ語で「民衆」「大衆」を意味する dēmos による統治体制（デーモクラティアー）であり、自由で平等な市民による相互支配の体制である。プラトンによれば、民主制では「自分で働いて生活し、公共のことには手出しをしたがらず、あまり多くの財産を所有していない人々」の階層が最も多くを占め、「いったん結集されると最強の勢力となる」とされる(7)。

しかし、そのように「最高度の自由からは、最も野蛮な最高度の隷属が生まれてくる」とプラトンは喝破した。それが最後の僭主独裁制（テュラニス）である。プラトンによれば、「徳という観点からみて」、優秀者支配制と僭主独裁制とは正反対の関係にあり、「僭主の独裁下にある国家よりもみじめな国はなく、王者の統治下にある（優秀者支配制の）国家よりも幸福な国はない」とされる(8)。

アリストテレスの「貴族政治」

そのプラトンの下で学んだアリストテレスは、アテナイではなく、ギリシャの北方に位置するマケドニアの出身である。のちにかのアレクサンドロス（アレクサンダー）大王（在位紀元前三三六～前三二三年）の家庭教師としても名を馳せたが、アリストテレスの場合には国制を六つに分類している。

それは、①王制（バシレイア）、②貴族制（アリストクラティアー）、③国制（共和制：ポリテイアー）、④僭主制（テュラニス）、⑤寡頭制（オリガルキアー）、⑥民主制（デーモクラティアー）の六つである。

このうち、①と④は一人による支配、②と⑤は少数者による支配、③と⑥は多数者による支配に分類される。しかし、①から③については共通の利益に目を向ける体制であるのに対して、④から⑥は共通の利益にはかなわない体制であると、アリストテレスは定義づけている。

このなかでアリストテレスが特に重視するのが王制と貴族制である。すでに述べたとおり、貴族制とは字義通りに訳せば「優秀者支配制」となる。それは「最もすぐれた人々が支配するからであるか、あるいは国家とその構成員にとって最善のことを目的として支配するからである」。これに対して、大衆が共通の利益を目的として統治する場合には、単に「国制（共和制）」と呼ばれる。すなわち王制や貴族制のような、すぐれた者による支配を示唆する特別な名前がついていないという意味である。アリストテレスは、共和制を王制や貴族制に比べ劣ると見ている。それというのも「一人ないし少数者が徳の点で抜きん出ることはありうるが、多数者ともなれば、あらゆる徳において完全であるということは難しいからである」(9)。

共通の利益を考えず、個人（僭主制）、支配層（寡頭制）、多数者（民主制）の利益のみ追求するような国制は論外としても、アリストテレスは一人の人物による支配よりは、「数は多いが誰もが善き人である一群の人々による支配」のほうが「国家にとって望ましいことになるだろう」と述べている(10)。

またアリストテレスは、①から③の国制が成り立つ条件として以下のように論じている。まず、王制に適しているのは、政治を主導することに関して傑出した徳をもっている一族を自然に生み出せるような集団である。貴族制に適しているのは、徳ゆえに市民的支配を主導する人々が自由人にふさわしい支配をおこなうときに、その支配を受け入れることができる大衆を自然に生み出せるような集団である。そして共和制に適しているのは、価値に応じて富裕者に公職を配分する法律のもとで、支配することも支配に服することもできる、そうした戦士としての大衆を自然に生み出すような集団である[11]。

こうした理論からも導かれるとおり、アリストテレスが統治にあたって最も大切に考えていたのが、師のプラトンと同様、「徳」であった。

貴族制という名が正当にあてはまるのは、「徳に関して無条件に最善である人々からなる国制にかぎられる」のであり、単に富にもとづいてではなく「徳も考慮に入れて公職者が選ばれ」、「富と徳と民衆とを重視するところでは、その国制は貴族制の性格をもっている[12]」。

先に紹介したとおり、プラトンは富と徳とは対立関係にあると規定したが、アリストテレスの場合には必ずしも富を否定はしない。というのも、「富裕であるほど教育と生まれのよさをともなう傾向があ」り、「人は富裕者のことを『善美なる人』と呼んだり、『貴族』と呼んだりする」し、「貴族制というものは市民のなかで最善の人々に優位な地位を割り当てようとする」ものだからである[13]。

ただし、貴族制の顕著な特徴は、「徳に応じて公職が配分されるところ」にあり、「寡頭制の基準は富であり、民主制の基準は自由であるのに対して、貴族制の基準は徳なのである」。アリストテレスは、貴族制が「自由と富と徳」という三つの要素のうち「徳」を重視するものと考察している。

さらにこの三つに「生まれのよさ」も付け加えることができるが、彼によればそれは「富と徳」にともなう要素であり、「先祖が富と徳とをそなえていた」証なのである。[14]

現実の古代ギリシャ世界

このようにプラトンもアリストテレスも「徳をそなえた人々」による「貴族制」を理想の国制として掲げていた。彼らが強調した「徳（ギリシャ語でἀρετή：アレテー）」とは、具体的には知恵、勇気、節制、正義という四つに結実する。[15]こうした要素を兼ね備え、私利私欲ではなく、公共のために命を捧げるものこそ真の「貴族」といえよう。

しかし現実の古代ギリシャ世界に「貴族制」は根づかなかった。その点は、アリストテレスも述べているとおり、「貴族制では、少数者だけが名誉ある公職にあずかるために内乱が生じ、それは寡頭制」に転じてしまう原因となったのである。[16]実際に、古代ギリシャは富ばかりを追求する少数の富裕層による寡頭制か、多数の貧者からなる民主制が一般的であった。ほかならぬ、プラトンやアリストテレスが活躍した紀元前四世紀には、すでにアテナイは民主制となっていた。

ここで古代ギリシャの現実の歴史をアテナイを中心に振り返ってみたい。紀元前二〇〇〇年頃に北方から現在のバルカン半島最南端のギリシャに人々が定着したとされている。当初は原始的な部族集団が各地に点在し、紀元前一六世紀から前一二世紀にかけては「ミケーネ文明」と呼ばれる高度な文明を築いていった。しかし紀元前一一世紀頃から外敵の襲来に遭い、先の文明が崩壊する一方で、のちの古代ギリシャ文明の中核ともいうべき、ポリスと呼ばれる都市国家群と、ギリシャ語のアルファベットが形成されていくのである。[17]

紀元前八世紀までには各ポリスでは王の力が衰え、交易や防衛で力をつけるようになった貴族たちの力が向上した。いわゆる「前古典期」と呼ばれる紀元前八世紀から前六世紀までが、貴族政治の全盛期であった。この頃までに各ポリスでは人口の増加に伴い、耕地の不足が深刻化していた。紀元前八世紀半ばからの二〇〇年ほどで、ギリシャ人たちは本土はもとより、小アジアやエーゲ海の島々、さらにはアフリカ北東岸にまで植民活動に乗り出すようになっていた。ここで海上交易により利益を上げたのが一部の貴族層であった[18]。

さらに貴族と並んで、より下の平民でも商工業に携わる上層部が利益を得る一方、対外戦争が進展するにつれて、さらに下の階層にまで政治的な発言権が付与されていくことになる。世にいう「重装歩兵民主制」である。

ポリスが勢力を拡大するために、王侯や貴族が自ら兵を率いておこなってきた遠征は、紀元前七世紀後半頃までに、青銅製の丸楯（hoplon）を持ち、これまた全身を青銅製の兜や胸甲などで覆い、鉄製の長槍で武装した歩兵軍団が戦闘の主力を担うようになっていた。こうした重装歩兵（hoplitai）を増強するためには貴族出身の兵力だけでは足りない。戦争に勝つためには平民戦士からの協力にも頼らざるをえなくなり、その協力の代償として平民にも政治的発言権が与えられていったのである。貴族たちが編み出した戦術が皮肉にも貴族制の基盤を揺るがすことになったのだ。紀元前七世紀末から前六世紀はじめにかけて、重装歩兵軍団を擁した諸ポリスでは平民たちの意向も国政に反映されていくこととなった[19]。

紀元前五世紀から前四世紀にかけては、ポリスの多くが貴族政治から直接民主政治へと移行していく。いわゆる「古典期」のギリシャである。先述のソクラテス、プラトン、アリストテレスらが哲学の世界に一時代を築き、歴史家のヘロドトス（紀元前四八四頃〜前四二五頃）やトゥキュディデス（紀元前四六〇頃〜前三九五）、悲劇詩人のアイスキュロス（紀元前五二五〜前四五六）、喜劇詩人のアリストパネス（紀元前四四六頃〜前三八五）などがギリシャ文化を牽引したのも、まさにこの時代のことである。

しかしやがてギリシャ内部では、ペロポネソス戦争（紀元前四三一〜前四〇四年）やコリントス戦争（紀元前三九五〜前三八七年）など戦乱が相次ぎ、これにつけ込むかたちで紀元前四世紀半ばには北方のマケドニア王国が台頭し、アレクサンドロス大王の父フィリッポス二世（在位紀元前三五九〜前三三六年）によってギリシャの大半の軍事・外交が掌握されることになった。各地で民主制は崩壊し、マケドニア軍の武力を背景とする一種の寡頭制が生じていくのである。

アテナイの貴族政治

地中海の東側に大きな勢力を誇ったギリシャ世界には、都市部を中心にその周辺地域をも支配するポリスと呼ばれる国家単位がおよそ一〇〇〇ほど存在した。しかしその成立事情や人口規模、制度や文化には多様性が見られた。全ポリスのうち五〇〇平方キロメートル以上の領土を有するものは、わずか一〇〇ぐらいにすぎなかった。なかでも政治制度や経済力、なによりも文化の面においてその代表的な存在となったのが、プラトンやアリストテレスが活躍したアテナイである。

紀元前八〜前七世紀に戦士国家として台頭したスパルタ（面積は八〇〇〇平方キロで現在の日本では静岡県より若干大きい）、シチリアに拠点を置くシラクサ（面積は四〇〇〇平方キロで現在の日本では滋賀県ほどの大きさ）に次ぐ、第三位の面積をもつアテナイ（二四〇〇平方キロで現在の日本では神奈川県ほどの大きさ）は、最盛期の人口が二〇万〜三〇万人でこのうち成年男子市民が四万人ほどを数えた。[20]

アテナイは当初「王制」を採っていたが、紀元前八世紀頃から王（basileus）は主に祭祀を取り扱い、軍事を掌握するポレマルコス（polemarchos：軍司令官の意味）、行政権を掌握するアルコン（archon：統治者の意味）の三役体制へと移行した。これによってアテナイは王制から貴族による集団指導体制となったのである。貴族制ポリスとしてのアテナイの成立である。紀元前六八三年には、それまで一〇年だった三役の任期が一年に短縮され、有力貴族の一族にのみ占有されてきた三役は中小貴族でも就くことが可能となっていった。紀元前七世紀の半ばになると、三役の他に立法や裁判に関わるテスモテタイ（thesmothetai：立法者の意味）という役職も六人加わり、彼らも含めた「広義のアルコン」として九人同僚制が導入されることになる。[21]

こうした貴族の集団指導体制に動揺が生じるのが、重装歩兵制の発展にともなう平民の発言力の向上期となる、紀元前七世紀後半のことである。まずは改革派のドラコン（紀元前六五〇頃〜没年不明）により、それまで貴族の解釈に委ねられていた法が平民を含む市民全員のものとして明文化された。紀元前六二四年のことである。さらに紀元前五九四年には有名なソロン（紀元前六三九頃〜前五五九頃）による改革が推し進められる。

ソロンがアルコンに就任したとき、アテナイは未曾有の危機に直面していた。当時の中小農民の多くが貴族や富裕層に借財を負い、返済が滞ると奴隷身分にされ、国外に売られてしまった。貴族らはさらに土地を獲得し、重装歩兵として国防を担うべき自由農民の数が著しく減少した。ここでソロンが打ち出したのが中小農民を債務から解放することだった。さらにソロンは、国政参与の資格を家柄ではなく、財産を基準とする方針に変更した。これ以降は土地からの収益額を基準に決めた四つの階級のうち、上位二階級から高位高官を採用することとなった。

　しかしここで誤解してはいけないのは、ソロンの改革はなにも政治の主導権を上中層の平民に譲り渡すのが目的であったわけではないということである。むしろ貴族政治の骨格を維持するために、上中層平民にも相応の政治的発言の場を与えただけであった。事実、土地からの財産を基準とする上位二階級の多くは貴族たちで占められていた(22)。

　とはいえ、このののち貴族同士に衝突が生まれ、ペイシストラトス（紀元前六〇〇頃～前五二七）による僭主制が現れ、僭主制を抑え込んだクレイステネス（紀元前五七〇～没年不明）によって民主的な改革が進められ、有力貴族の地盤が分断されていく。以後はアテナイの政治は、一〇部族に分けられ、各々が五〇人ずつ選出する五〇〇人評議会によって運営された。民会（ekklesia）で審議事項が詮議され、独自の司法・行政上の機能が果たされていく。さらにこのクレイステネスによって導入されたのが、かの有名な「陶片追放（ostrakismos）」である。市民一人一人が陶片（ostrakon）に僭主となる恐れのある人物の名を刻み、規定数を超えた最多得票者が一〇年間国外に追放されるという制度である。

　こうした一連の改革は、貴族出身の改革派の指導者によって先導された。それは貴族をも含む市民団の存続を図り、反対派貴族の反動を抑え込むために、当時向上しつつあった平民の発言力を利用して推進されたものであった。しかしそれは最終的にはアテナイにおける民主政治の確立に寄与することにもなった。アテナイで民主政治が確立される

ソロン

にあたり、平民に主導権が握られるようなことはなく、あくまで貴族政治家による改革の帰結として民主政治は生み出されたのである。(23)

直接民主政治の弊害

紀元前四世紀までには、アテナイでは市民による総会にあたる民会が国家の意思決定機関となった。定例の会議は年に四〇回開催され、成年男子市民のすべてが参加する権利を与えられ、発言し、票を投じた。ここでは法の制定や改定、内政・外交・軍事など主要な議題のすべてが決定された。さらに司法の側面で大きな影響力を有するようになったのが「民衆法廷（dikasterion）」である。三〇歳以上の成年男子市民六〇〇〇人（一〇部族各々から六〇〇人ずつ）から構成され、それは全成年男子の五分の一から六分の一の間を占める数となった。(24)

こうしてアテナイに史上稀に見る「直接民主政治」が誕生した。しかしこれが軌道に乗るためには、古代ギリシャ史家の伊藤貞夫も鋭く指摘するとおり、一般市民が感情や目前の利益にまどわされぬ冷静さと大局観を持つこと、さらには、彼ら市民の意向を集約し、ときには適確な指針を示して一国の向かうべき行く手を誤らせぬ政治指導者に恵まれていることが必要条件となってくる。(25)

ところが実際には、最後の改革派の巨人ペリクレス（紀元前四九五頃〜前四二九）が病没すると、貴族ではなく、手工業者出身の政治家クレオン（生年不詳〜紀元前四二二）に代表される、大衆煽動的な指導者たちが次々とあらわれ、アテナイは政情不安と不必要な対外戦争へ追いやられていった。彼らは「デマゴゴス（demagogos：元々は民衆を導くものという意味）」と呼ばれ、海外により多くの植民地を獲得して、奴隷などの戦利品を獲得しようとして大衆を煽った。のちに「デマゴーグ

（demagogue：衆愚政治を先導する人）」の語源となった人々である。他方の大衆の側もこれに追随し、民会の決定を左右してしまった。

歴史家のトゥキュディデスは、デマゴゴスらは「己れの名誉と利益を第一とし、またペリクレスのように他を圧するずば抜けた存在ではなかったので、主導権を握るために競って民衆に迎合し、国政運営と戦争指導とに過ちをくりかえす羽目に陥った」と厳しく批判している。

こうした直接民主政治の弊害は民衆法廷による裁判にもあらわれている。六〇〇〇人からなる審判人たちの多くが法や裁判について充分な知識をもっておらず、その場の雰囲気に誘導されて、冷静適確な判断を下せない場面が多々見られた。訴訟当事者も、デマゴゴスのごとく、その隙を突いて審判人たちの情に訴える戦術をとることが多かった。

師のソクラテスがアテナイの政治指導層と衝突し、民衆法廷での裁判の果てに自決させられる姿をまじまじと見つめていたプラトンは『ソクラテスの弁明』のなかで、訴訟当事者たちがときには子どもへの同情を誘ってまで審判人に哀願する様を皮肉を込めて語っている。敬愛してやまないソクラテスを死に追いやったのは、まさにアテナイの直接民主政治であった。こうした現実が、これより四半世紀ほどのちに、プラトンをして『国家』を書かしめ、そのなかで民主制ではなく「貴族制」こそが理想と言わしめた要因だったのかもしれない(26)。

ペリクレス

古代ギリシャ貴族の限界

それではなぜ古代ギリシャの貴族たちは、プラトンやアリストテレスが理想として説いたような国制を実現できずに、民主政治へとその主導権を明け渡したのであろうか。

伊藤貞夫も指摘するとおり、古代ギリシャにおいては、貴族と平民（農民）との間の隔たりが、社会的・経済的に見て異例に小さいことが理由としてあげられよう。確かに紀元前八世紀頃から、国政と裁判の実権は貴族たちの掌中に握られ、平民は貴族の政治的支配下に置かれていた。しかし平民は、貴族による政権独占を許容しながらも、彼らに無条件で追従するわけではなく、政治・軍事・司法のあらゆる分野で貴族たちの決定に絶えず目を注ぎ、必要とあらば批判することも辞さなかった。古代ギリシャの貴族政治は、重要な決定にあたり、平民を疎外し密室で貴族だけで決めるという慣行とは無縁であったのだ。

その背景には貴族と平民の経済的基盤があった。平民の多くが独立の農業経営者であり、彼らは貴族ほどの大土地所有者ではなかったが、それでも自らの土地を持っていた。しかも彼らには、貴族に収穫の一部を納めたり、労働を提供したりする義務は課せられていなかった。古代ギリシャの貴族たちは、総体としては、一般農民に比べて経済的な意味で絶対的優位にあったとは言えなかった。彼らの間には、中世ヨーロッパなどに見られる、領主と領民という関係はなく、政治的には平民は貴族の支配に服していたが、社会的・経済的な意味での服属関係は両者の間には存在しなかったのである[27]。

むしろ貴族と平民の間には、同じポリスの構成員としての共同体意識のほうが強く存在し、相次ぐ戦争にともなう重装歩兵制の導入や、ソロンからペリクレスに至る各種の改革により、貴族と平民との身分格差が縮小の一途をたどり、それとともに共同体意識がますます強化されて、最終的には民主制への道を切り開いたのであろう。

それはこのあとすぐに説明する古代ローマにおける貴族制とは異なる道であった。

2 古代ローマの貴族たち

ギリシャとローマの違い

イタリア半島の中部に位置するローマも、もともとは小さな都市国家であった。アテナイなどに直接民主政治が確立される紀元前五世紀半ば以前において、ローマの領域は二〇〇平方キロにすぎなかった。それはアテナイの一二分の一程度の大きさであった。それから五〇〇年ほどの間にローマは広大な領域を支配する一大強国になりおおせていった。西暦二世紀前半までに、ローマは地中海一帯はもとより、現在の西ヨーロッパ全土も手中に収め、その北西端はブリテン島北部（いまのイングランドとスコットランドの境のあたり）にまで達していたのである。

個々に高度な文明を築きながら、最後はポリスが同盟同士で激突し、その隙を突かれて周辺の大国にのみ込まれてしまったギリシャとは異なり、同じく都市国家から勃興したにもかかわらず、ローマが史上最強の「帝国」を建設できたのはなぜなのだろうか。

多くの識者が指摘しているところであるが、ギリシャでは市民と非市民（外国人など）を峻別し、政治・経済・社会のあらゆる面で差別が見られたのに対して、ローマ帝国では「外部」と接する属州にあっても「ローマ人である」という意識が共有され、出身部族や居住地、宗教を理由に誰かを排除することはなかった。第四代皇帝クラウディウス（在位西暦四一〜五四年）は「属州の人であっても、もし元老院を飾ることさえできるのなら、私は彼らを決して拒否することはない」と語っている。「ローマ人である」という意識が多様な人々を、排除ではなく、統合する機能として働いていたのだ(28)。

他方で「貴族」の力についても、古代ギリシャとローマのあいだには明確な違いが見られた。あとで詳述するが、紀元前五世紀からのおよそ二〇〇年ほどの間に、共和政のローマにおいても貴族と平民の身分闘争が生じ、最終的にはその身分差が法制上は解消される。しかしもともと貴族と平民の経済的な格差はギリシャのそれに比べて大きく、身分闘争の末に登場した新貴族は、高位の官職と元老院の議席の大半を独占し、対外戦争で手に入れた広大な公有地を手中に収め、経済的な側面でも中小農民をはるかに凌駕《りょうが》する力を蓄積していくことになったのである。しかも貴族の力は共和政期の最後まで衰えを見せることはなかった(29)。

キケロが見た「貴族政治」

人生のいかなる部面も、公事にせよ、私事にせよ、戸外の事であれ、家事であれ、あるいは己れ一個に関することに携わっている場合にせよ、あるいは他人の事にかかわっている場合にせよ、およそ道徳的義務を伴わぬものはないのであるから。この義務を果すところに、人生のすべての道徳的に正しいものが生れ、これを怠るところに、あらゆる道徳的不正が生ずるのである。／なおその上、この問題は、すべての哲学者の共通の研究題目である。何故といって、義務について何等説くところなくして、敢えて自ら哲学者と称する者があろうか。[30]

これは共和政期の古代ローマを代表する哲学者で政治家でもあったキケロ（紀元前一〇六〜前四三）の名言である。イタリア中部のアルピヌム（現アルピーノ）に生まれたキケロは、若くしてローマで法律学や修辞学、そしてギリシャ哲学などを学び、弁論家としてその名を馳せた後に、ローマ共和政の最高官職である執政官（consul）にまでのぼりつめた。彼が終生をかけて護ろうとしたもの、それが共和政のローマだったのである。

小さな田舎都市だったローマがなぜかくも強大な国家に成長できたのか。キケロの考えでは、神々への敬虔さ（pietas）と慎み深さ（religio）ではいかなるものにもひけをとらないローマ人の道徳性にその秘密が隠されていた。道徳なくしては共和政は存在しえず、共和政なくしては道徳は実現できないというのがキケロの信条であった。そしてその道徳を実践できる存在が、共和政における「貴族」と考えられたのである。[31]

キケロ

キケロの説く「道徳」とは、プラトンやアリストテレスが唱えた「徳（アレテー）」と同じく、深慮（prudentia）、正義（justitia）、勇気（fortitudo）、節制（temperantia）の四つの要素から生じる。これら四つは真実の完全な認識と巧みな開明とに関係し、人間の社会を維持し、各人が引き受けた責務を忠実に果たすことに関係し、高邁不屈の精神の偉大さと力に関係し、節制と克己の根源たるいっさいの言動における秩序と中庸とに関係している[32]。

こうした徳を備えた人物こそが「貴族（最善の人々）」であり、彼らが共和政の政治を担うのが理想であるとキケロは確信していた。事実、後述するように、貴族と平民の身分闘争の果てに登場した新たな貴族たちは「徳」こそが国の指導者にふさわしい資質と考えて、その後も政治的に活動していった。しかしその後の現実のローマはそのようには動けなかった。なによりキケロと同世代に多くの野心家の将軍たちがうごめいていたからである。

キケロがこうした信条を説いていた時期に、すでにローマは共和政から帝政へと移行するかのような雰囲気を漂わせていた。その最先端に位置したのが、キケロが執政官から退いた直後ぐらいから強大な権力を握るようになり、いわゆる「第一回三頭政治」と呼ばれる指導体制を築くことになった、ガイウス・ユリウス・カエサル（英語名でジュリアス・シーザー：紀元前一〇〇～前四四）、グナエウス・ポンペイウス（紀元前一〇六～前四八）、マルクス・リキニウス・クラッスス（紀元前一一五～前五三）の三人だったのである。

キケロの目から見れば、この三人はいずれも私利私欲にとらわれた野心家であり、公共の利益ではなく、自らの立身出世しか考えていない強欲な連中にすぎなかった。古代ローマ史家の本村凌二も述べるとおり、この三人が執政官として君臨した時代に、貪欲なるものの前では信義も廉直《れんちょく》も失われ、善良なる徳性はひっくり返され、不遜極まりない態度や残虐非道な感情、神々をないがしろにする傲慢さがのさばり、金銭の力こそが万物にまさるとの考え方がローマ中に蔓延していった。キケロがローマ成長の要因と考えていた、敬虔さも慎み深さも消し飛んでいた[33]。

三人のなかでも特に強欲だったのがクラッススであり、政敵を粛清する際に情け容赦なく財産も没収し、それを元手にさらに財産を殖やしていった。一時期はローマ市街の大半がクラッススの持ち家となり、彼の財産はなんと四〇万世帯を一年間養えるだけの巨額へと膨らんだとされる。そのクラッススにキケロは痛烈な批判を浴びせた。クラッススが演説のなかで述べた「国家の一流の市民たらんとする者は、その資産からの収入で軍隊を養い得るほどでなければ、巨万の富にも満足することができない」という言説に対し、キケロは「私財を蓄積することは、人を損わざる限り、非難さるべきものではない。ただ財産の不正な取得は常に避けねばならぬ」と、クラッススが資産を増やしていた「やり口」に非難の矛先を向けたのである[34]。

さらに三人のなかで頂点に立ち、元老院を圧倒して、終身の「独裁官（dictator）」に就任したカエサルに対しても、「厚顔にも、勝手に王位を夢見て、神と人とのあらゆる掟を蹂躙した」と、キケロは痛烈にこれを非難している[35]。

その直後にカエサルは暗殺されたが、彼の後継者をめざしたマルクス・アントニウス（紀元前八三〜前三〇）と衝突したキケロは、アントニウスの放った刺客に暗殺され、その首と右手がローマでさらしものにされたのである。

古代ギリシャでプラトンやアリストテレスが夢見た「貴族政治」が実現しなかったように、古代ローマにおいてもキケロが夢見た道徳に基づく「貴族政治」は樹立されなかった。こののちアントニウスを打ち倒したオクタウィアヌスを「皇帝」に戴く帝政へとローマは変貌を遂げていく。それでは共和政期から帝政期にかけてのローマの貴族たちの歴史について概観してみよう。

パトリキとプレブスの対決

古代ローマの起源が「ロムルスとレムス」の伝説に基づいていることはつとに知られている。今日ではロムルスの実在性は疑わしいとされているが、そのロムルスが王位に即《つ》き、人民を三つの部族に分けて、貴族と平民の区別を定め、一〇〇人の貴族からなる元老院を設置したという伝承も残っている。いずれにせよ、原初のローマには「王制」がしかれていたが、紀元前六世紀の終わりに、市民たちの決定で王制は廃止され、ここにローマは共和制へと移行する。

共和政ローマでは、一年任期で同等の権力を共有する二名の「法務官（praetor：先頭を行く人の意味）」が設置された。もともとは軍の指揮官から取られた名称である。この時代のローマは国家指導者が担う業務のなかに占める軍事の比重は極めて大きかったようである。やがて紀元前四世紀終わり頃からは、彼らは「執政官（consul）」と呼ばれるようになっていく。また例外的に異常事態が生じた場合には、執政官の一人が単独で「独裁官（dictator）」に任命され、権力を一元化することもありえた。

こうした政務官を独占していたのが「パトリキ（patricii）」と呼ばれる貴族たちだった。すでに紀元前七世紀以降、王制期のローマでは市民間で富の不均衡が生じており、富裕層が元老院の議員職を優先的に占めるようになった。パトリキの語源は「パトレス（父たち）」にあるが、それは同時に元老院議員を意味する言葉でもあった。パトリキたちは元老院のみならず、王制末期の統治の中枢を掌握し、国王を追放し、共和政に転じた後には法務官、執政官、独裁官といった役職まで独占するようになっていった。

パトリキは平民との間に「信義（フィデス）」に基づく保護者＝被保護民の関係を築くようになり、

これがのちの「パトロネジ（patronage：恩顧関係）」という言葉の語源になる。しかし、古代ギリシャと同じく、やがて小農民がパトリキに借財を負い、返済できない場合には債務奴隷として労役につかされる事例が多くなっていく。そして紀元前五世紀の前半までには、パトリキは身分を完全に閉鎖し、五〇程度の氏族だけで共和政ローマを牛耳るようになっていった[36]。

パトリキが政治や経済のすべてを支配し、専横なふるまいを見せるようになると、平民（プレブス：plebs）たちは集団的な抵抗運動を示していく。それは一定の成果をおさめ、紀元前五世紀の初頭までには、プレブスを護る「護民官（tribunus plebis）」が登場し、護民官の主宰のもとに「平民会（concilium plebis）」も設置されることとなった。

このパトリキとプレブスの身分闘争の結果、紀元前三六七年には、債務問題や土地制度改革とともに、執政官二名のうち一名をプレブスから選ぶとの改革が実現していく[37]。

ノビレスの登場

とはいえ、これで共和政ローマの実権がプレブスに移行したわけではもちろんない。パトリキは執政官のうちの一名を掌握し続けたし、執政官などの政務官はそもそも無俸給の官職である。よほどの資産を持たなければ、たとえ任期が一年といえどもすべてのプレブスが立候補できるわけではない。さらに選挙で選ばれる際には、幅広い市民からの支持がなければならず、家柄だけではなく、当人の実績（特に軍事的功績）が問われる場合が多かった。

しかしこれ以後は、有力家門以外のもので親族に役職経験者を有していなくとも要職に就くことが可能になったのは事実である。こうして実力主義的な人材登用に基づく政治体制が確立されていくが、やがてプレブスの上層部がパトリキに糾合されるかたちで、再び名門支配の傾向をはらんでいく。ここで国の指導者に必要な資質は「徳（virtus）」とされ、徳を備えていると見なされた人々は「ノビレス（nobiles：名の知れた人の意味）」と呼ばれた。これがパトリキとプレブスの闘争の末に登場した新貴族であった[38]。

すでに述べているとおり、ノビレスは実力主義に基づく貴族である。どんな名門家に生まれていようとも、家門の栄光に頼りきって努力を怠っていては、執政官に就けなかった。祖先の名に恥じない功績を積み重ね、「父祖の遺風」を実践することが必要とされた。本章の冒頭に載せたボエティウスの言にあるとおり、「貴族の身分は祖先の功績に基づく一種の賞賛」であり、「貴族に生まれた者には、祖先の高徳を辱しめないことが、当然のこととして課せられている」と考えられていたのが、ノビレスが登場した当時の風潮であった[39]。

プレブスの参入は執政官だけではなかった。政務官職の経験者は元老院議員にも選ばれたため、元老院にも新しい風が吹くようになっていたのだ。政務官も元老院も家柄ではなく、人物本位で人選が進められた。また、紀元前四世紀以降には、ローマの領土が拡大するにつれて、政務官の仕事量が激増し、経験豊富な元政務官らが議席を占める元老院の重要性が著しく増大した。いまや元老院は、ローマの外交・戦争・財政の諸分野で大きな発言力を有することとなった[40]。

かつてパトリキがプレブスと取り結んでいたパトロネジの関係は、ノビレスが登場してからもこれに引き継がれた。ノビレスはより下の階層の者と信義に基づく保護＝被保護の関係で結ばれ、それは「クリエンテラ（clientela）」と呼ばれた。英語の「クライアント（client）」の語源である。クリエンテラはノビレス支配の根幹となった。制度改革がおこなわれた紀元前三六七年から、ちょうどキケロが執政官に選ばれた前六三年までの三〇〇年の間に、民会で選ばれる執政官に新人（その家系から初めて選ばれる場合）が就いたのはわずかに一五例しかないとされる。[41] この時代に執政官も元老院も支配していたのが、まさにノビレス貴族たちだったのだ。

こうしたノビレスの影響力は地方にも拡がった。農業や商工業で財をなした地方の名望家が、都市の公職や都市参事会の議員として地方政界を支配するようになったが、そのなかには中央の政界にも打って出る者が現れ始め、これがまたノビレスともクリエンテラの関係を築くようになった。彼らは「地方貴族（domi nobiles：田舎のノビレス）」などとも呼ばれた。

帝政ローマの貴族たち

紀元前一世紀になると、すでにキケロの箇所で説明したとおり、「徳よりも金」を尊重する時代に落ちぶれてしまった。特に、カエサル、ポンペイウス、クラッススの三人の将軍たちは、広大な領域に及ぶ海外遠征で大量の金《きん》や奴隷を持ち帰り、莫大な富を「稼いで」もいたのである。あくどい手口で巨万の富を手に入れたクラッススや、さらに東方（いまの中東など）への遠征で莫大な資産を築いたポンペイウスは、自身とクリエンテラの関係にある平民や元老院議員らにも金をばらまき、さらには地方貴族まで配下に従える巨大な保護者となり、独裁的な地位を虎視眈々と狙うようになっていた。それはガリア（今日のフランスを中心とする西ヨーロッパ）への遠征を成功裡に終わらせたカエサルとてしかりであった。

最終的には第一回三頭政治に参画した三人の将軍らは戦死や暗殺などでこの世を去り、カエサルの養子で姪の息子でもあったオクタウィアヌスが「アウグストゥス（在位紀元前二七～西暦一四年）」

として事実上の皇帝に即くこととなった。彼はそれに先立ち、紀元前二九年に「命令権（imperium）を与えられた最高軍指揮官」を意味する「インペラートル（imperator）」の永続的な使用を元老院から認められており、さらに同年、元老院で最初に発言する権利を与えられている「プリンケプス（princeps：第一人者の意味）」の称号も授与された。

ただし、アウグストゥスやその後の「皇帝」たちが、ローマ帝国のすべてを握っていたわけではない。皇帝は重要な決定については必ず元老院に諮っており、こうした手続きを踏まない皇帝は帝国を争乱に巻き込んでいくのである。

このため元老院議員（senator）となることが、共和政期の貴族（パトリキ・ノビレス）にも相当する重要なステータスとなりえた。元老院は六〇〇の議席からなり、西暦一世紀も半ばに入ると、地方貴族からも議員になるものが出てくる。この身分に属するものは、家族を合わせても数千人にすぎず、それはローマ帝国全土の人口の一万分の一にも満たない超エリートであった。元老院議員になるためには一〇〇万セステルティウス以上の財産資格が必要で、家柄も重視された。元老院議員の息子たちは、将来に備えて、様々な修養を積んだ後に一八歳くらいから官職に就き、二〇歳で各地の軍団の高級士官、二五歳で財務官（quaestor）などを経て、自らも元老院に入るのが常道であった。元老院議員は原則終身職で、その後は護民官（tribunus）、造営官（aedilis）などを経て、三十代で法務官（praetor）、四十代で執政官に就き、以後はこうした役職経験者として元老院で重きを置かれたのである。(42)

また、中央政界に限らず、軍団長（legatus legionis）として軍を指揮したり、属州総督（procunsul, legatus）として属州の統治にあたるような人物たちも元老院議員から皇帝により選ばれた。

さらに元老院議員には出身都市の保護者としての役割も期待され、都市のために多額の寄付もおこなった。それは浴場や図書館などの公共建築物や、教師の報酬、貧しい市民の子どもたちの養育費など多岐にわたって使用されていた[43]。

こうした寄付行為は、ある意味では「高貴なるものの責務」の一環であり、地方の貴族たちが就いていた「都市参事会員（decurio）」にも各都市で求められるものだった。彼らもまた都市における元老院議員のような存在であり、財産資格は都市によってまちまちであったが、元老院議員の一〇分の一（一〇万セステルティウス）程度の場合が多かった。彼らに求められたことは「気前のよさ（munificentia）」といわれ、祭儀の際の費用の負担、剣闘士競技の開催、金や食物の分配、公共建築物の建築費や維持費などを負担していた[44]。

なお、ローマ帝国では、元老院議員と都市参事会員の中間に「騎士身分（eques）」もおり、四〇万セステルティウスの財産資格をもち、地方都市の名望家から行政の中核をなす高級官僚に至るまで幅広い分野で重きをなしていた。

アウグストゥス

帝政末期の変革

さて初代アウグストゥスが即位して以来、皇帝には国家における最上の人物が即くべきであると考えた元老院は皇帝の世襲制を嫌っていたが、軍隊や民衆などは世襲的継承に好意的であった。その折衷策ともいうべきであろうか。歴代の皇帝はアウグストゥスの子孫の中から優秀な者が選ばれ、皇帝の実子ではなくとも、先帝の養子として帝位を継承していく方式が採られた。その後、若干の混乱も見られたが、西暦一世紀末からの世にいう「五賢帝」の時代には、元老院によって選ばれた「徳のある」優れた人物たちが先代の養子として皇帝に即位し、元老院も軍隊（民衆）も納得させることができていた。

ところが三世紀半ばには、正統な継承者が途絶えてしまい、帝国に散らばる各地の軍団が自らの司令官を皇帝として宣言するといういわば内乱状態が続く。いわゆる「三世紀の危機」であり、「軍人皇帝」の時代に突入したのである。この過程で数え切れないほどの帝位簒奪が生じ、帝国は大混乱に陥った。

二世紀頃までは属州総督にしろ軍団長にしろ、元老院議員から選ばれるのが常道であり、西暦二〇〇年の段階でも当時ローマが抱えていた三三軍団のうち実に二九の軍団が元老院議員によって統率されていた。[45]ところが「三世紀の危機」のなかで、こうした帝国統治のかなめともいうべきポストを騎士身分のものがおさえる事例が徐々に増えていくのである。もともと帝国内の様々な役職を経験し、最後は中央で政務官を務める傾向のあった元老院議員とは異なり、騎士身分は文官であれ武官であれ、より専門性の強い経歴を歩むことが多かった。このため属州総督でも軍団長でも、こうした経歴の連続性が重んじられ、皇帝だけではなく、帝国統治の主要ポストまでが元老院議員の階層から遊離していったのである。

ここに登場したのがディオクレティアヌス帝（在位二八四〜三〇五年）である。軍人皇帝時代には、それまで元老院議員の身分から選ばれるのが通常であった皇帝に、下層階級からの人物が即く事例が見られるようになっていたが、ディオクレティアヌスも下層の農民の出身であった。彼は騎士身分に帝国統治の要職を委ね、元老院議員をそこから排除していった。帝国の各地は皇帝直属の配下によって支配され、まさに「皇帝独裁体制」が成立したといえる。また、それまでは元老院議員が主に務めてきた軍団の司令官は、「legatus legionis」と呼ばれてきたが、ディオクレティアヌス帝の時代からは皇帝直属の部下が配置され、「dux」と称されるようになっていく。のちに日本語で「公」と訳されることになる称号の登場である[46]。

ところが次代のコンスタンティヌス一世（在位三〇六～三三七年）になると、属州総督や軍団長などは再び元老院議員に委ねられていくこととなる。ただし新帝は、騎士身分や都市参事会員からも元老院議員を多数取り入れる一方で、それまで伝統的に騎士身分だけにしか開かれていなかった役職を元老院議員にも開き、四世紀末までには騎士身分は事実上消滅していく。

一方で、のちに「大帝」と呼ばれるコンスタンティヌス帝は、自らの側近たちを要職に就けて「皇帝独裁体制」をさらに強化した。宮廷で皇帝を取り巻く側近たちは「comes」と呼ばれるようになった。英語でいう「companion」に相当し、のちに日本語で「伯」と訳されるようになる。これがローマ帝国の中枢部と属州とで新たに用いられる称号や役職名へと転じていく[47]。

まずは皇帝の諮問機関である「枢密院（Consistorium）」である。初代のアウグストゥスの時代から、皇帝には非公式な友人や同僚の助言集団があり、それが次第に国政の決定機関となり、また高等法廷の役割まで果たしていく。それが枢密院であり、コンスタンティヌス帝の時代により確固たる組織となった。構成員は、伯兼宮廷法務官、伯兼諸局長官、恩賜伯、皇帝領伯、近衛長官といった皇帝府の主要文官たちである。彼らは総称して「枢密院伯」と呼ばれた。

長官職のなかでは「近衛長官（Praefectus praetorio）」の格付けが高い。これに続き造幣や金銀鉱山、金属加工が施された武器甲冑の国営製造工場の管理や国家財政の一部を任された「貨幣管理長官（Rationaris summarum）」、さらに皇帝の私的所有物である皇帝所領の管理にあたる「皇帝領長官（Rationaris rei privatae）」が、ディオクレティアヌス帝の時代に設置された。それがコンスタンティヌス帝によって、貨幣管理長官は「恩賜伯（Comes sacrarum largitionum）」、皇帝領長官は「皇帝領伯（Comes rei privatae）」とそれぞれ改名され、枢密院の主要構成員となった[48]。

また、帝国各地を統治する属州総督も、もともとは「procunsul」あるいは「legatus」と呼ばれていたが、コンスタンティヌス帝の側近たちが次々と任じられていくようになると、いつしか彼らも「Comes（伯）」の称号に定着していくのである[49]。

ローマ帝国崩壊後の諸侯たち

コンスタンティヌス大帝の時代に、一時的に団結を取り戻したローマ帝国であったが、大帝の死から六〇年ほど後の三九五年に帝国は東西に分断してしまった。

大帝が自らの名を冠して建設させたコンスタンティノープル（現イスタンブール）は、新たな東ローマ帝国（日本では「ビザンツ帝国」と称されることが多いが、これはもともとは西欧諸国による蔑称であった[50]）の首都に収まった。東ローマでは貴族は官僚貴族であり、爵位と官職とが結びつけられ、その序列に従って一定の特権と宮廷での席次などが決まった。東ローマ帝国史研究を牽引した尚樹啓《しょうじゅ》太郎にいわせれば、「ビザンツの人々はその全歴史を通じて、爵位は政治のみならず社会にとって必要で欠くことのできないものと観念し、爵位と宮廷における序列の尊重は、全ビザンツ史を通じて存在した特色であった[51]」。

東ローマ帝国内では、爵位は時代とともに変容を遂げたが、コンスル、パトリキウス、ノービリッシムス、イルストリス、クラーリッシムス、ペルフェクティッシムス、プレセス、の七つに集約されていった。これらの爵位は出生や世襲によって与えられるものではなく、個人の力量に与えられる一代限りのものであった[52]。

東ローマ帝国は、このあと東方から登場したイスラームの諸勢力によってその領土を侵食されていくが、最終的にオスマン帝国によって一四五三年にコンスタンティノープルが陥落させられるまで、一〇〇〇年ほど生きながらえる。対する西ローマ帝国のほうは、東西分裂から早くもほころびが見え始めており、四七六年に最後の皇帝が廃位され、その後に若干の小競り合いが見られたが、四八〇年には完全に消滅する。

西ローマ帝国では、すでに四世紀からそれまで帝国の支配下にあった諸民族・諸部族の動きが活発化しており、帝国消滅後にはまずはイタリア半島に東ゴート王国が建国された（四九三年）。同国を率いたテオドリック（在位四九三～五二六年）は、元来はドナウ川下流域に帝国の同盟者として拠点を構え、東ローマ帝国との交渉でコンスル（執政官）、パトリキウスの爵位も与えられていた。その後、最後の西ローマ皇帝を倒したオドアケルを打ち破り、ここに「ゴート人の王（rex gothorum）」を名乗って王国を造り上げたのである。

テオドリック

とはいえ、テオドリックが支配下に置いたイタリア半島や首都ローマにはゴート人よりローマ人のほうが圧倒的に数が多く、軍務はゴート人が担ったものの、統治権のほうはローマ人が保持し続けた。またローマの元老院も一定の役割が留保され、ローマ貴族たちが司法・立法・行政の各分野に大きな影響力を残したのである。対する「蛮族の王」たるテオドリックも、東ローマ帝国からの合意を取り付けながらも、自分たちはローマの正統な継承者であると喧伝し、西ローマ帝国との連続性を強調していく。(53)

しかし表面では従っているふりをしながらも「蛮族の王」に対する陰謀がローマ貴族たちの間で企まれていると疑ったテオドリックは、ローマ貴族で当代随一の哲学者であったボエティウスの処刑に踏み切るのである。本章冒頭で紹介したあのボエティウスのことである。

やがて東ローマ帝国のユスティニアヌス帝（在位五二七〜五六五年）の時代にイタリアはその支配下に組み込まれたが、六世紀後半に入ると新たにゲルマン系のランゴバルド人がイタリアに侵入し、北部や中央部などがランゴバルド王国に編入されていく。彼らもまたローマ帝国からの連続性を強調し、dux や comes などの称号を官職に当てはめていくのである。こののちランゴバルド人はイタリア各地で群雄割拠し、それぞれが「公（dux）」により統率された戦士軍団によって分断され、統治されるようになっていった。(54)

六世紀の末になると、イタリア半島は「（この上なく輝かしき）至高のランゴバルド人の公」という称号を公文書で用いる貴族たちが、まるで王のように各地を支配した。しかしこうした「公」に仕えるランゴバルド貴族たちは、かつてのローマの元老院議員たちとは異なり、特別な法的権利を享受する特権身分を形成していたわけではなかった。確かに彼らは、所有地の規模、官職保有、生活様式において一般の自由人とは区別されたが、彼らが所有を許された所領の規模はかつてのローマの元老院貴族や、同時代の北方のフランク貴族にも遠く及ばなかった。ランゴバルド貴族たちが重んじたのは戦闘能力や名誉であり、さらにキリスト教世界のなかでは教会への寄進や貧者への施しを通じて社会的地位を誇示するようになっていく[55]。

そのランゴバルドも、七七四年に北方から侵攻したフランク王国の「大帝」カール一世（在位七六八〜八一四年）により征服される。南イタリアに残っていたベネヴェント公領では、独立した小王を意味する「侯（princeps）」を自称する公によってフランクに対抗したが、やがてフランクの軍門に降り、その後も独立した「侯国」として認められていく[56]。

さて、中世以降にヨーロッパで「貴族」たちが大きな影響力をもっていくさまを考察する前に、このあとはヨーロッパと同様に政治や経済、社会、文化の発展に大きな貢献を果たした古代中国の「貴族」たちについて見ておきたい。

3　古代中国の貴族たち

古代中国における「貴族」の登場

六朝《りくちょう》貴族の階級的基礎は、物質的手段が直接に機能するところに成立するのではなく、それが精神的世界に止揚された次元に存在した。かかる精神的世界とは、本来、貴族個人の享有《きょうゆう》する世界に止まるものではなく、そのモラルの対象とする社会――家族、宗族、郷党あるいは士大夫《したいふ》仲間の交際社会――との間に結ばれる現実の人間関係であった。ここに貴族階級を支配層として支える社会の実体があるのであり、六朝貴族を支配階級として自立せしめるものは、かかる社会的実体である[57]。

これは東洋史家の谷川道雄が定義づけた、六朝貴族に関する記述である。「六朝（西暦二二二～五八九年）」とは、秦漢の帝国が滅びたあとに登場する三国時代の呉、東晋、南朝の宋・斉・梁・陳の六つの王朝を指す。日本で一般的に知られている表現では、「魏晋南北朝（一八四～五八九年）」の前期から隋（五八一～六一八年）の初期の頃までの時代と重なる。

中国における「貴族制」とは、家柄・血統のちがいを貴賤とみなし、その価値観で政治的・社会的・経済的な地位や身分、特権が決まる体制を意味する。そして「貴族」とは、そのような優越した地位や身分や特権を排他的に世襲独占する個人や一族を指している[58]。

しかし一方で、のちほど詳しく説明するように、谷川によれば、じつは中国においても、貴族の本質とは人格であり倫理であり、私利私欲を抑え公義に向かうという倫理観念が基本となっていた。その点では、まさに古代ギリシャ文明でプラトンやアリストテレスが説いた「貴族」の本質とも符合しているといえよう。

古代中国には、そのプラトンなどの時代（紀元前四世紀）よりも以前から「貴族」は存在した。ただし、中国当地においては「貴族」という言葉は使わず、「士大夫」や「士庶の別」などの言葉からもわかるとおり、「士族」という用語を用いるのが一般的である。しかしこの言葉を使うと、日本では、鎌倉時代以降の「武士・武家」や、明治以降の「士族」という言葉とも混同してしまうおそれがあるためか、近代日本における東洋史学の確立者の一人である内藤湖南は、古代から中世にかけての中国の貴顕《きけん》に「貴族」という用語を当てはめたのである(59)。

古代地中海世界と同様に、中国でも王が現れれば「貴族」も登場した。殷王朝（紀元前一七世紀～前一〇四六年）時代の後期にあたる紀元前一三世紀～前一一世紀には、のちの漢字の起源ともなった「甲骨文字」が現れるようになったが、これは王や貴族が主宰した占いの儀式、つまり占卜《せんぼく》儀礼の記録であった。ここには王朝や貴族の中枢部に関わる情報が含まれていた。古代中国史家の落合淳思が指摘するように、古代文明において王朝が成立するためには、指導者の権力が増大することが必要であり、それは必然的に貧富や身分の格差を生み出す社会であった。古代文明では格差があってはじめて巨大な政治組織が出現しえたのである(60)。

甲骨文には殷王朝と周辺諸国との関係も書かれており、殷の次代に王朝を打ち立てる周も殷代には「周侯」と位置づけられる諸侯の一人であった。

やがて周王朝（紀元前一〇四六～前二五六年）の時代になると、政治の組織化がさらに進み、王朝の宰相クラスの貴族には「公」の爵号が与えられていく。周代になると、周王の直轄領は「内服」、諸侯領地域は「外服」として分けられたが、外服を管轄する諸侯には「侯・甸《でん》・男」の爵位が与えられるようになった。ただし史料（金文・伝世文献）に見える爵位のほとんどは「侯」だった(61)。

五等爵の定着と「徳」の重視

やがて西周が滅び、古代中国は「春秋時代（紀元前七七〇～前四〇三年）」へと突入する。その過程で、晋の文公（在位紀元前六三六～前六二八年）による践土《せんど》の盟（紀元前六三二年）から、定公（在位紀元前五一二～前四七五年）による皐鼬《こうゆう》の盟（紀元前五〇六年）に至るおよそ一二〇年ほどの時代は、晋の君主が一貫して「会盟」と呼ばれる同盟諸国間の協議を主催して、諸侯がそれに服する「覇者体制」が続いた。

会盟では、同盟の維持・更新、同盟離反国への共同制裁、同盟国同士の交戦の禁止や他国からの亡命者受け入れの禁止などの同盟国内の平和維持、同盟外からの攻撃に対する共同防衛、同盟国における内紛の調停、同盟国の災害への援助などを協議したとされている[62]。

この「覇者体制」を詳細に研究した中国史家の吉本道雅によると、会盟に参加した諸国の諸侯間に次第に「爵」に基づく序列が生まれていったとされる。こうした記録は紀元前五世紀に記された『春秋経』や前四世紀に編まれた『孟子』、『左伝（春秋左氏伝）』に見られるが、こうした書籍が編まれる過程で、「公侯伯子男」の「五等爵」の序列が定着していったと考えられる。「公」は国君の一般的な称謂《しょうい》として用いられ、すでに述べたが王朝の直轄領外の外服を管轄する諸侯が「侯」、また周代には侯よりも格下の存在として「伯」が形成される。さらに会盟の時代には、それより下に「子」と「男」も認められるようになった[63]。

この五つの爵位の名称がどのような経緯で定められたのかの詳細はわからないが、古代中国では紀元前六世紀までにはこの五つの爵位が定着し、こののち最後の清王朝（西暦一六四四～一九一二年）の時代まで栄誉として継続していくことになる。太平天国の乱（一八五一～六四年）を鎮圧したことで知られる曾国藩（一八一一～一八七二）は侯爵に、李鴻章（一八二三～一九〇一）は伯爵にそれぞれ叙されている[64]。

また、明治以降の日本に新たに創設された「華族」は、まさにこの五爵の名称をそのまま借用して、序列もこのとおりであることは読者もご存じであろう。これについては第四章で詳述していくことにしたい。

このように古代中国に「五等爵」の序列が定着しつつあった春秋の世に生を享けた大思想家が孔子（紀元前五五二〜前四七九）である。その孔子の言行を収録したものがかの有名な『論語』であったが、ここでも古代ギリシャのプラトンやアリストテレスと同様に、為政者が統治をおこなう際の「徳」の大切さが説かれているのである。

孔子は「為政第二」で次のように述べている。「子曰、為政以徳、譬如北辰居其所、而衆星共之」（先生がいわれた、「政治をするのには道徳によっていけば、ちょうど北極星が自分の場所にいて、多くの星がその方に向かってあいさつしているようになるものだ」）。また、孔子を旅の途中で暗殺しようとした、宋の司馬（軍務大臣）を務める桓魋《かんたい》に向けて放たれた言葉では、「子曰、天生徳於予、桓魋其如予何」（先生が［宋の国で迫害をうけたときに］いわれた、「天がわが身に徳をさずけられた。桓魋ごときがわが身をどうしようぞ」：述而第七）[65]。

孔子がここで強調した「徳」は、プラトンやアリストテレスが唱えた「アレテー」とは異なる部分もあるが、しかし本質的には人間の根幹に関わり、古代ギリシャでいう知恵や勇気、正義や節制などがやはり含まれていたと見てよいだろう。

また孔子はこうも述べている。「子曰、道之以政、斉之以刑、民免而無恥、道之以徳、斉之以礼、有恥且格」（先生がいわれた、「［法制禁令などの小手先きの］政治で導びき、刑罰で統制していくなら、人民は法網をすりぬけて恥ずかしいとも思わないが、道徳で導びき、礼で統制していくなら、道徳的な羞恥心を持ってそのうえに正しくなる」：為政第二）[66]。

これはのちに「法治」に対する「徳治」という概念として、歴代の中国の指導者たちの理想とされたが、現実にはこの両者は簡単に割り切れるものではない。中国史家の岡本隆司も鋭く指摘しているとおり、真の有徳者や名君の善政も確かにありうるが、「徳はどこまでも主観的なものにほかならない」。それゆえ往々にして独善や偽善に陥り、必ず統治の及ばない範囲が生じて、そこは法律・権力に従わせて、背けば刑罰・弾圧も加えざるをえない。このような「徳治」からは独裁・専制が生まれやすい。実際に中国史上で最も政治が卓越していた前漢王朝（紀元前二〇六～前八年）で盛期を築いた宣帝（在位紀元前七四～前四八年）は「法と徳をまじえるのが統治の要諦」であり「徳治ばかりでは不可」と喝破していた(67)。

いつの世でも、法と徳とは統治をおこなう上での両輪なのだろう。また、当初は「徳」を重視することを掲げて現れた為政者が、やがて「富」に惑わされて堕落していくのも、古今東西変わらないのかもしれない。ほかならぬ孔子も弟子にこう述べている。「子曰、由、知徳者鮮矣」（先生がいわれた、「由《ゆう》よ、徳のことが分かる人はほとんどいないね。」：衛霊公第十五(68)）。

九品官人法《きゅうひんかんじんほう》の成立

春秋戦国時代ののちに、紀元前二二一年に秦帝国が、前二〇六年に漢帝国がそれぞれ形成され、最終的に後漢が西暦二二〇年に滅びると、中国は『三国志』でも有名な群雄割拠の時代へと変化する。こののちは中国の大半を支配できるような統一国家はしばらく現れず、先にも記したとおり、六朝時代に貴族政治が最盛期を迎えることとなる。

この時代には、君主といえども貴族階級のひとつの機関にすぎなかった。内藤湖南は次のように書いている。「君主は貴族階級の共有物で、その政治は貴族の特権を認めた上に実行し得るのであつて、一人で絶対の権力を有することは出来ない。孟子は嘗て卿に異姓の卿と、貴戚の卿とあつて、後者は君主に不都合あればこれを諫め、聴かざればこれを取り換へるといへる事があるが、かゝる事は上代のみならず、中世の貴族政治時代にも屡々実行された[69]」。

このように強力な貴族政治を築き上げる土台となったのが、後漢王朝が滅亡したのちの魏王朝下で制定された「九品官人法」である。この制度を正面から研究したのが、内藤湖南の門下で東洋史学の泰斗《たいと》でもある宮崎市定であった。以下、彼の研究に基づいて「九品官人法」について簡単に説明しておきたい。

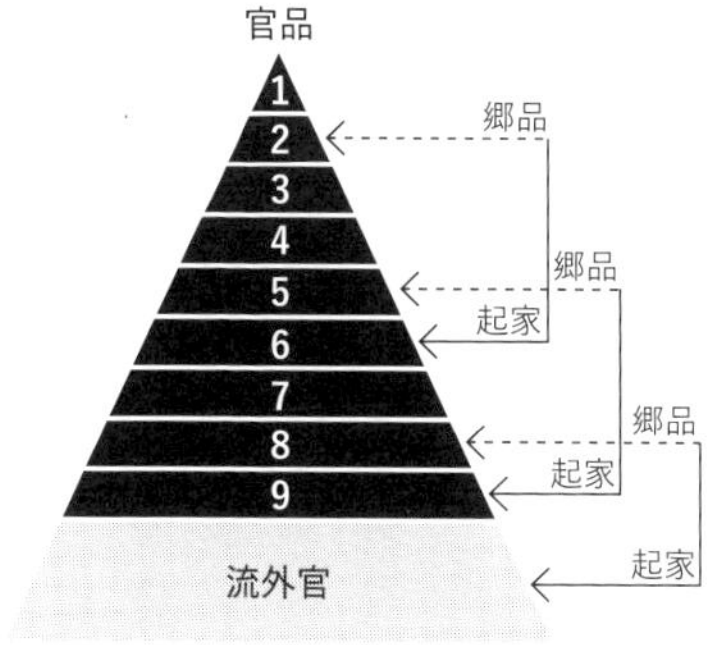

図1-1　九品官人法
出典：会田大輔『南北朝時代』（中公新書、2021年）

この制度は、上は一品から下は九品までの官職を九等にランクづけし（官品）、任官希望者にまずは地方の人事官が「郷品《きょうひん》」を授けて、この郷品に相応する官職を与えていく制度である。初任官を「起家」の官といい、その官品は郷品より四等下がるケースが通例であった。つまり、郷品が一品であれば起家の官は五品、郷品が二品であれば起家の官は六品という具合である。それは起家してから官位が四等昇進することを見越して、官品を郷品に一致させていく規則ということになる[70]（上の図を参照）。

儒教的な「徳行」に反する行為などが見られた場合には、郷品が引き下げられることもあったという。つまり官品は、当初は個人の才徳によって与えられたものであった。しかし宮崎が指摘するとおり、この制度は最初から世襲的な色彩を有し、高官の子弟は才徳の如何にかかわらず、郷品で高い官品を得て、それに従って高官に列せられる事例が多かった。このため九品官人法は世襲的に運営され、既成の貴族階級にとってのみ有利な制度になってしまった[71]。

このような排他的な貴族制度は、魏晋革命を経た後も、南北朝から隋に至るまで内容に変化を伴いながらも存続していく。

晋王に封ぜられた司馬昭（西暦二一一～二六五）は、魏晋革命を果たすにあたり、自らの同輩たちを味方に引き入れる必要があった。このため司馬昭は咸熙元年（二六四年）に魏王朝に申請して、貴族たちに世襲での「五等爵」をばらまかせることになった。この翌年に司馬昭は病没するが、息子の司馬炎が貴族たちの支持のもとに革命を遂行して、ここに晋王朝が新たに誕生する。司馬炎は武帝（在位二六六～二九〇年）として即位した。

この晋王朝下で、貴族社会はますます特権階級的色彩を濃くしていった。九品官人法の実施により、貴族は他の豪族より優先的な扱いを受け、西欧のサロン芸術に比するような「清談談論」の雄が郷品において上品を獲得し、そのまま高官へと出世していくのである。こののち、晋（西晋）が滅亡して東晋へと天下が移り（三一七年）、さらに晋宋革命によって宋王朝が形成されていくが（四二〇年）、九品官人法は生き残り続けるとともに、貴族社会は固定化した。自らの既得権益が脅かされないかぎり、貴族たちは新たな王朝に反抗するようなことはなく、「持ちつ持たれつ」の関係で続いていく[72]。

斉梁革命（五〇二年）の後にも、九品官人法の成立に基づく貴族制度は実に三〇〇年の長きにわたり維持され続けた。宮崎も強調するとおり、家格によって登りうる官位がはじめから定められていれば、無制限な競争はあらかじめ抑止される。自由競争は、ときによっては不正な手段、暴力的な手段にまで発展する恐れがあり、社会的な混乱を招くことがあるので、それを未然に防がなければならない。また総体的に見て、貴族階級出身者は庶民階級よりも「教養や徳性」の点においてすぐれていることも、当時においては否定しがたい事実であったと考えられるのである。(73)

「科挙」の登場──貴族制度への葬送曲

とはいえ、三〇〇年も経過するうちに、九品官人法は徐々に基盤を掘り崩されていった。梁の武帝（在位五〇二～五四九年）は国都に学館を建て、貴族の子弟を優先的に入学させる一方で、貴族以外の若者には試験を課し、優秀な人材を選りすぐって教育した。こうした試験制度の導入は、たとえ一流の名族であっても門地のみに頼らず、進んで試験を受け、個人の才覚によって官界に入ることを誇りとする新気風を造りだし、これがのちの隋唐時代に至って盛んとなる「科挙制度」の直接の淵源となった。(74)

他方で、五胡十六国時代を終結させた北魏王朝（三八六～五三四年）でも、九品官人法は生き残り続けていく。鮮卑族の北魏王朝が漢民族を支配下に収めるためには、貴族制の維持が必要だったのである。孝文帝（在位四七一～四九九年）による「華化政策」は、軍事国家から経済国家へと転換を遂げるために、鮮卑族が漢民族に同化することを推進したものでもあった。中国南部で軍閥帝王が自ら貴族文化に同化しようとしたのと同じく、孝文帝は北部において貴族を通じて漢民族全体を確実に把握していこうとしていた。ここに九品五四階が定められた。(75)

やがて南北朝の時代が終わりを告げ、三〇〇年近くにわたって南北に分裂していた中国は、隋王朝（五八一～六一八年）によって再び統一されていく。隋においても、九品官人法はかたちを変えながら受け継がれていったが、高祖文帝（在位五八一～六〇四年）は天子独裁を実現するため、個人の才徳による官僚任用を企図し、試験制度の復活強化を進めようとした。ここに科目試験制度が導入されたが、これが本格的に定着していくのは次の唐代（六一八～九〇七年）になってからのこととなる。

唐の太宗（在位六二六～六四九年）は、王朝の安定のために当初は前代以来の貴族制を承認せざるをえなかったが、その貴族制を土台とした官僚制を作り上げ、天子独裁をより徹底したものへと換えていこうとした。隋代には「進士科」も設置され、極めて広い学識を要求される試験が導入されていたが、それは時代とともにますます難化し、宋代になると思想家で政治家でもあった王安石（一〇二一～一〇八六）によって、科挙は進士科ひとつに絞られる。合格者は「士大夫」と呼ばれ、生まれに関係なく、高位高官へと就いていった[76]。

漢代にも「秀孝」と呼ばれる試験制度が導入されたことがあったが、当時は貴族制の胎生期であり、貴族主義の攻勢の前に本格的な定着をみなかった。しかし隋唐に生まれた「科挙」は貴族主義を克服するほどまでにたくましい生命力をもった制度であり、科挙に基づく官僚制はついには貴族制を没落させていった。その意味からも、宮崎市定が断じているように、「隋唐の科挙制は貴族制度に対する葬送曲とも言うべきであった[77]」。

その宮崎が「貴族制度」そのものについて鋭い分析を残している。貴族制度とは、階層社会であるが、階層はもともと人為的、歴史的なものであるから、「人類と猿との間のようにはっきりした一線を画するわけに行かない」。さらに貴族制度は歴史的、感情的なものであるから、極端に言えば「理想がない」。ただ今まで続いてきたものを珍重し、維持し続けていく。「強いて言えば、現在よりも更に悪い事態を招かないように、現状を維持しようというのである[78]」。

この見解は、古代中国の貴族制度にとどまらず、ヨーロッパをも含めた古今東西の貴族制度にもあてはまるものなのかもしれない。

六朝貴族の特質とは

しかし、いかに貴族制度が人為的、歴史的、あるいは感情的なものであるにせよ、文明社会と呼びうる多くの場所において、貴族制度が発達したのは事実である。そして、ヨーロッパや日本がいまだ原始的な慣習に頼っていたような時代に、すでに確固たる文明社会を築き上げていた中国で、「貴族制」が六〇〇年以上もの長きにわたりその中核であり続けたのもまた事実である。その最盛期を築いた「六朝貴族」の力の源泉とは、いったいどこにあったのであろうか。

内藤湖南によれば、「貴族政治は六朝から唐の中世までを最も盛なる時代とした」のであり、「此時代の支那の貴族は、制度として天子から領土人民を与へられたといふのではなく、其家柄が自然に地方の名望家として永続したる関係から生じたるもので、所謂郡望なるもの、本体がこれである[79]」。

そして、内藤湖南、宮崎市定の流れを汲み、宮崎による「九品官人法」の研究を土台にして、さらに深い考察を加えたのが、前出した谷川道雄である。

谷川によれば、中国の六朝貴族は、このあと第二章以降で見ていくヨーロッパの貴族とは異なり、土地貴族というよりも、「官僚貴族・教養貴族というにふさわしい存在」であったと考えられる。当時の六朝貴族は、権力者への依存によって政治的地位を獲得するのではなく、文学・学問などその身に具《そな》わった文化的能力（教養）によって、それを勝ち得たことを誇りにしていた。六朝貴族を支配階級として自立せしめていたのは、表面的にはその家柄・血統であるが、実のところは彼らが修める学問であり、それが「教養貴族」の基本となる[80]。

こうした考え方は、ある意味では古代ギリシャでプラトンが理想とした「哲人王」や「優秀者支配」とも通ずるところがあるだろう。貴族の無私の精神がその日常倫理となり、共同体結合のかなめをなしていた。こうした精神を培うものが学問であり、貴族にとって学問とは、その存在の根拠となった[81]。

ここで特に谷川が注目したのが、貴族が共同体結合のかなめとなっている「郷党社会」だった。先にも紹介したとおり、九品官人法においては、地方の人事官が定める郷品によって官品が決定している。このことは、貴族の身分・地位がいくら王朝権力によって付与されているかに見えても、「本源的にはその郷党社会における地位・権威によって決定されるものであり」、王朝は、大きな役割を占めるもののその承認機関にすぎないという。まさに貴族を貴族たらしめるものは、本源的には王朝内部ではなく、その外側にあったと谷川は論じている[82]。

それでは貴族が郷党社会で結合のかなめと認められたのはなぜなのだろうか。谷川によれば、貴族階級がつねに自戒の意識を抱いていたことと関係し、六朝貴族は「倫理的人間としての側面を、色濃く具えていたとみられるのである。しかもその倫理性は、彼らの日常生活からかけ離れたものではなかった。むしろ日常生活をどのようにつまづきなく遂行していくかということが、彼らの自戒の根本的命題であったといってさしつかえない[83]」。

こうした六朝貴族の倫理観は、「徳」を第一とする孔子の教えはもとより、本章ですでに紹介した古代ギリシャやローマの思想家や政治家たちの理想とも相通ずる。

北魏の宣武帝(在位四九九~五一五年)の時代に、ときの権力者に贈賄してポストを得た貴族が、辞令が出るやすぐさま同僚に「赴任地にはどんな金もうけの口があるだろうか」と訊きにいった。するとその同僚は「民を救うことこそ君の任務なのに、どうして金もうけのことなどを私に訊くのか」と叱りつけている。貴族たちが地域ごとの共同体のかなめとなりえたのは、数多くの「徳行」によっていた。なかでも凶荒時における救済行為が多かった。私財を投じて粥を作り、被災民に施しをする。あるいは種子や食糧を貸してやる。凶年が続いて返済が不能の場合には、債権者は賃借証書を焚いて債権を放棄するなどした[84]。

こうした事例からもわかるとおり、中国の教養貴族の場合にも、一定の規模の土地や財産は所有していた。それは西欧流の大地主貴族ほどではないが、それでも土地や財産がないと、とても民の救済などできまい。

しかし、彼ら貴族たちが共同体を示す中心となっていたのは「精神的な」ものであった。栄利に対する貴族の超然たる態度が、家族・親戚・知己ないし士大夫仲間との連帯を可能にしたが、このことは郷党社会でも同様だったのである。まさに物質世界を精神的次元にまで高められるような共同体世界の主宰者は、精神の自覚的な担い手としての貴族でなければならず、貴族はこうした人間社会のトータルな支配者であった。「貴族が貴族であるための不可欠な資格は、その人格の具有する精神性にある」と谷川は強く主張する[85]。

貴族政治から君主独裁政治へ

しかし先に北魏の役人の事例を引いておいたとおり、すべての貴族がこのように精神性を重んじていたわけではなく、家族道徳は弛緩して個人主義が強まり、栄利を望む風がはびこり、奢侈《しゃし》や貪財が普及するに及び、貴族特有の自立性が衰え、ときの権力者と結託するものも増えていった。また、九品官人法の発達を郷党社会との関係に結びつける谷川の主張に対し、むしろ国家的な身分制との関わりを強調する研究ももちろんある(86)。

いずれにせよ、六朝時代に盛期を誇った中国の貴族政治は、唐末から五代十国までの過渡期には衰退し、君主独裁政治が確立されていく。かつては皇帝を諫めることさえできたような貴族たちは姿を消し、皇帝の専制的な支配下で、役人たちが手となり足となって統治にあたる中央集権的な官僚政治がこれ以後の中国政治の特色となっていくのである。

また、すでに貴族政治が衰退しつつあった唐代に入ると、「君主独裁」を志向した太宗は多民族国家を統治するにあたり、「徳でもって四夷を一家にする」ことをめざしていた。多民族複合国家をまとめるには、民族や地域を超えた普遍的な価値観としての「徳治主義」や「礼治主義」を前面に押し出すしかなかったのである(87)。

かつて春秋の時代には「徳は以て中国を柔《なつ》け、刑は以て四夷を威《おど》す」などと言われており、徳は中国だけに通じるもので、夷狄には刑で臨まなければならないという差別的な観念が見られていたが、唐代までにはそれも大きく変わっていた。それはまた、「徳」による政治をある程度は実践できた貴族政治の賜物だったのかもしれない。秦漢以後の中国で頻繁に見られた「易姓革命」も元来は天子が徳を失って天命が革《あらた》まり、他姓の有徳者が天子になることを意味した(88)。

六朝時代にも、皇帝はもちろん「徳」を体現すべき存在であったろうが、貴族の時代が終わり、皇帝自身がより「徳」を天下に示していく時代へと進んでいったとも言えようか。

以上、本章では古代の地中海世界(ギリシャ・ローマ)と中国の事例を見ることで「貴族政治」の理想と現実について考察してきた。

プラトンやアリストテレス、あるいはキケロといったいわゆる「西洋」思想の源流にある哲学者たちも、「東洋」思想の開祖ともいうべき孔子にしても、為政者に必要な資質を「徳」であると断じており、徳をもって統治を体現できる存在こそが「貴族(君子)」であると考えていた点で合致していた。まさに洋の東西を問わず、古代世界において理想の国家は「貴族(優秀者)」による政体であった。

しかし、現実はそこまで甘くはない。当初は「徳」を重んじて政治にあたっていた貴族たちも、やがては「富」や「権力」に溺れ、民主制や皇帝独裁体制に道を譲っていくのである。そのようななかでも、かつての西ローマ帝国の後裔たる西ヨーロッパ世界には、中世から近代にかけては世界史上でも稀に見る「貴族政治」が興隆を見せた。次章以降で詳しく検討していきたい。

第二章　ヨーロッパにおける貴族の興亡——中世から近代まで

1　中世貴族の確立

貴族なくして君主なし

最も自然な従属的中間権力は、貴族の権力である。貴族はどういう態様《たいよう》においてであれ君主政の本質の中に含まれるのであり、その基本的格率《かくりつ》は次のごとくである。君主なくして貴族なし、貴族なくして君主なし。(1)

これはルイ一四世（在位一六四三～一七一五年）治下のフランス絶対君主政最盛期に生を享《う》け、自らも男爵位を継承したモンテスキュー（一六八九～一七五五）の代表作『法の精神』の一節である。モンテスキューは政体を共和政、君主政、専制政の三つに分けた。このなかで君主政は、一人の君主による支配ではあるが、その統治は君主の恣意《しい》ではなく「法」によってなされ、君主と民衆の中間権力として「貴族」がおり、貴族こそが政体を支えていた。冒頭で紹介した一節はそれを見事に表したものである。

モンテスキューの貴族観についてはのちほど解説するとして、冒頭に掲げた言葉は、第一章で紹介した「六朝《りくちょう》貴族」を表現した内藤湖南の名言にも符合するところがあるのではないだろうか。「既に君主となれば貴族階級中の一の機関たる事を免る、事が出来ない。即ち君主は貴族階級の共有物で、その政治は貴族の特権を認めた上に実行し得るのであつて、一人で絶対の権力を有することは出来ない」(2)。

長い歴史を誇る中国で貴族政治の最盛期を築いた六朝時代と同様に、中世から近代にかけてのヨーロッパの歴史においては、貴族たちは君主を支えながらその黄金時代を築いたといえよう。とはいえ近代にその栄華を極めたヨーロッパ貴族のほとんどは、ローマ帝国時代の貴族にまで血筋をさかのぼれるわけではなかった。フランス革命研究で有名なイギリスの歴史家ウィリアム・ドイルの言葉を借りれば、基本的に一夫一婦制をとる五世紀以降のキリスト教世界においては三世代以上も男系が続くような家系はほとんどなく、そのため古代から連綿と続く家系などありえず、「それはほとんど神話にすぎない」のである(3)。

しかし、西ローマ帝国崩壊後に各地を治めた蛮族出身の王侯たちは、ローマ帝国との連続性を一様に強調した。

第一章でも触れたが、ディオクレティアヌス、コンスタンティヌス両帝の時代に登場した、「公(dux)」や「伯(comes)」はそのままの名称で西ヨーロッパ各地を支配し続けた。五世紀半ばに、現在のフランスからドイツ西部・南部にメロヴィング王朝のフランク王国が形成されると、クロタール二世(在位六一三〜六二九年)やダゴベルト一世(在位六二九〜六三九年)などは、まだ若い頃か

ら同世代の貴族の青年たちを宮廷に召し抱え、彼らはやがて王の側近として王国を支えていった。(4)

七世紀当時のメロヴィング王朝ではいまだ王権が強固なものではなく、貴族からの協力なくしては王国は成り立たなかったのだ。まさに「貴族なくして君主なし」の状態であった。

ドイツを代表する中世史研究家のカール・ヴェルナーによれば、「中世史における最も重要な研究課題のひとつが王と貴族の関係を探究すること」であり、「中世の国制史とはすなわち貴族の歴史にほかならない」のである。(5)

カール大帝と帝国貴族層の創設

八世紀半ばにフランクの王朝がカロリング家に引き継がれ、カール大帝（在位七六八～八一四年）の時代に王国の版図《はんと》は最大となった。カール大帝は、その治世四六年間のうち戦争をしなかったのはわずか二年（七九〇年と八〇四年）だけであり、あとは毎年戦争を繰り返していた。その結果、今《こん》日《にち》の西ヨーロッパの大半を支配し、八〇〇年のクリスマスにはローマ教皇によって「（西）ローマ皇帝」としての戴冠を受け、まさに一大帝国を築いた傑物であった。

カール大帝

しかし、カール大帝といえども、貴族の協力なくしては広大な領土を治めていくことはできなかった。充分な忠誠を獲得できていないと判断した地域には、自身の側近を次々と派遣し、その多くが「伯」として任地を世襲的に統治していくこととなった。「帝国貴族層（Die Reichsaristokratie)」の創設である。

カールのフランク王国では、地方統治の要となったのが伯管轄区ともいうべき伯領（pagus）であった。伯は管轄区のなかで、王権の意向を住民に伝達し、裁判集会を主宰し、軍隊を召集し、統率し、治安を維持し、軍役義務を怠ったものからの罰金を徴収し、さらには懲罰や犯罪の取り締まりなども担当した。大帝の時代にフランク王国全体で五〇〇に近い伯領があったとされる。伯領の大きさはまちまちであったが、大きな伯領はさらに副伯領（vicaria）に分けられ、副伯によって統治された[6]。

このようにカールは各地の伯に地方統治を任せたが、伯の権力があまりに強くなりすぎるのを防ぐために、教会や修道院にも軍事・行政・司法の特権を与え、こうした宗教勢力を自身につなぎとめておいた。また中央の宮廷からは巡察使も定期的に派遣され、伯領の監視にあたっていた。しかし所詮は交通の便も悪く、常に中央から監視しているわけにはいかない時代のことである。伯たちのなかからは、やがて中世に王侯貴族として強大な力をもつものもあらわれてくる。

カール大帝の死後に、フランク王国は東フランク王国、西フランク王国、中部フランク王国へと三分割されていく。

五等爵の登場

東フランク（現在のドイツ）にザクセン王朝が成立し、オットー一世（在位九三六～九七三年）がローマで教皇から帝冠を授けられる頃（九六二年）までには、ヨーロッパ各地の貴族たちにも明確な序列が形成されるようになっていく。

すでに前章で紹介したが、古代中国では春秋時代（紀元前七七〇～前四〇三年）に「公侯伯子男」の五等爵が登場し、この序列が定着していった。ただし、漢代（紀元前二〇六～西暦二二〇年）には官爵と民爵を合わせた二〇等爵が一時採用されていたが、六朝時代に再び五等爵に戻り、これが基本的に最後の清王朝にまで継承されていく。(7)

ヨーロッパの貴族も中世までには次の五つの爵位へと収斂された。この五つは、中国古来の五等爵にあわせるかたちでそれぞれ日本語に訳されている。なぜヨーロッパでも主要な爵位が最終的に五つにまとまったのか。ヨーロッパの爵位制度に中国の影響が及んだのかは定かではないが、ここではひとまずヨーロッパの五等爵について簡単に触れておきたい。

［公爵］

そもそも東フランクの王となるザクセンの領主も「公（dux）」の称号をフランク王から与えられていたが、第一章でも解説したとおり、ローマ帝国のディオクレティアヌス帝（在位二八四～三〇五年）の時代に、各地に派遣される軍団の司令官が「dux」と呼ばれ、ローマ帝国が東西に分裂し、西ローマ帝国が崩壊した後にも、特に強大な領主はこの名称で呼ばれ、日本語では「公」もしくは「大公」と訳される。

オットー一世の時代にも、ドイツ南部のバイエルン、シュヴァーベン、西部のロートリンゲンを治める有力な諸侯はいずれも「公もしくは大公（dux）」と呼ばれており、「公」は一〇世紀頃までには貴族の最高位を示す爵位となっていく。(8)

このラテン語の「dux」は、イタリア語で「duca」、フランス語で「duc」、スペイン語で「duque」、英語で「duke」となり、ドイツでは同じく軍団の司令官を意味するドイツ語から「Herzog」と称されることになる。

［侯爵］

すでに前章にも登場したが、「dux」と並ぶかそれ以上の称号としては、初代ローマ皇帝アウグストゥスが元老院から贈られた称号のひとつ「princeps（プリンケプス）」に由来するものもある。「君侯」などとも訳され、西ローマ帝国崩壊後には王（rex）と同等かそれより若干劣る程度の存在とされた。中世にも、フランス南部のアキテーヌ、ドイツ南部のバイエルンの領主が名乗るようなことがあったが、やがて彼らは「dux」の称号で統一されていく。

読者もお気づきであろうが、princeps はのちに英語の「prince」の語源になるが、イギリスでは「王子」といった言葉のほかに、「大公」という訳語もあてられている。この点については、第三章で詳しく述べていく。

ラテン語の princeps とは、もともと「第一人者（元老院で最初に発言できる者）」を意味するが、ドイツ語では「第一人者」にあたる「Fürst（英語でいう first）」と訳され、これが Herzog に次ぐドイツで二番目の爵位として「侯爵」という言葉に定着していく。

この他の地域では、これも第一章ですでに述べたが、通常の「伯（comes）」よりは格式が高い「辺境伯（ラテン語で marchio）」が、そのまま「公（dux）」に次ぐ爵位へと転じていった。イタリア語で「marchese」、フランス語で「marquis」、スペイン語で「marqués」、英語では「marquess（あるいは marquis）」となる。[9]

［伯爵］

そしてローマ帝国時代にコンスタンティヌス大帝（在位三〇六～三三七年）が、自身の宮廷に仕える側近（companion）を属州総督として各地に送り込み、西ローマ帝国の滅亡後も「dux」に次ぐような存在として領主に収まっていたのが「伯（comes）」である。上記のとおり、フランク王国になってからも、カール大帝がやはり自らの側近を「伯」として各地に送り込み、彼の時代には王国に五〇〇〇もの伯領が生まれた。

この「comes」というラテン語がそのまま、イタリア語で「conte」、フランス語で「comte」、スペイン語で「conde」と転じ、それぞれの国で「伯爵」を意味した。

ただしドイツでは、フランク王国時代に「伯（comes）」がやはり派遣され、当初はこれより若干格が下がった「Graf」という在地豪族と併存するかたちとなったが、七世紀までには両者は同格とされ、ドイツではGrafが「伯爵」として定着した(10)。

また、イギリスでは「伯爵」はこれとは別の名称を用いているが、その点は第三章で論じたい。

［子爵］

ローマ帝国時代から西ローマ帝国滅亡後にかけ、ヨーロッパ各地で大きな勢力を持つようになった「伯（comes）」に代わり、比較的小規模な領域を恒常的に統治するようになったのが「副伯（vicarius）」と呼ばれた下役人たちであった。彼らはラテン語で「vicecomes」とも呼ばれたが、やがて伯から封土を与えられるものも登場し、「子爵」として伯爵に次ぐ爵位とされていく。

イタリア語で「visconte」、フランス語で「vicomte」、スペイン語で「vizconde」、ドイツ語で「Vicomte」、英語で「viscount」と呼ばれる(11)。

イタリア映画がお好きな読者であればお気づきであろうが、『ベニスに死す』や『山猫』などの傑作で有名な監督ルキノ・ヴィスコンティ（一九〇六～一九七六）は、ミラノの統治者《シニョーレ》として名を馳せた名門中の名門の家の出であり、一族の名字に転じたのがもともと「子爵」を意味する言葉であった。

［男爵］

そして五等爵の最後は「男爵」である。古代ギリシャ語で「重い（βαρῠ́ς）」を意味する言葉が、重労働あるいは傭兵の意味に転じ、そこからラテン語の baro となって、これは「一人前の男」という意味になる。洋の東西で最下位の爵位名に「男」がつけられているのは偶然の一致であろうか。あるいは古代中国からヨーロッパに何らかの影響が見られたのか。

いずれにせよ、このラテン語の baro が、イタリア語で「barone」、フランス語で「baron」、スペイン語で「barón」として定着し、英語もフランス語などと同じく「baron」を用いる。ドイツ語では「自由身分の男性」に語源をもつ「Freiherr」が男爵を意味する称号になっている。[12]

以上のように、古代ローマ帝国やその後のフランク王国などに起源を有する、もともとは役職名であったものがそのまま「爵位」として中世のヨーロッパ世界へと拡がり、この五つの順位で今日に至るまで定着していくのである。

2　ヨーロッパ貴族の責務――戦士貴族、領主貴族、官僚貴族

軍役こそ最高の責務――戦士貴族の登場

それではこれら五等爵の爵位を有する貴族たちは、中世ヨーロッパ世界においてなにゆえ「貴

族」たりえたのであろうか。

まずは西ローマ帝国崩壊後の西欧という戦乱の世で、君主を助ける軍役が重要な意味を持った。第一章でも解説したとおり、古代ローマ帝国時代の貴族の責務は主に「行政官」であった。それがメロヴィング朝フランク王国になると、貴族は「戦士」となっていく。六世紀には、平均するとほぼ二年おきに戦争がおこなわれ、貴族の軍事化にいっそう拍車がかかった。さらに、先にも述べたとおり、カール大帝の時代には半世紀に近いその在位期間で、戦争がなかったのがわずか二年にすぎず、しかもカールの場合には広大な「帝国」を築くための対外遠征がその大半を占めたため、戦士貴族からの協力は不可欠となっていた[13]。

こうしたなかで西フランク王国（現在のフランス）に登場してきたのが「騎士」階級である。王の要請を受けて各地の貴族たちが自身の軍隊を動員する際に、騎乗の兵力を用意するのは当時としては大変な負担であった。なにしろ馬を養うこと自体に大きな費用がかかる。八世紀のフランクの法では、重装「歩兵」でさえ、個人の武装費用は雌馬一五頭分、あるいは雄牛二三頭分の金額に相当するとされていたのである[14]。

やがて中世ヨーロッパに共通してみられた「騎士道精神」に基づく「ミレス（miles）」の概念が登場する。元来ラテン語で「歩兵」を意味するミレスは、九七〇年代にフランスでは地方の小地主を指す言葉になっていた。やがてミレスは有力貴族に仕え、戦場に馬で駆けつける「騎士（chevaler：現代フランス語ではchevalier）」に転じ、貴族の従者、レーン制的主従関係での封臣、村落領主、貴族＝領主など、様々な形態に分かれていった。さらに一一世紀までには、「貴族身分《ノブレス》は騎士身分《シュヴァルリ》に発してそこに結晶化」し、一一世紀以降は「剣にもとづく貴族制」へと移行したとする見解も出されている。[15]

このような騎士階級は、フランスと同時期に西欧各地に登場し、イタリア語でcavaliere、スペイン語でcaballero、英語でcavalier（あるいはchivalry）、そしてドイツ語ではRitterと呼ばれたが、いずれも「騎乗」を意味する言葉に由来する。なお、イギリスでは「騎士」はknightと称されることになるが、この点は次章で詳しく述べていきたい。

一一世紀までは「貴族」と「騎士」には一線が引かれ、騎士はいまだ強力な領主にはなれなかったが、一二世紀後半からは彼らも下級貴族に加えられていく。それは一三〇二年四月に、パリで全国三部会と呼ばれる身分制議会が初めて召集され、中世以来の「祈る人、戦う人、耕す人」という三職分論に基づき、聖職者身分（第一部会）、貴族身分（第二部会）、小農民や都市民からなる平民（第三部会）の三身分の代表から構成され、いまや領主層にも加わった騎士と貴族が第二部会の構成員となっていくことからも明らかである。

こうして「軍役」を貴族としての最高の特権にして責務であるととらえる観念は、フランスはもとより、スペインやイタリアにも拡がっていった。フランスでは騎士への叙任や貴族的身分となる際に、君主がその者の両肩を剣で叩く「肩打ち儀礼《コレ》」がおこなわれることにつながっていく。また同じく一一世紀までには、世俗の貴族＝領主層は武力行使によって平和と秩序を保つとともに、キリスト教世界の安寧のためには異教徒を制圧することも期待されていった。これが一一世紀末から始まる十字軍遠征の精神的な起源となっていくのである。[16]

領域的支配圏の確立――領主貴族へ

このように軍役により、君主から戦時に頼りにされるだけではなく、平時には教会や領民たちを外敵や山賊（場合によっては異教徒）などから護ってくれる貴族たちは、やがて自己のもともとの家領に加え、諸官職にともなう封土、近隣の司教教会、修道院、教会の封土と教会守護権を集積することによって、空間的にかなり明確に限定された集権的支配の領域を築くようになった。

もともと王権が脆弱で、一三世紀初頭になって王の貴族に対する優位がようやく現れはじめるフランスはもとより、一一世紀までにはドイツ貴族たちも地域に根をおろした自立的権力を樹立し、貴族の居城もここに初めて各地に出現する。それは四囲を圧する高所にそびえたり、低地の場合には水壕にかたく護られた石造りの居城であり、貴族支配の象徴ともいうべきものであった。一一世紀後半から一二世紀半ばまでには、ドイツ貴族は「家名」をもって自らを呼ぶ習慣が始まり、それは本城や居城に由来する名称となった。

領域的な支配圏を確立するようになっていた貴族たちは、特定の城をひとつの貴族家系の支配の中心に据える観念を強め、家系のすべての財産が城と結びつけられていく。城の周辺には、世襲地、市場権、都市、教会に対する保護権など所領・諸権利を稠密に集積し、それらが有機的に結びついた所領複合体が形成された。それは世俗の貴族に限らず司教や修道院が支配する領域でも同じであった。司教も修道院長もほぼ例外なく貴族の出身であり、聖職貴族も世俗貴族と同様の所領政策を展開し、また貴族の支配下で各地に都市共同体も勃興していった(17)。

こうしたなかで、中世フランスの貴族＝領主が行使した権力が、諸規範を設定する権能、決定事項の強制的な執行権、裁判に基づく処分権であり、それは伝統や慣習、集団的統合力(18)とともに、貴族が有する主体的条件としての「富裕性と高貴性（divitiae et nobilitas）」によっていく。

新たなる貴族層の登場——官僚貴族

このように軍役や武勲を高貴性の根源に据えるような発想は、フランスでは一六世紀後半になっても消えることはなかった。貴族を貴族たらしめるものは、家柄の古さとともに、戦いにおける勇敢さ、寛大さや敬虔さ、気前の良さといった「徳」が与える名声に依拠し、貴族は常に名誉を追い求め、さらにこの「徳」は征服者フランク人の末裔としての貴族の種族や家門のなかで、つまり「血」を通してのみ継承されると強調された。この思想の背景にはフランスで王権が強化されていくなかで新たに登場した、平民出身の貴族層に対する伝統的貴族の危機意識があった。

地球の寒冷化にともなう不作や飢饉、伝染病（ペスト）、さらには戦争や反乱で、ヨーロッパ全土が「一四世紀の危機」に襲われた。フランスでは、パリの国王の下に国務会議が設置されて中央の行政が託される一方で、地方には王権の代行者が次々と派遣され、徴税や裁判などを請け負っていく。さらに「戦争」という非常事態に応じて、王は全国への課税も進めて恒常的な収入を得るようになった。王は中央・地方の要職を「売官制」によって平民たちに分け与え、彼らが功績を示した場合には国王自らが貴族に叙任するという事例が急増していく。いわゆる「法服貴族（noblesse de robe）」の登場である。一六世紀後半までには、こうした官職の値段もつり上がり、地方の小貴族には手が出せなくなった。かわりにこれを購入したのが都市の富裕な商工業階級《ブルジョワジー》のものたちだった。このように官僚機構を通じて台頭した法服貴族に対抗する意味からも、生まれや武勲を強調する伝統的な貴族層は「帯剣貴族（noblesse d'épée）」と呼ばれ、貴族身分のあいだに次第にきしみが生じていくことになる。

特にルイ一四世（在位一六四三～一七一五年）の時代になると、中央でも地方でも国王による直轄支配が進められ、法服貴族らの影響力が弱体化すると同時に、帯剣貴族らの影響力もさらに低下した。ルイ一四世は父のルイ一三世が残した「常備軍」をさらに増強し、上級士官職を独占していた有力貴族だけでなく、能力や功績で貴族以外のものでも士官に昇進できる制度を導入した。さらに武器弾薬の管理なども王権に一元化され、中世に武勲を誇った大貴族らの騎士物語など、まさに夢のまた夢となっていった[19]。

官僚貴族としての法服貴族や、国王の側近として宮廷に仕えるものたちは、かつてのローマの執政官や元老院議員さながら、貴族に特有の教養や知識、そして国民を護らなければならないという強い道徳的信念に基づき、公共の利益のために尽くし、それは国王からも国民からも信頼を寄せられる要因になった。しかし時が経つにつれ、彼らもまた自身の特権を子や孫にまで世襲で引き継がせることに汲々《きゅうきゅう》とし、次第に私利私欲へと溺れていく。

ルイ14世

常備軍と官僚制を備えた強力な絶対君主による支配を確立するためには不可欠であったかもしれないが、官職の購入による叙爵という制度は、貴族身分の一体性を破壊し、国家のエリート内部の競争を助長することにつながった。一八世紀後半のフランスは歴史家の松浦義弘も指摘するように、王権が社会の社団的編成を解体し、個人に立脚する中央集権国家を構築する方向で改革を進めようとしたとき、絶対王政の構造的矛盾に由来する緊張が一挙に表面化して

いく。(20)

それは絶対王政だけではなく、もはや「軍務」という中世以来の責務を果たせなくなった帯剣貴族と、「公共の利益」ではなく私利私欲に走る法服貴族らの姿を「国家の寄生虫」と見るようになった中産階級や農民らの厳しい評価により、やがて貴族制そのものまでも崩壊させるような大事件へとフランスを誘《いざな》っていくことになるのである。

3 ヨーロッパ貴族の特権

貴族特権の背景

前項では中世のヨーロッパ貴族が担っていた義務について触れたので、この項では各国で貴族たちが謳歌していた「特権」について、イギリスの歴史家マイケル・ブッシュによるすぐれた大著に基づきまとめておこう。

ヨーロッパの貴族たちが中世から近代にかけての一〇〇〇年にわたって享受した特権とは、本質的には国王（君主）の認可によって授与あるいは確認された、法で定められたものであった。それは大きく「貴族としての身分による特権（リベルタス）」と、貴族に支配者の権力を与える「領主権（ドミニウム）」との二つに分けられる。

こうした特権が中世ヨーロッパに現れた背景については、すでに論じたとおりである。それは古代社会における自由人と奴隷の区分や、ローマ人の支配下で元老院貴族、騎士階級などの世襲の諸特権があらわれたこと。さらには領主が保有地農民に対して持つ権限など、様々な要素が融合し、王侯の権利、官職者の権利、騎士の権利、自由人の権利、土地領主の権利の複合体となっていった[21]。

こうした特権は一二世紀ぐらいまでには明確となった。中世の王権にとって、貴族は代表集会(議会)において国費支出を承認し、地方行政の装置となり、国王がおこなう戦争に軍隊を供給し、そこで軍を指揮するという役割を担う、まさに君主が依存すべき最大の存在であった。本章の冒頭で紹介したモンテスキューの言葉にもあるとおり「貴族なくして君主なし」の状態だったわけである。だからこそ、王権は貴族たちに対して「課税免除」をはじめ多くの特権を与えざるを得なかった。

しかし、ブッシュが鋭く指摘しているように、やがてはその貴族特権の撤廃こそが、ヨーロッパの近代化の過程の基礎となる運命にあるのだった[22]。

それでは、ヨーロッパ貴族が有していた特権について、「身分による特権」「領主権」という順番で簡単に見ていくことにしよう。

身分による特権

【財政上の特権】

まずは貴族たちが特権によって受けていた財政上の恩恵である。ここには、免税の権利、課税する権利、国税を私的に利用する権利、平民よりも税額を優遇される権利、議会が承認した税の徴収に同意を与える権利、領内の保有地農民が国家に支払う税の徴収や割り当てをおこなう権利が含まれていた。これらの権利の起源は中世に遡り、いくつかは一九世紀まで貴族の特権として生き残り続けていった。

なかでも最も重要だったのが、「免税特権」であったが、これも地域や時代によってまちまちであった。国によっては一部の貴族には免税が認められていなかったり、貴族（この場合には俗人）以外にも、聖職者や、貴族所領を保有する平民、政府の役人、医師や法律家など特権的職業、大学や宗教裁判所など特権的な団体、さらに君主から特権を与えられていた都市や地方の住民にも免税特権が認められる場合があった。

さらに地域的に見ても、たとえばヴェネチア貴族にはそもそも免税特権はなく、次章で詳しく見ていくイギリス（イングランド）の貴族の場合には、免税特権を行使できた期間が短く、適用範囲も非常に制限されていた。またフランスの場合には、一四世紀から革命期まで貴族たちには直接税と間接税の免除特権が認められてはいたが、一八世紀までには王が家畜に課した入市税、塩税、関税など、いくつかの間接税は貴族にも課せられていく。ただしフランスでは税収の大半が直接税で占められ、貴族はそれを免ぜられていたので、平民とのあいだに大きな禍根を残し、のちに大革命を招く原因のひとつとなった。

これ以外にも、スペイン、ポルトガル、ポーランド、ハンガリー、ナポリ、ロシアにおいても、貴族集団は直接税を免除される場合が多かった。

また、ヨーロッパ各地で貴族たちがいくらかの免税特権を失う場合には、その痛手を和らげる措置として、貴族が平民よりも「ゆるやかに」課税の査定を受けられるといった恩恵も見られた。やがてドイツ各地では一八世紀半ばまでに、こうした財政上の諸特権は貴族たちから奪われ、フランスにそれがおとずれるのが革命時ということになる。(23)

【司法・奉仕義務の免責特権】

さらに貴族たちは、国家が臣民に求めていた奉仕義務や、国家が一般俗人に適用していた通常の裁判手続きや罰則からも保護されていた。こうした貴族の免責特権は、西欧では最も早い時期から形成されていたが、平民身分の騎士、国王官僚のような貴族的な機能を果たしていた者たちや、商人、職人、専門職に従事する者にも与えられる種類の特権であった。ただしやはり中心となるのは貴族であり、たとえば貴族に対する名誉毀損をはたらいた平民は厳罰（舌を抜くなど）に処せられていた。

スペインやイングランド、デンマークなどでは貴族を民事上の罪で投獄できなかったし、西欧各国では一七〜一八世紀に禁止されるまでは、決闘によって法廷外で不正をただす権利が貴族にのみ認められていた。また一七〜一八世紀のフランスでは、貴族は上級裁判所である国王裁判所に直接訴えることができ、刑事訴訟の場合には高等法院で審理を受けることができた。また西欧では、「貴族を裁けるのは貴族だけ」という同輩裁判が見られ、イングランドではなんとそれは一九四九年まで貴族に認められた権利であった。

ドイツ三月革命（一八四八年）が生じる前までは、ベーメン（ボヘミア）やオーストリアでは「貴族の言葉」であるというだけで、裁判所や警察では充分な証拠とされ、また貴族は平民のように真実を述べることを宣誓してから証言するという必要はなかった。さらにハンガリーやポーランドでは、平民が貴族を相手に訴訟を起こしたり、法廷で貴族に不利な証言をすることさえできなかったのである。仮に貴族が有罪とされた場合にも、彼らは政府の支配が及ばない特別な裁判所に身を委ねられた。

こうした貴族の司法上での免責特権は、フランスでは一七八九年の大革命の際に、プロイセンでは一九世紀初頭の改革時に、オーストリアでは一八四八年の三月革命時に廃止され、ロシアでは一九一七年の革命勃発時にようやく撤廃された。実は、これらの特権が最も遅くまで存続できたのがイギリスであった。

さらに貴族たちは君主や国家から強制される奉仕義務からも免責特権で護られていた。それは賦役労働や、かまど・製粉所・ブドウ圧搾機の強制使用、私的な課税といったものであり、あとで述べるとおり、それらはむしろ貴族自身が「領主権」として領民に行使していたものだった。また貴族には通常、伝統的な義務として特別な軍務が課されていたが、国家が平民に課していたその他の兵役義務については、たいていはいっさいを免除された。(24)

【政治参加の権利】

次が主に国政に参与する権利である。具体的には、議会の議員となる資格がある、貴族だけが就任できる官職の保有、平民が就任可能な官職でも貴族が優先的に着任できる、といった諸権利である。文武両面の国家官職において貴族は指導的な役割を果たすとともに、(国会)議員となれば税金の承認や執行、法律の制定や停止、外交および内政の方針決定、国王官吏の任免、さらに貴族位の授与や王位継承にさえ関与することが可能となった。

なかでも官職保有権は、あとで説明する領主権と並んで、貴族階級に対する民衆の敵意を最も強くかきたてた特権のひとつであった。国家の官職は、フランスやロシア、ハプスブルク帝国やプロイセンなどで絶対君主制が形成されると、王権によって貴族の専有物にされたからである。貴族しか保有できない官職があったばかりではなく、平民が保有できる官職でも、貴族には任命と昇進の両面で優先権が認められていた。

　フランスでは、一七〇〇～八八年のあいだに四〇〇〇もの貴族身分を伴う官職が存在したが、そのうち一二〇〇は親子二代にわたって同じ官職を保有すれば貴族身分を世襲できるものだった。ロシアでピョートル大帝（在位一六八二～一七二五年）が導入した「官等表」（二六二の職務を一四等級に分けた）では、門地主義が重視され、大帝没後の一七三〇年の時点で上位四等級の官職を保有していた者の実に九三％までもが、それ以前のモスクワ大公国の時代に高位官職を占めていた家系の出身者であった。高貴な生まれの子弟は第五等級ないし第四等級の官職から職歴を開始する権利を与えられており、それは第一章で紹介した、古代中国の「九品官人法」ともよく似たシステムであった。

官等表

ピョートル大帝

　絶対主義国家は、生まれながらの貴族を支配階級の核とみなし、そうした貴族が官職を得られるように特権で保護するという傾向を強く示していた。ただしここにも国ごとでの違いが見られ、フランスでは官職の売買が許されていたが、ハプスブルク（オーストリア）やプロイセンにおいては貴族身分を伴う官職を金銭で買うことはできなかった。なお貴族が優先的に保有した官職は、国家官職だけではなく都市の役職も含まれていた。

東欧やロシアには貴族だけからなる議会も見られたが、西欧諸国では身分制議会が通例だった。その西欧でも一九世紀半ばまでには、それまで議会に代表を送れなかった新たな有力社会集団が登場したこともあり、身分制議会が次々と姿を消していった[25]。

【名誉をめぐる特権】

続いて貴族文化に特有の名誉に関わる権利である。具体的には、特権を持つ者の地位を公共の場での席次や挨拶の仕方によって公式に認知させたり、特権を持つ者だけがある種の騎士団や、教会組織、高等教育機関、銀行組織のメンバーになり、こうした組織を利用できるといったことも含まれる。また、帯剣（武器携帯）や特別な衣装を身につける権利、さらには貴族とそれに準ずる者にのみ国家（王）が承認する紋章を使用できるといった「表象」的な特権もある。

そしてもちろん本章で解説した、五つの爵位を名乗れるとともに、それに応じた呼びかけ方（「殿下（Highness）」や「閣下（Grace あるいは Excellency）」など）、名前の前に示す前置詞（ドイツでは「フォン（von）」、フランスでは「ド（de）」など）も決まっていた。

こうした表象的な特権は、貴族と平民との区別をつける意味もあったが、当の貴族社会の内部において序列を明確にする意味も込められていた。

また、ロシアやプロイセン、ハプスブルクなど絶対君主制を採る国々では、貴族の子弟のみが通える学校が作られるとともに、農業不況などで債務を負った貴族たちを救済するために、君主たちは貴族専用の銀行まで用意していた。一七五四年にはロシアに国立の貴族銀行が設立され、所領を担保とする貴族への優先的な貸し付けが可能となった。ところがこうした貴族銀行の存在はかえって貴族を「甘やかす」ことにつながった。銀行は利率を低く設定し、貸し付けまで気前よくおこない、さらに抵当流れの処分を厳重にはおこなわなかったので、怠惰な貴族はますます浪費や無責任な行動に走るようになったとされている[26]。

【地主としての特権】

そして貴族にとっての基本的な富の源泉が土地を所有することにあった。このあと論ずる領主権はもちろん、これまで紹介してきた議会、財政、称号に関する特権もすべて所領を持つことに起源を求めることができる。また、土地財産の相続や譲渡、開墾に関する特権や、農民保有地の最終所有権などは「地主」としての権利にすべて基づいていた。

貴族の特権としての地主の諸権利は、ヨーロッパでは一八六〇年までには廃止される。しかしそれまでは、ポーランドやロシア、ハンガリーなどでは、すべての私有所領が貴族にのみ獲得が許され、西欧諸地域では貴族所領と認められた土地にのみこうした独占権が許されていた[27]。

領主権

次に領主権について見ておこう。ヨーロッパ諸地域で領主権として含まれていたのは、主には以下の八つである。

①賦課租、私的な賦役労働
②世襲の裁判権
③徴税や徴兵などの、国家に対する義務の執行
④官吏の任免権

⑤かまど・ブドウ圧搾機・水車小屋の独占権、狩猟や漁労の独占権、所領で産する鉱物・薪・キノコ・木の実などの資源や産物の独占権
⑥優先先買権や優先売却権といった商業上の諸権利
⑦公的な集まりの場で上席を与えられる権利
⑧保有地農民が移動、結婚、職業変更、土地の保有をおこなう権利を規制すること

①の賦役の労働量は、時代や地域によって異なるが、一八世紀半ばにはベーメンで週三日、トランシルヴァニア（現在のルーマニア中部・北西部）では週四日、ガリツィア（現在のウクライナ南西部）ではなんと週に六日も駆り出されていたという記録が残っている。もちろん領主ごとで労働条件は異なっていたであろうが、東欧ではこのような苛酷な賦役労働がのちに領主制の廃止の決定要因ともなった。

⑤にあるような狩猟や漁労の独占権はもとより、酒類の製造や農産物・畜産物の加工（粉挽き、パン焼き、屠畜）、種つけの権利によって家畜を増やすこと、食糧品の販売、白鳥やウサギ、鳩といった特定の家畜を飼うこと、さらには領地内での度量衡の規定、貨幣鋳造権まで領主に独占されている場合も見られた。特にワインやビールといった酒類の製造は、聖俗双方の貴族たちの特権だった。今日でも名の通ったフランス・ワイン（ボルドー）がシャトー（城館）で造られていたり、ベルギー・ビールが修道院で醸造されているのもその名残りである。

また領主たちには、私的な課税や裁判による収益も収入源となっていた。さらに、道路や橋の通行料金、渡し船の料金、関税、物品販売税もあった。フランスのロワール川やドイツのライン川沿

いに数々の城が建っているのは、その城の前を通る貨物船に通行税を請求するためである。また領主には裁判権もあり、公的な裁判所の裁判官を任免する権限もあった。

しかしこうした領主制は一七世紀までにはヨーロッパ各地で衰退し、領主裁判権にしても国王政府の施策によって制限がかけられた。領主権の根絶は、ブッシュによれば一七八九年（フランス革命）と一八四八年（フランス二月革命・ドイツ三月革命）という二つの年が決定的な重要性を持ち、フランス革命は領主制の廃止という発想を社会的にも政治的にも受容可能なものにし、一八四八年の革命はそれをヨーロッパの多くの地域に応用させたのである(28)。

責務の少ない貴族たち？

以上のように、中世から近代にかけてのヨーロッパ貴族は数多くの特権を享受しており、彼らはまさにこうした経済的・社会的背景に基づいて、一〇〇〇年にわたり政治・経済・社会・文化のあらゆる側面からヨーロッパ文明を主導していったのである。

もちろん地域や時代によって、これらの特権の幅は揺れ動いたが、それでも歴史家のウィリアム・ドイルも述べているとおり、貴族らの責務は特権に比べれば「名ばかりで微々たるもの」にすぎなかった。中世初期の貴族たちが君主から特権を与えられたのは、「軍役」のおかげであり、特に装備に費用がかかる「重装騎兵」ともなると、君主らは貴族からの協力に依存せざるを得なかった。しかしそれも、一五世紀のヨーロッパで始まったとされる「軍事革命」によって大きく変わっていく。中世以来の封建的な軍隊に加え、国王直属の常備軍や外国人傭兵までもが国王軍の主力を担うようになった。また銃器の発展により、一七世紀には戦略や戦術まで大きく変わり、重装騎兵ではなく、軽装で火器を備えた歩兵らが戦場の主役となっていく[29]。

もちろん各国では、その後も陸海軍の最重要ポストは貴族たちによって占められ、フランスのように陸軍士官職が売官制によって取り引きされ、貴族の子弟によって私物化されることもまま見られていた。しかし絶対君主制の下で初期的な徴兵制度が導入され、軍役が貴族の独擅場ではもはやなくなっていたのも事実である。

このように中世社会で分けられた三つの職能、「祈る人、戦う人、耕す人」の区分が崩れて、貴族たちの軍事的な責務がそれ以前と比べて低下したなかでも、なぜ彼らは君主や平民から尊重され、相も変わらず政治や文化の世界に大きな影響力を及ぼし続けていったのであろうか。

次に、王侯や貴族による支配を正当化したと考えられる、中世キリスト教世界のヨーロッパに新たに登場してきた思想家たちの理論をいくつか紹介しておこう。

4 「徳」による統治の系譜――貴族の理想像とは

アウグスティヌスと「神の国」

第一章でも詳述したとおり、古代のギリシャ・ローマ世界においては、徳を有する最善の人々、すなわち貴族たちによる政治こそが理想とされていた。こうした考え方は中世ヨーロッパ世界においても継承されていくが、そこには新たに「キリスト教」の宗教観も盛り込まれていく。

その中世キリスト教神学に絶大な影響を与えたのが、古代ローマ帝国の時代の末期に入信したアウグスティヌス（三五四〜四三〇）である。北アフリカのローマ都市タガステ（現在のアルジェリアのスーク・アフラス）で生まれた彼は、両親の影響を受けてキリスト教徒になるが、その前に古代ギリシャ・ローマの哲学に強い関心を示していた。ただし彼はギリシャ語は苦手であり、ラテン語の文献を通じて古典を学んだため、プラトン、アリストテレスというよりむしろキケロの著作群に親しみを感じていた(30)。

第一章でも論じたとおり、キケロの場合にもアリストテレス等から引き継いだ「徳」の観念が国家やその指導者にとって重要な意味を持った。

マニ教からキリスト教徒に改宗したアウグスティヌスは、人間は他の被造物とは異なり「自由意志（libera voluntas）」を神から授けられていると唱え、この自由意志について論じた著作のなかで次のように力説している。「徳はどんな悪徳にもまさり、徳がより高く、よりすぐれたものとなればなるだけ、いっそう堅固で不滅のものになる」「悪徳をもつ魂が、徳をそなえた魂にまさることはない」「どんな身体も、徳をそなえた魂以上のものではありえない(31)」。

アウグスティヌス

さらにアウグスティヌスの場合にも、その「徳」を構成する要素は次の四つである。すなわち、求むべきもの（善）と避くべきもの（悪）とについての知識である「思慮（prudentia）」。どんな不幸にもとらわれず、われわれの権能の中にないもののために心を動かさず、穏やかな心を保ち、それなしに済ませることのできる魂の状態としての「勇敢（fortitudo）」。求めることが恥ずかしいものへの欲求をあらゆる手段を講じて抑える魂の状態としての「節制（temperantia）」。そして善き意思をもち、誰に対しても悪を願わず、誰に対しても不正を働くことができない徳としての「正義（iustitia）」である。(32)

なかでもアウグスティヌスが重要視するのが最後の「正義」となる。正義とは人間のもつ善の最高のものであり、正義とともに思慮や勇敢や節制を悪用せず、すべての徳にあって正しい理性が支配し、これなしには徳はみな徳たりえない、そしてだれもこの正しい理性を悪用することはできないと、アウグスティヌスは強調している。(33)

この「正義」の大切さこそが、彼が古代の逸話から引いた有名なたとえ話にもいかされている。すなわちアウグスティヌスの代表作である『神の国』（第四巻第四章）に登場する「正義がなければ、王国も盗賊団と異なるところはない」という一文である。マケドニアのアレクサンドロス大王の許に捕まった海賊が連れてこられた。大王が海賊に「海を荒らすのはどういうつもりか」と尋ねると、海賊は臆するところなくこう答えた。「陛下が全世界を荒らすのと同じです。ただ、私は小さい舟でするので盗賊とよばれ、陛下は大艦隊でなさるので、皇帝とよばれるだけです」。ここでアウグスティヌスは「正義がなくなるとき、王国は大きな盗賊団以外のなにであろうか。盗賊団も小さな王国以外のなにでもないのである」と問いかけたのである。(34)

彼は「神の国」と「地の国」を分け、前者を理想郷のように語るが、もちろん統治者の心がけ次第ではこの世に「神の国」を築くことも可能と考えていた。その際に根幹となるのが「道徳」であり、人々は国家の道徳をもつことなくして、さらに道徳は人々がそれを導くことなくして、国家を建設し、長期にわたり広大な領域を正しく支配することは不可能である。アウグスティヌスはそれを古代ローマ帝国から学び取り、「ローマ国家は、古い道徳と古い人びとに依存して」いたと述べている。しかしこうした「古《いにし》えの人びとや古えの道徳」も忘れ去られ、ローマ帝国も崩壊していった。[35]

キリスト者としてのアウグスティヌスは、プラトン、アリストテレス、キケロらが唱えた「徳」の系譜に連なりながらも、「神をおそれ、愛し、崇拝する」とともに「慈悲のやさしさと恩恵の豊かさ」を大切にし、「謙虚と慈悲と祈願との供物を捧げることをおこたらない」支配者こそが、真にキリスト教的皇帝の幸福につながるとの理想像を示したのである。[36]

ソールズベリのジョン――「君主の鑑《かがみ》」の系譜

「君主の鑑（ラテン語でspeculum regis/principis、英語でmirror of princes）」と呼ばれる中世に独特の作品群がある。それはあるべき君主の理想像を描くことにより、現実の君主の教育を意図する書物のことであり、その多くは君主を支える貴族たちに求められる資質とも重なっている。

「君主の鑑」に連なる書物は、実際には古代ギリシャ・ローマの時代にも見られ、イソクラテス（紀元前四三六～前三三八）の『ニコクレスに与《あた》う』や、クセノフォン（紀元前四二七頃～前三五五頃）の『キュロスの教育』、さらにキケロの『国家論』や『義務について』、セネカ（紀元前一頃～西暦六五）の『寛容について』もこれに当てはまる。[37] こうしたギリシャ・ローマの君主論の伝統にキリスト教の教えを盛り込んだのが、ローマ帝国末期に活躍した教父アウグスティヌスの『神の国』であった。

中世の人々にとっての理想の君主ともいうべきカール大帝の時代以降には、サン＝ミイェルのスマラグドゥス（七七〇頃〜八四〇頃）の『王道』、オルレアンのヨナス（七六〇頃〜八四三）の『王の教育について』、セドゥリウス・スコトゥス（九世紀）の『キリスト教君主論』、ランスのヒンクマル（八〇六〜八八二）の『君主の人格と君主の職務について』といった作品が次々と書かれていった。これらはいずれも執筆者が深く関わった君主たちのために書かれたものであり、スマラグドゥスはカール大帝、ヨナスはアキテーヌのピピン、スコトゥスはロタール二世、ヒンクマルはシャルル禿頭王にそれぞれ作品を献上している[38]。

こうした「君主の鑑」の系譜に連なる重要な作品のひとつが、イングランドに生まれフランスで活躍したソールズベリのジョン（一一一五／二〇〜一一八〇）による『ポリクラティクス』である。一一五九年に書かれた本書は、「アンジュー帝国」を築いたイングランド王ヘンリ二世（在位一一五四〜八九年）の尚書部長官（現在でいう首相役）を務めたトマス・ベケット（一一一八〜一一七〇）に献呈されている。後述するとおり、ジョンはヘンリ二世の宮廷が腐敗堕落していると見て、正しい統治はひとえにそれを担う君主の人格的高潔性にかかっていると唱え、君主の徳治主義の重要性を説く「君主の鑑」に共通の主題を、彼なりに本書でまとめたかたちになっている。

『ポリクラティクス』も上記の九世紀（カロリング朝）に書かれた一連の「君主の鑑」の伝統を踏襲しているが、政治思想史家の柴田平三郎によれば、ジョンはこの伝統に二つの新しい要素を持ち込んだ。ひとつは、善き統治のための徳の勧めや道徳的訓戒をひとり君主に限定することなく、広く君主を取り巻く支配階級（宮廷官僚層）に拡大させたことである。そしてもうひとつは、そうした君主・支配者層の正しいあり方についての議論を、「国家」という大きな政治的・社会的枠組のなかで展開しようとしたことである[39]。

ソールズベリのジョン（左）

ジョンは、キケロの『義務について』をもとに、有用性と道徳的高貴さとを一致させる考えを進めるとともに、「君主の財政が豊かなことと、私腹を肥やすこととは別のことであり、富は常に民衆に還元されるべき」と説いている。またアウグスティヌスと同様に、かつての偉大な君主たちの逸話をもとに、君主のあるべき姿を強調している。アレクサンドロス大王が遠征中に兵士を激励し、捕虜となった異国の王の許嫁を丁重に王のもとに送り返した姿などから、大王には「最高度の慎み（abstinentia summa）」「仁慈（beneficium）」「正義（iustitia）」といった「徳性（virtus）」が充分に備わっており、それがあらゆる人びとの心をとらえたと説く。

また、古代ローマ帝国五賢帝の一人ハドリアヌス帝が皇位に即《つ》いたとき、元老院が彼の息子に「アウグストゥス（尊厳者）」の称号を授けようとしたのに対し、皇帝がこう答えた姿も描写する。「支配者の職務は血統によるものではなく、その功績によるものである。功績によらずに、生まれながらにして王となった者の支配のもとには何らの利得も存在しない。……子供たちはまずもって徳によって養育され教育されねばならないのだ[40]」。

こうした事例をもとに、ジョンは徳こそが正しい君主のあり方を決定する基本条件であり、神の法を守らずに悪徳に走った君主に未来はないと強調する。さらにジョンはこう締めくくってもいる。「詐欺は弱さの仮面であり、臆病の似姿であり、勇気と真っ向から対立するものである。傲慢は慎慮によって抑制される。［中略］不正は節制によって禁じられる。［中略］そして不正は正義によって排除される」。やはりここでも重視されたのが、この四つの要素からなる「徳」である。

このような歴史上の支配者の実例を模範とすべき教訓として指し示すことにより、ヘンリ二世など現実の君主や支配者層に影響を与えようとしたジョンは、君主を取り巻く宮廷官僚層が狩猟や賭博、音楽や演劇、魔術や占星術にうつつを抜かし、快楽によって君主に追従しているとかなり手厳しい批判も展開している。こうした追従を弾き飛ばし、「勇気」「慎慮」「節制」「正義」、さらには「厚情」「人間性」「寛容」「中庸」といった「徳の統治」こそが君主によってめざされるべきであり、これこそ「王道(via regia)」にほかならないとジョンは主張するのである。[41]

トマス・アクィナスとキリスト教的な徳の極致

そして中世キリスト教学の頂点を極めるとともに、「君主の鑑」に関する集大成をものしたのが、南イタリアのアクイーノに貴族階級の息子として生まれた、トマス・アクィナス(一二二五頃〜一二七四)である。六歳で名門修道院に入ったトマスは、両親の反対を押し切って設立されてまもないドミニコ会の修道士に転じ、キリスト教の原点に立ち返り信仰生活を続けた。この頃、ヨーロッパで忘れ去られていたアリストテレスなど古代ギリシャの学問がイスラーム(アラビア)経由で再びヨーロッパに入り込んでおり、トマスは特にアリストテレスの思想に触れていくこととなる。

ここでトマスが注目したのがやはり「徳(アレテー)」である。ラテン語では「ヴィルトゥース(virtus)」となるが、この言葉は文脈に応じては「力」とも訳すことができる。トマスにとっての「徳」とは、他者や社会から身につけることを半ば強制されるような窮屈な徳目ではなく、人間一人一人が手堅く前向きに生きていくことを支える内的な「力」を意味した。[42]

トマスは、アリストテレスやプラトンが重視した徳の四つの要素、すなわち「賢慮」「正義」「勇気」「節制」を基本線にし、これらを「枢要徳」と位置づけた。賢慮とは一つ一つの状況を的確に判断する「力」、正義とは他者や共同体に適切に関わる「力」、勇気とは困難な悪に立ち向かう「力」、節制とは欲望をコントロールする「力」として、それぞれ人間が生きていくうえで重要な要素となった。トマスはこれら枢要徳に加え、新たに「神学的徳」として「信仰・希望・愛」という要素も彼独自の徳理論のなかに組み込んでいる。そしてこれら七つの要素からなる徳によって、人びとは「善」をおこなうことへと結びついていく[43]。

トマスのいう神学的徳とは、古代ギリシャ以来説かれてきた枢要徳とは異なり、単に人間の努力によって身につけられるものではない。我々がそれらによって神へと正しく秩序づけられる限りにおいて、それらは神を対象として有しており、神のみによって我々に注入されるものであり、聖書における神の啓示によってのみこれらの徳が我々に伝えられたのである。西洋中世哲学を探究する山本芳久が喝破するとおり、トマスの徳理論は、アリストテレスの理論に「洗礼が施される」ことによって、アリストテレス自身が想定していなかったような仕方で、その理論が内的に変容されたものであった[44]。

トマス・アクィナス

そのトマスは国家の形態を「君主政・貴族政・民主政」の三つに区分しており、政治には一体性（unitas）が不可欠であり、その意味でも多数者より単一者で統治をおこなう「君主政」こそが最善の形態であると述べている。トマスが君主に求めるのが、自らの利益（善）ではなく、政治共同体の構成員に共有された「共通善（bonum commune：英語では common good）」を追求する牧者《ぼくしゃ》になることであった。共通善を得るために、人々は徳に従って生きる（vivere secundum virtutem）べきであり、共に善く生きること、つまり善き生活（bona vitae）とは徳に従うことを意味する。こうした「徳に従った行為」を率先して示すのが、君主であり貴族なのである。[45]

トマスが理想とした君主政とは、近代的な意味での絶対君主政ではなく、法に従う支配を基本とし、少数の賢者（貴族政）と全人民（民主政）の意思によって宥和された君主政である。

こうしたなかで書かれたトマス版の「君主の鑑」が『君主の統治について』である。副題には「謹んでキプロス王に捧げる」と書かれているが、具体的にどの人物に献呈されたのかはわからない。トマスが彼の代表作『神学大全』をはじめ数々の著作を世に送り出した時期は、イタリアもドイツも教皇派と皇帝派の闘争のさなかにあった。そのような現状も意識しながら、トマスは理想の君主論を世に問うたのかもしれない。

彼が最も忌み嫌うのは私利私欲に走る僭主である。「一人の王による支配が最善であるように、一人の僭主による支配は最悪である」。君主には天上からの浄福が必要であるが、「もし浄福が徳の報酬であるとするならば、より高次の浄福はより偉大な徳に負うものとなる」。「しかし人が自分自身だけでなく、他の人びとをも導くことができるためには傑出した徳を必要とする。そしてそうした徳は統治されるべき人が多ければ多いほど、ますます傑出したものとなる」。ここでトマスは確認しているが、「人間は神の享受という目的を人間的徳のみによっては達成することができず、神の恵みによらねばならない[46]」。

このようにトマス・アクィナスは、アウグスティヌス以来の中世の「君主の鑑」という伝統を引き継ぎながらも、古代ギリシャのアリストテレスの倫理学にももう一度立ち返り、キリスト教神学とも融合させながら、独自の「王侯論」を構築したといってよいだろう。

マキャヴェッリの登場――「徳」による統治の否定

トマス・アクィナスの死（一二七四年）からおよそ二〇〇年後。イタリア中部のフィレンツェで一人の赤ん坊が生まれた。メディチ家が支配する共和国に下級貴族の息子として生を享けた彼は、やがてメディチ家が一時的に追放されたフィレンツェ政庁に書記局長として入り、激動期のフィレンツェを陰から支えた。ニッコロ・マキャヴェッリ（一四六九～一五二七）である。彼が生まれ育ったフィレンツェは、一五世紀初頭から始まった「ルネサンス」美術の中心地であり、ダ・ヴィンチ、ミケランジェロ、ラファエロらが活躍し、まさに「花の都」であった。

しかしメディチ家追放（一四九四年）後には、トマス・アクィナスと同じドミニコ会修道士であったサヴォナローラによる神政政治が始まり、ルネサンスを代表する数々の芸術作品が破壊された。その彼も一四九八年には政庁前広場で処刑され、この直後にマキャヴェッリは政庁入りする。当時のイタリア半島は、ハプスブルク家とフランス王家とのイタリア戦争（一四九四～一五五九年）に巻き込まれ、マキャヴェッリはフランスやドイツ、イタリア各地を特使として廻らされた。

やがて一五一二年に共和政体が崩壊し、メディチ家の復権が目前に迫るや、マキャヴェッリも書記局長の座を追われ、失脚する。こうした過程で彼が記したのがかの有名な『君主論』である。刊行されたのは彼の死後（一五三二年）のことであるが、失脚してからすぐの一五一三年までには執筆も完了していたようである。

ヨーロッパ各地の王侯らが繰り広げる権謀術数の世界を目のあたりにし、自らも辛酸をなめ尽くしていたマキャヴェッリともなると、もはや「君主の鑑」とは従来の「徳を備えた支配者」では充分ではない。マキャヴェッリも「徳」と同じイタリア語の「virtù」を使うが、それは古代ギリシャやキリスト教の神学者が使うそれではなく「技量」という意味に変わり、さらに「運命（fortuna）」という要素も加わる。この二つを巧みに用いて、臣民をいかに統治し、他の君主といかに渡り合い、さらに軍隊をどのように組織するのか、という現実的な側面が重視されていくのである。『君主論』の最初のほうで、マキャヴェッリは「結論として唯一言っておきたいのは、いかなる君主においても民衆を味方につけておくのが必要だということである。さもなければ、動乱の時にあって手当が施せない」と述べている[47]。彼にとっては、もはや民衆は王侯らが「徳」によって導く存在などではなかった。「善なるものばかりを身につけた君主がいれば」それに越したことはないであろうが、マキャヴェッリに言わせればそのような王侯などいない。むしろ君主が自らの地位を保持したければ「善からぬ者にもなり得るわざを身につけ、必要に応じてそれを使ったり使わなかったりすること」が肝要だった[48]。

君主は、民衆から慕われるよりは「恐れられていたほうがはるかに安全」ともマキャヴェッリは述べている。なぜならば「人間というものは、一般に、恩知らずで、移り気で、空惚《そらとぼ》けたり隠し立てをしたり、危険があればさっさと逃げ出し、儲けることにかけては貪欲である」から、彼らに恩恵を施しているあいだはよいが、いざという時には背を向けられてしまう。そのような相手に、いくら「徳」を示したとしても意味はないのである。

それゆえ君主たる者に必要なのは、「慈悲深さ（piatoso）」「信義（fedele）」「人間的（umano）」「誠実（intero）」「信心深さ（religioso）」などの資質をすべて現実に備えていることではなく、「それらを身につけているかのように見せかけること」なのである。もちろんマキャヴェッリもこれらの資質を身につけることを否定するわけではない。しかしこれらの資質が必要でなくなったときには、その逆になる方法を心得ていて、それを実行できるような心構えをあらかじめ整えておかねばならない。「君主たる者は、わけても新しい君主は、政体を保持するために、時に応じて信義に背き、慈悲心に背き、人間性に背き、宗教に背いて行動することが必要」なのだとマキャヴェッリは力説している(49)。

ここに有名な「狐と獅子」のたとえも登場する。君主には獣を上手に使いこなす必要があり、なかでも狐と獅子を範とすべきであるとマキャヴェッリは述べている。「なぜならば、獅子は罠から身を守れず、狐は狼から身を守れないがゆえに。したがって、狐となって罠を悟る必要があり、獅子となって狼を驚かす必要がある。単に獅子の立場にのみ身を置く者は、この事情を弁《わきま》えないのである(50)」。

マキャヴェッリ

さらに君主たる者は戦事訓練を念頭から離してはならず、平時にあってこそ、戦時におけるよりいっそう訓練に励まなければならない。それは配下の兵士たちをよく統制し、訓練することも大事だが「つねに狩猟を行なって、これを通して身体を労苦に慣らし」すと同時に、山や谷、平野や河川などの地形についての知識をも得ておく必要があるとマキャヴェッリは論じている。[51] かつてソールズベリのジョンが、君主や宮廷官僚層の堕落の象徴のようにとらえた「狩猟」が、マキャヴェッリにとっては王侯に必須の条件となっているのである。

「ルネサンス」という時代は、それまでの中世では神のみが学術や芸術を通して探究する対象であり、人間は取るに足らない存在であると考えられていた状況から、人間も学術や芸術の対象として扱うに値するとその思潮が変化し、聖（神）の世界と俗（人間）の世界が融合を見せた時期にもあたっていた。

こうしたなかで、現実的な人間観察のたゆまざる成果をいかんなく発揮して世に出されたのが、マキャヴェッリの『君主論』であったのだろう。一五世紀末から一六世紀の戦乱の時代にあって、もはやヨーロッパには「徳を備えた王侯」は必要なくなってしまったのであろうか。

エラスムスによる「徳」の重視――キリスト者の君主の教育

ところが、マキャヴェッリが『君主論』を執筆していたのと同時期に、ヨーロッパの北西部では新たな「君主の鑑」が書かれようとしていた。ブルゴーニュ公領のネーデルラント（ロッテルダム）で生まれ、フランスやイングランドなどでも活躍した、北方ルネサンスを代表する文化人デジデリウス・エラスムス（一四六六頃～一五三六）である。

マキャヴェッリと同世代のエラスムスは、彼が四〇歳のときにわずか六歳で領主（ブルゴーニュ公爵）に即いたシャルル（フランス名）が、それから一〇年後にスペイン国王カルロス一世として即位するにあたり、彼に宛てた書簡という形式で書いた『キリスト者の君主の教育』（一五一六年）を献呈することにした。のちの神聖ローマ皇帝にしてハプスブルク家の当主となるカール五世（在位一五一九〜五六年）のことである。

エラスムスといえば、王侯貴族や教会、神学者、哲学者、文学者などを一様にこき下ろした風刺文学の傑作『痴愚神礼讃』（一五一一年）で知られている。そのなかでは「プラトンやアリストテレスの法律だの、ソクラテスの説く教説だのを採用した国が、かつて一つたりともあったでしょうか？」[52]といった具合に、古代ギリシャの哲人たちもまったく形無しであるが、そこは「聖と俗の融合」の時代を生きていたルネサンス人エラスムスのことである。わずか五年後に書かれた『キリスト者の君主の教育』では、アウグスティヌス以来の一連の「君主の鑑」の作品群と同様、プラトンやアリストテレスが説いている「徳」の世界がしっかりと盛り込まれている。

エラスムスによれば、君主が治世にあたって心せねばならないのは、「私情を捨てた公共の福祉だけである」。優れた君主の果たすべき務めは、「国民のために心を砕き、必要とあらば自らの生命を代価としてでもそれを願うこと」である。この務めに命を捧げた君主は、死してのちも永遠に不滅となる。さらにプラトンが述べたとおり、君主が哲学をおこなうか、哲学者が玉座に就いて国家は初めて幸福になるわけだが、哲学者であることとキリスト者であることとは、表現は異なるものの、実体は何ら異なるものではないという。ここに時代性も感じられる。

エラスムス

さらにこれもプラトンやアリストテレス以来の「枢要

徳」ともいうべき、知性や寛容や節制や誠実において誰にも負けないよう努めなければならない。君主たるものこの上ない高貴さを身に備えていて当然である。その高貴さには三種類あり、まずは「徳と正しい行いから自ずと生じる高貴さ」、次いで「高尚な学問を学んで身につける高貴さ」、そして「画に伝えられた先祖の姿や代々の系譜、あるいは財産からくる評価」という順で大切となる。エラスムスに言わせれば、この第一の高貴さは「本来はこれのみが高貴さの名に値すると言えるほど他の二つに勝っており、これを蔑ろにすることは、同じく君主にとって相応しからざること」となる(53)。

そのような立派な君主になることは実に至難の業である。『痴愚神礼讃』のなかでエラスムスは皮肉を込めてこう述べている。「[王侯たちの]生活ほど悲惨で、それを体験するのを御勘弁願いたいと思わせるものがありましょうか？　真に君主たるものにふさわしく振る舞おうとする者が、どれほどの重荷をその双肩に担わねばならぬか、とくと思いを致したならば、偽証や親殺しをしてまで王権を手に入れたいなどと願う者がいるでしょうか？　支配権を握った者は、私事を捨てて公のためにはたらき、自分個人の利益は顧みずに、公の利益のみを考えねばならないのですからね(54)」。

『キリスト者の君主の教育』でエラスムスは、これよりもう少し「上品」な表現で、同様の指摘を繰り返している。「そもそも君主という名に値するのは、国民が自分の為にあるのではなく、自分が国民の為にあると考える者のことである。自らのために権力を振い、自らの利益に照らして総てを量る者は、いかなる肩書きで飾りたてようとも、実体は僭主であって君主ではない」「君主と僭主の違いは、優しい父親と厳しい雇主の違いである。前者は我が子の為には一命を捧げることも辞さないが、後者は自分の利益しか眼中にないか、あるいは自分の満足だけを図り、配下の利益は顧みようとはしない」「君主はいかなる問題の考察にあたっても、それが全国民の得になることかどうかを常に忘れずにいる。対して僭主が考えるのは、それが自分自身に利をもたらすかどうかということである[55]」。

マキャヴェッリが『君主論』のなかで論じた王侯は、エラスムス流に言えば「僭主」なのかもしれない。すでに述べたとおり、『君主論』が世に出るのは一五三二年のことであり、『キリスト者の君主の教育』を書いていた時点でエラスムスがこれを読んだはずはない。しかし、徳を軽視する風潮についてはは同世代で最高の知性の一人であるエラスムスも気がついており、「もっとも昨今では一部の君主における道徳の低落が極めて著しいため、良い人間であることと君主であることとは、互いに矛盾することとしか思われないかもしれない」と続けているのだ[56]。

わずか一六歳でスペインやナポリ、シチリア、さらには大西洋を越えたラテンアメリカ帝国の盟主となったカルロス一世（カール五世）に献呈した書籍という性格もあるかもしれないが、それでもエラスムスにとって君主に大切なものは、「徳と善意」であった。権力は徳と善意によって振るわれるならば、それだけ静穏で快適となるばかりではなく、それだけ永続し安定したものとなる。そのため学問はきわめて大切なものであり、「君主は書物を繙《ひもと》く時には、楽しみを得ることではなく、読み終えた後に、より優れた者となることを目指して、繙くよう心掛けなければならない。自らを改善しようと熱烈に願う者は、改善の手掛かりを容易に見付けることができよう[57]」。

このように『痴愚神礼讃』で一世を風靡し、教会や聖職者から敵視されて書物が発禁処分にも処せられたエラスムスではあったが、王侯貴族にふさわしい資質を「徳」に求め、それを未来のハプスブルク家の当主となるカルロス一世にも託そうと考えていたのであった。

トマス・モアの『ユートピア』

そのエラスムスが一四九九年に初めてイングランドに渡った時からの無二の親友となったのが、彼よりひと回りほど年下でイングランド・ルネサンスを代表する文人で法律家、政治家でもあった、サー・トマス・モア（一四七八～一五三五）である。

法律家の家に生まれ、自らも法曹界で名をなしたモアは、学問に厳しいエラスムスでさえその実力を認める知識人であった。モアは最終的には現在でいう首相と最高裁長官を兼ねたような役職である「大法官」に就き、イングランド政界の最高峰に位置したのである。

モアの代表作といえばもちろん『ユートピア』（一五一六年）である。奇しくもエラスムスの『キリスト者の君主の教育』と同じ年に上梓された。「ユートピア（Utopia）」というラテン語はモアの造語であり、ギリシャ語の「οὐ（ない）」と「τόπος（場所）」とをかけ合わせた「どこにもない場所」をラテン語に変じたものである。ギリシャ語にもラテン語にも精通したモアらしいユーモアがそこには見られる。

前段はそのユートピアに住む人物との対話形式で書かれ、いかに現実の世界（イングランド）が遅れ、腐敗しているかを描いており、エラスムスの『痴愚神礼讃』と並ぶルネサンス風刺文学の傑作とされている。「大抵の君主は平和を維持することよりも、戦争の問題や武勇のことに、興味がある」「あなた方の間には多数の貴族がいます。他人、つまり小作人たちを汗水たらして働らかせておいて、自分たちはまるで雄蜂《おすばち》みたいにのらりくらりと生活している連中ですが、彼らはそれだけでは満足できず、小作人たちの小作料をつりあげて、とことんまで搾りとってしまおうとします」「これらの貴族たちは、自分たちだけ怠けるのならともかく、困ったことには、生業など何一つ腕に覚えのない、そのくせ怠けることは名人といった従僕たちを、ぞろぞろ引きつれて歩き廻っている」、といった具合に、当時の「現実世界」のヨーロッパの王侯らに対する痛烈な皮肉から物語は始まっている(58)。

さらにユートピア人との対話は、プラトンの「哲人政治」の話にも及んでいる。「王侯君主が、もしほんとうに哲学者の指導をうけようという意志と心構えさえあれば、多くの哲学者はすでにその公《おおや》けにした著書の中で、はっきりそうしているといえると思うのです。しかし、さすがはプラトンです、彼はすでに、国王自身が哲学の研究に心を傾けるのでなければ、決して哲学者の助言を誠意をもって受入れることはなかろうということを的確に予言しております。国王はすでに幼い時からあらゆる邪《よこしま》な議論によって惑わされているからだ、というのです(59)」。

このように王侯が善き支配者になるためには、自ら哲学を真摯に学ぶ必要があるとともに、民のほうも幼少時から学問に親しむ必要がある。「まだほんの子供の時から学問に対する特別な性向、鋭い知能、情熱、そういったものが特に目だった人間はそう多くはない。けれども、ユートピアでは国民全部が子供の時には学問を学ばなければならないのだ。しかもその上、国民の大半が男も女も、肉体労働の余暇を利用して学問の勉強を一生涯続けようというのである」。

トマス・モア

そのユートピアでもやはり大切なものは「徳」である。ユートピアには、現実世界と比べても、法律の数が少ない。それは彼ら一人一人が法律家であり、法律的な訓練が行き届いているからであると同時に、「徳というものが非常に重んじられている国」だからでもある。「彼らの考えによれば、徳とは自然にしたがって秩序づけられた生活であり、われわれはそのような生活をおくるよう神によって定められている」[60]。

そしてモアは結論部で次のように締めくくる。「思うにこの国は、単に世界中で最善の国家であるばかりでなく、真に共和国《コモン・ウェルス》もしくは共栄国《パブリック・ウィール》の名に値する唯一の国家であろう。いかにも共和国《コモン・ウェルス》（公共繁栄《コモン・ウェルス》）という言葉を今でも使っている所は他にもいくらもある。けれども実際にすべての人が追求しているものは個人繁栄《プライヴェイト・ウェルス》にすぎないからだ。何ものも私有でないこの国では、公共の利益が熱心に追求されるのである」[61]。

これまでの「君主の鑑」の作品群にも見られるとおり、モアの場合にも、公共の福祉のために尽力するのが優れた王侯であり、私利私欲に走る者こそ「僭主」にほかならない。マキャヴェッリと同世代のエラスムスやモアにとっても、やはり「理想の王侯」は枢要徳や神学的徳にも代表される「徳を備えた」存在であり、その点が彼らの作品でも強調されている。

しかし、モアの生涯はマキャヴェッリ以上に波乱に富んだものとなった。熱心なキリスト者で、ローマ教皇庁を正統と認めていたモアは、主君ヘンリ八世がキャサリン妃との婚姻の無効を教皇庁に願い出ようとして挫折し、ついに教皇庁と袂を分かって独自の「イングランド国教会」を形成し、王妃との結婚無効も強引に推し進めたことに断固反対して、大法官から辞任してしまう。その三年後（一五三五年）、モアはロンドン塔に幽閉されたのち断頭台の露と消えたのである。親友エラスムスがスイスのバーゼルで亡くなったのはその翌年のことであった。

以上のように、中世以降になってからも、王侯貴族に対する知識人たちの「理想像」は高く、これを志している限りでは彼らも民衆から信頼を集めることはできていた。それと同時に、彼ら貴族は現実の政治の世界でも、さらには文化的な世界においても、西欧全体を牽引していく存在となっていったのであるが、次にその点について見ていくことにしよう。

5　貴族が築いた文化の数々

芸術とスポーツの発展

中世の封建的な主従関係がヨーロッパ各地から消滅した後も、貴族たちの生活基盤は地代収入が大半を占め、近代以降になると商工業や多角的な農業経営に乗り出す貴族も、地域によっては登場する。こうしたなかでも、領主としての貴族らが有する地方の館は、その土地一帯を支配する象徴的な存在であり、貴族同士の交流や貴族と近隣住民をつなぐ場ともなっていた。

一六世紀後半頃からは、中世の「騎士道」に起源をもつ大がかりな馬上槍試合（jousting）に代わり、フェンシングやテニスなどが貴族のたしなみとして新たに主流となり、狩猟も馬と猟犬でおこなうもの（hunting）と銃器の発達で始まったもの（shooting）とにわかれ、後者は時代が下るとともにより下の階級にも拡がっていく。また、競馬も王侯貴族の趣味に加わり、競走馬の飼育はその一環として重要な意味を持っていく。イギリスの歴代君主が名馬の馬主である事例も多く、それは現代のエリザベス二世の治世においても変わりはなかった。

さらに一八世紀以降になると、屋内ではトランプ（貴族同士の賭け事の対象にもなった）などが、屋外では芝居見物や舞踏会、温泉での保養、といったものがヨーロッパ中の貴族にとっての大切な「社交の場」となっていく。こうした「レジャー」はやがて一八世紀後半からは中産階級、一九世紀後半からは労働者階級にまで広く浸透していく。

一六世紀にカトリックからプロテスタントへと改宗した地域では、それまで荘園領主として君臨したカトリックの修道院の所領が没収され、プロテスタントの貴族らに払い下げられていった。この土地・建物を改良して巨大な屋敷を有するようになった貴族らは、近隣住民を屋敷に招待し、貴族特有の「寛容さとおもてなし（generosity and hospitality）」を彼らに示していく(62)。

こうした王侯らの宮殿や城、屋敷を飾り立てるのが、数々の天井画や壁画、さらに絵画や彫刻、そして庭園や噴水となっていく。ルネサンス時代の巨匠たちは、ローマ教皇を頂点とする各地の聖職諸侯らを「保護者（パトロン）」として数々の傑作群を残していったが、一六世紀後半以降には宗教改革の余波も受けて、多くの世俗の王侯らがパトロンとして数多くの画家や彫刻家、建築家を育てていった。イタリアではティツィアーノ、ヴェロネーゼ、ティントレットといったルネサンス後期の画家に始まり、バロック初期を築いたカラヴァッジオらが、イタリアをはじめヨーロッパ各地の王侯から次々と制作の依頼を受けていった。

一七世紀にはルーベンス、ヴァン・ダイク、フェルメールに代表されるネーデルラントの画家たちが、イングランドのチャールズ一世や、フランスのマリー（ド・メディシス）王妃らから続々と注文を受けていく。こうした宮廷芸術の総決算ともいうべきものが、フランスのルイ一四世によって建設されたヴェルサイユ宮殿であろう。壮大な庭園や噴水はもとより、室内の数々の天井や壁を

ヴェルサイユ宮殿

飾る絵画は当時のフランス美術界の粋を結集して造られたものである。それはまた、プロイセンのフリードリヒ二世によるサンスーシ宮殿（ベルリン郊外）や、ロシアのエカチェリーナ二世による冬の宮殿内のエルミタージュ（現在は美術館）にも現れていよう。

また、バロック時代（一六〇〇〜一七五〇年）の音楽は、まさに世俗の王侯たちが牽引したといっても過言ではない。それまでの中世とルネサンスの音楽では、いまだ宗教（キリスト教）音楽が主流を占め、公式の場での楽器の使用、舞踊の上演、女声の演奏は禁じられていた。それが宗教改革の影響と時代の波に押し切られるかたちで、これらが解禁されていったのがバロック期から古典派初期（一八世紀後半）にかけてのことである。

バロック芸術全般の特色は「演劇性」にある。静謐《せいひつ》で均整の取れた芸術が好まれたルネサンスから、血みどろの宗教戦争の時代を経て、人びとはより躍動感にあふれた劇的な芸術を好むようになったのかもしれない。こうしたなかでまず登場してくるのが、まさに演劇を音楽で表現するオペラであり、現存する最古のオペラはフランスのアンリ四世と名門メディチ家から輿入れしたマリア（マリー）の結婚を祝って上演された、ヤコポ・ペーリの『エウリディーチェ』であった。一六〇〇年秋のことである。この上演を音楽のバロックの始まりとするのが通説である。[63]

さらにこのふたりの孫にあたるルイ一四世に至っては、自らがバレエの名手であり、ヴェルサイユ宮殿にも野外劇場を設け、貴族から一般庶民に至るまで人びとを魅了した。やがて王侯らは競って自らの宮廷に作曲家や演奏家を招聘《しょうへい》した。ハノーファー侯爵家（のちのイギリス王家）のヘンデルや、エステルハージ侯爵家のハイドンなどがその代表格であろう。やがて革命の時代に突入し、ベートーヴェンともなると宮廷作曲家から「個人（フリー）の作曲家」に転じていくが、それでも彼にとっての最大の後援者はハプスブルク家のルドルフ大公など王侯であった。

貴族にはこうした芸術の擁護者としての姿とともに、先に触れたように、近代スポーツの創始者という側面もある。競馬や拳闘、テニスやクリケットといった競技に加え、サッカーやラグビーももとは貴族やその子弟らが集う士官学校やパブリック・スクール（イギリスの高級私立学校）で生み出され、改良されていった球技である。これらのスポーツは時代や地域によってルールがまちまちであったが、一九世紀半ばのイギリスで全国的な対抗戦をおこなう必要性から各競技ごとで共通のルール・ブックが編み出され、それが近代スポーツとして定着していったのである。

貴族たちが生みだしたスポーツは、一九世紀前半からは商工業で財をなした中産階級にも普及し、さらに一九世紀後半に工業化社会が定着したことで「休日制度」[64]も設けられ、労働者階級も選手や観客として参加する国民的なものへと発展を遂げていくことになる。

このように中世から近代にかけての貴族たちは、芸術やスポーツといった、現代社会のわれわれ自身が「レジャー」として楽しむとともに、「プロによる実演」なども堪能している、数々の優れた「文化」を生み出す原動力となったのである。

雇用創出者としての貴族たち

貴族たちが生みだしたのは「文化」だけではなかった。こうした貴族文化を支える様々な需要や職業といった「雇用」も創出していったのである。

前工業化社会のヨーロッパにおいては、地方の邸宅や巨大な庭園、公園などを新築・改築してくれる最大の施主が貴族たちだった。また、貴族の邸宅には、執事や従僕、女中や下男、料理人、庭師、森林管理人、狩猟場管理人、馬丁、犬小屋係、猟犬係、御者などあらゆる種類の使用人が雇われてもいた。各地に屋敷をもつ大貴族の場合には、お殿様が滞在するときだけ臨時に雇われる「季節労働」の使用人も近隣の町や村から呼ばれ、地域経済の活性化に貢献することもあった。

しかし、「近代経済学の父」と呼ばれるアダム・スミス（一七二三〜一七九〇）は、こうした君主や廷臣の永続的または時折の滞在によって主として支えられている都市（ローマ、ヴェルサイユ、シャンパーニュなど）では、人々は一般的に怠惰で、放縦で、貧しいのに対し、商業的で物作りが盛んな都市（オランダやイギリスの）では、人々は一般的に勤勉で、穏やかで、繁栄していると、前者に対しては手厳しい評価を下している[65]。

これとは反対に、不労所得者としての貴族らの登場は、「野蛮時代の文化が高度な段階に達した社会」としての「有閑階級」の制度が最も発達した姿であると述べ、彼ら有閑階級がお互いに虚勢を張り合うことで、社会も経済も発展したと唱えたのが、アメリカの経済学者ソースタイン・ヴェ

ブレン（一八五七～一九二九）である。(66)

さらに、こうした有閑階級ともいうべき貴族たちが求めた「奢侈《しゃし》」が資本主義社会を準備したと主張するのが、ドイツの経済学者ヴェルナー・ゾンバルト（一八六三～一九四一）であった。ゾンバルトは一八世紀フランスの経済思想家カンティヨンの分析を引用し、次のように述べる。

まず王侯や首領が、どこか快適な場所に住みつく。次に貴族たちも一緒に住んで、たがいにしばしば会い、愉快な社交界をつくるため、同じ場所にやってくる。そうなると、ここから都市が生まれる。これら貴族たちのために、大家屋が建てられ、また彼らがここに居住したことにひきつけられてやってくる商人、手工業者、その他すべての職種の者たちのためにも、無数の家が建築される。王侯、貴族の奉仕のために必要なのは、パン屋、肉屋、ビール醸造業、酒屋に、各種各様の工業、生産者である。事業家はここに家を建てたり、他の者が建てた家を借りて住むようになる。(67)

ゾンバルトが特に注目するのが、こうした王侯貴族の妃や愛人たちである。一八世紀フランスの貴族の女性たちともなると、金銀細工、宝石細工、絹製品、レース、小間物、家具、絵画類、彫刻類、刺繡、馬車、造園など、これら奢侈品を毎日準備させるために莫大な費用をつぎ込んだ。さらに大貴族の場合には一〇〇人以上、新興成金の場合にもそれに準ずるような人数の使用人を抱えており、こうした奢侈は時代が下ると同時に様々な分野に及んでいく。飲食、住居、衣装、さらに劇場やホテル、レストラン、さらには奢侈品を売る商店。

こうしたなかでフランスなどでは、本屋、陶器業、薬種業、食糧品業、レース業、下着業、苗・種子業、糸類販売業、小間物業、鏡・ガラス製品業、仕立業、皮革業、建築業、指物師など、奢侈品に関わるあらゆる職業も恩恵を受けることになったのである。ゾンバルトの著作の題名にもあるとおり、資本主義は「恋愛（女性）と贅沢（奢侈）」によって生み落とされたという。(68)

その最大の拠点ともいうべき場所がフランスではやはりヴェルサイユ宮殿であった。ここからは、ドイツの社会学者ノルベルト・エリアス（一八九七〜一九九〇）の研究に依拠しよう。

ルイ一三世の時代には狩猟用の館にすぎなかったヴェルサイユが宮殿へと姿を変えられたのが、息子のルイ一四世の時代、一六八〇年代のことである。この宮殿は、数千人もの人間を収容（宿泊）できる建物の複合体であり、それはまさに一都市の人口に相当する数である。次のルイ一五世時代（一七四四年）の記録によれば、使用人まで含めると約一万人の人間が宮殿のなかに宿泊していたとされている。さらに郊外には、宮廷に仕える者やその家族、宮廷に関わる様々な物品を商うものたちなど、あわせて三万人以上が生活していた。先に紹介したゾンバルトの文章にもあったとおり、「王侯が住めばそこに都市が生まれる」を画に描いたような事例である。(69)

ゾンバルト

ルイ一四世の時代から、宮殿では王が起床するところから就寝するまで、仰々しい儀式が事細かく編まれていった。まずは「朝の引見（lever）」であり国王は近侍長によって起こされる。王の部屋への「入室特権（entrées）」にしても六通りあり、王の家族と衣装部屋付の大官たちは王がまだベッドにいるうちに入室を許された。王の衣装を着替えさせるのもすべて高官らの務めであった。エリアスに言わせれば、こうした儀式が毎日「いたましいほどの厳密さ」で繰り返された。王はこうして位階の違いを作り出したり、臣下に対して栄誉や恩恵や場合によっては不興を与え、社会と支配形態の構造において礼儀作法が極めて重要な象徴的機能を果たした(70)。

このような宮廷社会のなかで、同じ爵位を有する者たちは基本的には家柄の古さで序列が決められていたが、王や王の愛人との関係で家柄に関係なく勢力を持つことも可能となった。そこにもまた「奢侈」や「贈答」が関係することもあったろう。

こうしたヴェルサイユやパリの宮廷社会、次章で見るロンドンの社交界に比べ、ドイツの貴族集団は位階の違いを厳守しただけではなく、完全に「閉鎖的」で、普段の社会的・社交的交際においても市民を厳しく締め出すかたちをとっていた。このためドイツでは貴族的行動形態が市民階層へと広範に浸透していくことが難しかった(71)。

ルイ一四世によってフランス貴族は国王の周りに集中する宮廷貴族階級へと変貌し、王自身もそれまで（ルイの祖父アンリ四世など）の騎士的国王から宮廷貴族的国王へと変化した。フランス国王にとって貴族は、自身の仲間として、さらには他の階級に対する平衡錘《へいこうすい》として必要な存在となっていた。一方で、ことに幼少時の内乱（フロンドの乱）で自身を追い落とそうとした貴族たちへの強迫観念にとらわれていたルイ一四世は、貴族を絶えず警戒してもいた。

礼儀作法の確立

このようにフランス国内に、他に類を見ないほどの宮廷社会を形成したルイ一四世は、国内はもとより全ヨーロッパにまで拡がる「礼儀作法」の範型まで確立していったのである。

「上流社会とは、下級社会、卑俗な集まり、地方社会からみずからを区別をすることを目的とした男女の集まりの一種であった。しかもそれは好ましい形式の完成によって、作法の優雅さ、感じのよさ、慇懃さを通して、相手への思いやりと生活方式の技巧を通してであった。……身なりと行動様式、態度と礼儀作法は〈上流社会〉によって厳密に定められた」[72]

これは一九世紀フランスを代表する作家ゴンクール兄弟の言葉である。「貴族は身分にふさわしく振る舞わねばならない」というのが、絶対王政華やかなりし頃は当然のこととして、革命後のフランスでも社会通念として広まっていた。そのような礼儀作法を築き上げ、それを支配のための道具として活用したのもルイ一四世であった。

ルイ一四世が崩御した直後にフランスに生を享け、フランス革命が勃発する前日（七月一三日）に没したミラボー侯爵（一七一五〜一七八九）は、経済思想家としても名高かったが、一七五〇年代に発表した論稿のなかで次のように述べている。「ある国民の文明化とは、その振舞いの抑制、洗練された態度、上品さ、そして、その国民の中で礼儀作法が細かい法律の代わりをするようにみんなが心得ている知識である、と大部分の人がわたしに答えるだろう」。これは「文明化（civilization）」という概念が初めて本格的に登場した事例であると、エリアスは述べている[73]。

ミラボーがこのような表現を使うに至るまでには、実は二〇〇〇年の長き歴史があった。「礼儀」という概念がヨーロッパに登場するのは、一五三〇年に刊行された小著によっていた。かのエラスムスが著した『少年礼儀作法論』である。ここでエラスムスは「礼儀」をフランス語で civilité（英語では civility、イタリア語では civiltà、ドイツ語では Zivilität）という語で表現した。エラスムスは「謙虚さはすべて、まず第一に若者に、とりわけ高貴な人々にふさわしいものです」と述べ、上品で尊敬すべき人々のための礼儀作法について説いている。この小著は西欧中の貴顕《きけん》によって読まれ、まさに「礼儀《シヴィリテ》」をわきまえた者こそが「文明《シヴィリゼーション》」を知る者となっていく。

エラスムス以前においては、騎士的な封建君主の宮廷（court）で作られた作法形式としての「礼節（courtoisie）」が主流を占めていたが、やがて騎士的封建的な武人貴族が徐々に消滅していくとともに、それは宮廷貴族的な「礼儀」へと姿を変え、一七世紀後半のルイ一四世の時代までの間に「社交術」も現れてくる。こうしたなかで「礼儀正しい」「上品な」という言葉が、社交界で普通に使われる用語となり、ルイ一四世時代の言語学者で文芸評論家でもあったフランソワ・ド・カリエール（一六四五～一七一七）によって、『話し方作法——市民の話し方について』（一六九四年）という対話集まで刊行されることになった(74)。

このような、礼儀正しく上品な物腰による話し方、接し方とともに、挨拶の仕方や優雅な食事の仕方、そして王への謁見の仕方を筆頭とする宮廷生活に欠かせない「礼儀作法」が、ルイ一四世の宮廷で醸成されていく。しかもルイの父にして先代のルイ一三世の時代（一六一〇～四三年）までには、王を宰相として支えたリシュリュー枢機卿の尽力により、それまで地方ごとでスペルも文法も発音も異なっていたフランス語が全国統一の言語に仕上げられ、フランス語はラテン語に代わりヨーロッパ各国の共通言語として定着するようにもなっていた。

あるドイツ人の外交官は一七世紀末にこう洩らしている。「昨今では、何でもフランスでなければだめになっている。言語も衣装も食べものも音楽も、おまけに病気まで。ドイツの宮廷のほとんどがフランス流の生活様式で彩られ、出世したければフランス語を話して、パリに赴任しなければならなくなっている」[75]。

こうした「礼儀作法」に支えられた貴族文化の本質を凝縮した職務こそが、この嘆きの言葉を発したドイツ人も就いていた「外交官」であり、一七世紀後半以降には貴族出身の外交官たちによってヨーロッパ国際政治はその黄金時代を迎えることになる。

外交——貴族文化の集大成

対等な国（首長）同士が、政略結婚や高価な贈り物の交換、定期的な使節の派遣によって結ばれるいわゆる「外交」は、人類が集落を築き、定住し、文明が生まれたときから始まっていた。現存する最古の「外交文書」は今から三四〇〇年も前の、紀元前一四世紀にエジプトの王《ファラオ》たち（第一八王朝）が周辺の大国であるヒッタイトやアッシリア、バビロニアの王らと取り交わしたものである（アマルナ文書）。しかし当時の科学技術やお互いの距離（到着するのに一ヵ月以上はかかった）などの問題もあり、今日的な意味での「外交」はまだ存在しなかった[76]。

お互いに常駐大使や大使館を置いて展開される、近代的な「外交」が誕生するのは一五世紀半ばのイタリアにおいてである。オスマン帝国の脅威に対抗する意味からも、それまで群雄割拠し、お互いにいがみあうことの多かった、ミラノ、フィレンツェ、ナポリ、ヴェネツィア、ローマ教皇庁が同盟関係を結ぶとともに、お互いに常駐の大使・大使館を置くようになったのが始まりだ。このちヨーロッパ全土に常駐の大使や大使館が登場するには二〇〇年ほどの歳月が必要となったが、一七世紀末までには近代的な「外交」もヨーロッパに根づいていく[77]。

こうしたなかで「外交官」の担い手となったのが、教養豊かな貴族たちであった。一六世紀半ばの段階では、大使たちの役割は自身の主君を「代表」し、主君の利益を守りながらも赴任国との関係を良好にするよう「交渉」し、赴任国やその他の国を含めた様々な「情報」を収集するという三つが主なものだった。そのためには数ヵ国語の翻訳、公邸の陣取り、贈り物の交換など、大使らの職務は多岐にわたっていく。中世にはヨーロッパ国際政治の共通語はラテン語であったが、宗教改革ののちに主にプロテスタント諸国でラテン語は「カトリックの言語」として忌避する傾向が強まり、前述のとおり、一七世紀末ぐらいからはフランス語がそれに代わる。そして、外交官には旧来のラテン語に加え、フランス語、イタリア語、ドイツ語、スペイン語、さらに英語など複数の言語を使いこなせる能力も要求されていく(78)。

一五世紀半ばは、いまだローマ教皇庁の影響力が絶大であり、ローマが外交の中心舞台であった。情報収集、贈り物の交換、接遇のあり方はすべてローマで確立され、王侯たちの席次(序列)もここで決まった(79)。それも一六世紀前半の宗教改革とそれに続く宗教戦争の結果、ローマの位置づけは相対的に低下し、このちはハプスブルクやフランスなど大国の宮廷が外交の拠点となっていく。

外交を円滑に進めていく手段のひとつが「贈り物」であった。この風習は先に記したような、古代の中東世界ですでに見られ(当時の国際言語の古代アッカド語でsulmanu)、黄金を詰めた袋、豪華な衣装、宝石、装飾品、香木、木材、馬、奴隷などが贈られたとされる(80)。時間も空間も変われども本質は変わらない。一六世紀のヨーロッパにおいても、イタリア製の絵画、革製品、オスマンの絨毯、シリアの金属工芸品、中国の陶磁器、さらにはアジア、アフリカ、アメリカの珍しい鳥や動物など、様々な贈り物が交換された(81)。

こうした贈り物を選定する「感覚《センス》」も含め、大使には人間的成熟、優雅なふるまい、確固たる信念、豊かな経験、さらには身体的な健康も要求される。

一七世紀末からヨーロッパ外交の中心地のひとつとなったフランスで、「diplomatie（英語ではdiplomacy）」という用語が公式の辞書に登場するようになるのは意外に遅く一七九八年になってからのことであるが、「外交」それ自体はすでに二〇〇年の歴史を経ていた。各国の大貴族らが自身の所領経営やより高位の宮廷職を重んじていた時代には、彼らは特別な冠婚葬祭時に「特使」になる程度であったが、一七世紀後半ぐらいからは各国の大貴族らが常駐大使として赴任するように変わっていく。当時のヨーロッパはいまだ各国の王侯が「政略結婚」によって結ばれており、親戚同士で話し合ったほうが外交交渉も円滑に進んだのだ[82]。

こうしたなかで絶対王政期のフランスに『外交談判法』（一七一六年）なる書物も登場した。著者は前述のカリエール。彼は言語学者であるだけでなく、ルイ一四世時代の外交官でもあった。そのカリエールの著書にも「交渉家の資質」についての章があるが、二〇世紀のイギリスの外交官で歴史家のハロルド・ニコルソン（一八八六～一九六八）が、のちにそれを七つの要素としてまとめている。それが「誠実」「正確」「平静」「忍耐」「よい機嫌」「謙虚」「忠誠」の七つである。さらにニコルソンは彼と同時代のフランスの外交官の言葉も紹介している。「道徳的な力が外交官のもっとも重要な資質であることがわかるだろう。駐在国政府や自国政府が彼の言明に明白な信頼をおくためには、彼は高潔な人士でなければならない[83]」。

こうして三〇〇年にわたって形成された「外交官」の資質は、一九世紀のヨーロッパ国際政治においても引き継がれ、国際政治学者の高坂正堯《こうさかまさたか》も指摘するとおり、「同質性、貴族性、自立性」を備えた各国の外交官が、ヨーロッパにつかの間の平和の時代を築いていった[84]。

しかしそれではなぜ貴族たちは没落していったのか。とりわけ一八世紀までにはヨーロッパの政治や外交、文化の中心地となっていたフランスで、彼ら貴族たちはなぜ革命によって追い落とされていったのか。そこには本書でもたびたび言及されている「道徳的な力」が貴族の間で衰退したことが関わっているのかもしれない。本章の締めくくりにその点を見ていくことにしよう。

6　貴族たちのたそがれ――革命のはてに

フランス貴族層の衰退

何の益もない怠惰に貴族という称号を与えてはならない。と言っても、先祖の栄光に泥を塗ることもなく、そもそも爵位を得るもととなった仕事において秀でていれば、生まれついての貴族から称号を剝奪するつもりはない。けれども、今日では大半がそうであるように、怠惰に溺れ、快楽にうつつをぬかし、いかなる優れた学芸にも無知であって、どう控え目に表現しても、戦争を食い物にし、賭博に熱を上げるだけの者であるならば、こうした類の人間をどうして靴屋や農夫の上に置かなければならない謂《いわ》れがあるだろうか。かつて貴族が卑近な仕事から解放され暇を与えられたのは、安逸《あんいつ》を貪《むさぼ》る為ではなく、国政の運営に役立つ知識を身に付ける為だったのである。(85)

これは先にも紹介した、エラスムスの『キリスト者の君主の教育』のなかの一節である。この書籍は一五一六年に刊行されたものであるが、すでにその時点において「安逸を貪る」貴族らが跋扈《ばっこ》していたということであろうか。

エラスムスが本書を捧げたカルロス一世が治めるスペインのみならず、ドイツ諸国やフランスでも一六世紀になると貴族の「軍役」は大幅に減少していた。それにもかかわらず、彼らは免税特権に与《あずか》っていた。特にフランスの場合には、飲料消費税、塩税、関税などの間接税の場合には貴族たちも支払うことがあったが、直接税（タイユ）は聖職者や特権都市とともに貴族は一貫して免ぜられていた。直接税を支払わされたのは農民層であり、しかも一六世紀後半の段階では、国家税収の六四％を占めていたのである。

このの ち「長い一八世紀（一六八八～一八一五年）」と呼ばれるルイ一四世からナポレオンに至る戦争の世紀になると、フランスの国家財政は危機に瀕する。官職の売買や相続（売官制）は国家に一時的な収益をもたらしたかもしれないが、官職の購入者には俸給を支払わねばならず、長い目で見れば官僚機構の肥大化までもたらした。さらには旧来の帯剣貴族と新たな法服貴族の確執も生み出した。さらに本章でも述べてきた宮廷生活における奢侈の増大も財政に大きな打撃を与えた。しかしなんといっても最大の負担は度重なる対外戦争の遂行費用であった。

一六世紀初頭には五〇〇〇万リーヴル程度であった国家歳出は、革命前夜の一七八八年には六億三〇〇〇万リーヴルにまで膨れ上がっていた。実に一二六倍である。端緒《たんしょ》を開いたのは「戦争王」ルイ一四世であった。確かに彼はライン川左岸に所領を増やしたが、その治世の末期には三四億リーヴル以上の負債に苦しんでいたのだ。王の年間収入の実に五〇倍もの金額にあたる[86]。

それは二代後のルイ一六世の時代にはさらに膨らんだ。一七八八年の国家歳出は、前述のとおり六億三〇〇〇万リーヴルであったが、なんとその約半分に相当する三億一〇〇〇万リーヴルはその年度に返済すべき負債の額にあたっていた。このときまでに聖職者や貴族も多額の関税を支払わされるようになっていたが、相変わらず直接税は免除されていた。同年の国家税収に占める直接税の比率は四三％に達していたにもかかわらずである[87]。

中産階級や農民層の目から見れば、貴族は国家の寄生虫にすぎなかった。彼らの多くは地主貴族ではあったが、農業不況や貨幣経済の普及により一八世紀までには困窮していた。貴族に特有の「贅沢な暮らし」をしたければ宮廷に出仕して高官に就くしかない。しかもフランスでは一五四〇年に制定された「爵位停止法（loi de dérogeance）」により、貴族が商活動のような「卑しい」職業に従事する場合には、爵位も特権も凍結されることになっていた。本来貴族は「軍務」により国に貢献するものであり、商工業のような営利活動で私的利益を得るのは「品位」を汚すことにつながるとの発想によっていた。

その後この法律は大幅に緩和され、一七世紀以降には手工業と小売業を除くすべての実業活動に貴族が自由に従事できるようになったにもかかわらず、革命前夜の段階で全国に八万もの世帯があった貴族のなかで、商工業に関わりをもったものはわずか一〇〇〇名程度であった[88]。

こうした「寄生貴族」に対する反発は、商工業で財をなし、読み書き能力も備えるようになり、様々な印刷物や「サロン」での集会で自身の考えをしっかり育むようになった中産階級《ブルジョワジー》のあいだで広がっていく。腐敗し堕落した貴族に代わり、いまや自分たちこそが「徳」を体現できる存在なのだという自負もブルジョワは抱くようになる。その背景には、一八世紀のフランスを中心にヨーロッパ全体に拡がりを見せた「啓蒙思想」の影響が見られたのである。

啓蒙思想の普及――「徳」から離れていく貴族たち

宗教戦争に明け暮れた一七世紀前半が終わり、一八世紀になると主には貴族出身の思想家たちにより「啓蒙思想（フランス語で lumières、英語で enlightenment、ドイツ語で Aufklärung）」と呼ばれる新たな考え方が広められた。その名のとおり、人間の理性という光によって無知の闇を照らし、すべてを合理的な検討の対象とすることをめざした知的運動であった。

これに共鳴したのがパリなどの大都市に住むブルジョワたちであり、彼らはサロンやアカデミー（学士院）、カフェなどに集い、ヴォルテールやルソーなど当代一流の思想家らの見解に耳を傾けた。一七世紀末から一八世紀前半に活躍したフランスの思想家たちの多くは貴族の出身ではあったが、当時の貴族が本来の道を踏み外しているのではないかとの疑問を呈したのである。

ペリゴールの大貴族の家に生まれたフランソワ・フェヌロン（一六五一～一七一五）は、中世以来の「武勇（valeur）」こそが貴族に要求される根本条件であり、「武勇は慎慮（prudence）に抑制された時にはじめて徳となることができる」という観念に基づき、当時のフランスを席巻していた「奢侈」の風潮を強く非難し、「怠惰で、虚飾に満ち、貪欲で、風紀を乱す宮廷貴族や都市生活者は、いくらその社会的効用が示されたとしても、厳格な宗教倫理に反する」と主張した。フェヌロンが描く貴族の理想は「高貴な質朴さ（noble simplicité）」であり、無際限の蕩尽は名門貴族を没落させ、金銭の力で低い階層の者が成り上がり、ひいては「国民すべてが没落し、すべての位階が混合してしまう」。フェヌロンにとっての貴族の理想は、宮廷貴族でもなければ、軍事奉仕とひきかえに労働を免除され、またしばしば労働を軽蔑しさえする戦士貴族ですらない。貴族の重要なつとめは「小麦の販売、土地の耕作、さまざまな性質の収入、地代やその他の領主権にかかわる税の徴収、農園を運営したり、出納吏を雇用する最善の方法」といった、領地の管理に関係する問題に専念することであった(89)。

ノルマンディの名門伯爵家に生まれたアンリ・ド・ブーランヴィリエ(一六五八〜一七二二)は、王が「富と野心に満ちた者から金を徴収する確実な方法」として売官制を進めたことを批判し、さらに農業不況などで経済的に苦しむ旧来の貴族を「宮廷」に引きつけ、「最初は、快楽、遊技、色事が、次に、役職への登用、栄誉、官職が、最後に、忠誠を示すことにより得られる寵愛や報酬への期待」といった、奢侈と快楽への欲望が貴族の心性を著しく変質させたと述べる。ブーランヴィリエに言わせれば、貴族は彼ら本来の責務を忘れ、「おのれ自身の忘却(oubli de soi-même)」へと退行してしまったと、厳しく糾弾している(90)。

やはりノルマンディの古い貴族の家系に生まれたアベ・ド・サン＝ピエール(一六五八〜一七四三)も、家柄のみに頼る伝統的社会から離れ、当人の能力と徳とに応じて位階を正確に決めるべきであると説いた。「その偉大な才能と徳とによって秀でた人間の息子は、必ず父の才能と徳とを受け継ぐなどとは、滑稽《こっけい》な謬見《びゅうけん》である。しかも、世襲のタイトルが、間抜けやうぬぼれ屋や頭のおかしい者を偉人に仕立ててあげてしまうとなれば、こんな意見が正しくないのは明白ではないか」と宮廷貴族の現状を手厳しく非難する彼は、旧来の身分秩序から「優等者の支配」という本来の意味での「貴族政《アリストクラシー》」の原理のみを受け継ぎ、それを推し進めようとした(91)。

そして第二章の冒頭にその言を紹介したモンテスキュー男爵(一六八九〜一七五五)である。彼もこれまでのフェヌロンやブーランヴィリエの考えと同様に、王権の恣意《しい》的な政策が本来有徳であるべき貴族の倫理的な堕落をもたらしたと糾弾する。モンテスキューにとっての「徳」は、正義や公平と結びつけられる。彼が代表作『法の精神』で明らかにした三つの政体類型である、専制政・君主政・共和政のそれぞれの原理となっているものは、恐怖・名誉・徳であった。その共和政における「徳」とは、祖国への愛や法への愛であり、いずれの場合にも「自己自身の放棄」、「自己の利益より公共の利益を優先する」ことが「徳」の本質として語られている(92)。

それではモンテスキューが君主政の原理としてとらえる「名誉」はどうであろうか。そもそもヨーロッパの古代において、ある卓越した首長のまわりにその武勇を慕って多くの従者が自発的に付き従い、私有財産の所有に頓着しないこの質朴な遊牧の民にとっては「報酬の最たるものは名誉」であった。「おのれの名誉を賭けた奉仕とそれに対する応分の報奨」という主従関係こそが、ヨーロッパの君主政が古代ゲルマン社会から引き継いだ貴重な遺産だった。それはまた生命や財産よりおのれの名誉と体面を重んじる中世以来のヨーロッパ貴族の伝統にもなった。それが近代のフランスでは、王権の強大化、商業の発展、私的利益の追求をもっぱらとする「個人」の登場、という三つの要素によって大きく崩れてしまったと、モンテスキューは指摘する(93)。

モンテスキュー

すでに紹介したとおり、彼は「君主なくして貴族なく、貴族なくして君主なし」と唱え、君主政においては君主と人民の「中間権力（pouvoirs intermédiaires）」としての貴族が、君主が僭主へと変わるのを抑止すると同時に無政府状態となることを防いでいると述べた。それがもはや貴族の堕落により「中間権力」として機能しなくなったのである。その意味でモンテスキューが続ける次の言葉は、フランスの行く末を見通していたようで意義深い。「ある君主国において、領主、聖職者、貴族および都市の特典を廃止して見たまえ。ほどなく、民衆国家か、さもなくば、専制国家が出現するであろう[94]」。

スタール夫人

このモンテスキューの予言は、彼の死から三四年後に生じた革命の動乱のなかで、逃亡生活を余儀なくされたスタール夫人（一七六六〜一八一七）にも重くのしかかってきたのかもしれない。革命前夜のフランスで財務長官を務めたジャック・ネッケルの娘として生まれ、小説家、批評家としても名を馳せたスタール夫人もまた、フランスの貴族たちが宮廷貴族化していく様子を見て次のように述べていた。「かつて、貴族たちの生活は軍事的職務によって満たされ、彼らの精神はその戦闘経験によって形成されていた。しかし、最上層の人たちが国家のいかなる職務をも遂行せず、どんな学問も深くは研究していない現代においては、彼らの全精神活動は、本来、政務や知的な仕事の枠内で使用されるべきであるのに、礼儀作法を観察したり、逸話を知ることに向かってしまう[95]」。

さらに革命期のフランスをつぶさに観察したイギリスの思想家にして政治家であるエドマンド・バーク（一七二九〜一七九七）は、政体類型を君主政・貴族政・民主政にわけたが、このうちの貴族政は「家柄」ではなく「識見・能力」に優れた「天性の貴族（natural aristocrat）」たちが、古代ギリシャの字義どおりの「優秀者による支配《アリストクラシー》」を実現すべきとの持論を展開していた。

そのバークも、かつては美徳や名誉、勇気や愛国心に満ちあふれていたフランス貴族らがいまや堕落してしまい、「個人的な尊大な驕慢心に膨れ上るのに比例して、概して自己が所属する階級を侮蔑する」傾向にあると批判する。また、下位の人々への愛着や献身こそが「公共的な情念の最初の原理」であり、「我々が祖国と人類への愛に進む階梯《かいてい》の最初の一歩」であり、社会の取り決めのこの部門への関与は、これを構成する者全員の手に信託されている以上、貴族特権の乱用を正当化しようとする徒輩は悪漢であり、「同様にそれを私的な利益のために売り渡そうと企む人間は間違いなく謀叛人である」と断じた。さらにバークは続ける。「位階ある人間が、明確な意図のないままに野心のために威厳のすべての観念を犠牲にして、低劣な目的のために低劣な手先と協力し合う時には、この階層全体が低劣で卑賤になる。今日、フランスにもこれに似た現象が現われてはいないか？」[96]。

このようにヨーロッパ全体を席巻するかのような、優雅で格式高い「礼儀」を生み出したフランス宮廷は、その裏側ではフランス貴族たちがよって立つべき基盤であったはずの「徳」から、彼らを確実に引き離してしまっていたのである。

フランス貴族の没落——革命への道

金がなければ、名誉など「病」以外のなにものでもない[97]。

高貴さなど作り話以外のなにものでもない。貴族の身分など、生まれながらの平等に対する侮辱であり、彼らは山賊の子孫にすぎず、いまや「専制君主に爵位で縛られる奴隷」に落ちぶれているのである。(98)

この二つの言葉は父と子がそれぞれ残したものである。前者はすでに登場したが、経済思想家としても名高かったミラボー侯爵の言である。フランス革命が勃発する三〇年ほど前に述べたものだが、これと同時期（一七五五年）に田舎の貴族が次のように嘆いている。「貴族はその特権をもっているにもかかわらず、絶えず零落《れいらく》し亡びてゆきつつある。そして第三階級が財産を独占している」(99)。

後者の手厳しい評は、侯爵の息子で、自らも伯爵に叙されていながらも、革命の初期の指導者として活躍したオノーレ・ミラボー（一七四九～一七九一）によるものである。いまやフランス全土には、サロンやカフェで浸透した啓蒙思想に根づいた新たな考えが、貴族から庶民にいたるまで確実に広まっていた。

「長い一八世紀」という戦争の世紀で続いた幾多の対外戦争の出費に耐えられず、一七八七年二月に貴族からなる「名士会議」を召集し、全身分を対象とする新税の導入を骨子とする財政改革案の是非を問うたのが、国王ルイ一六世（在位一七七四～九二年）であった。ところが名士会議はこれを拒否したのだ。紆余曲折を経た後、一七八九年五月に改めて全国三部会が召集された。実に一七四年ぶりの開会となった。しかしそれぞれの身分ごとで分裂が見られ、事態は紛糾した。平民たちからなる第三身分は「国民議会」を独自に開き、国王の横暴に徹底抗戦の構えを見せた。その中心的指導者がミラボー（息子）だった。

歴史家のブッシュが指摘するとおり、革命前夜のフランスでは、革命の指導原理のひとつであった「平等」とは、富の不平等を是正することではなく、「課税免除や課税同意権に象徴される法的な不平等の是正」を意味していた。革命は当初、貧しい者と富める者との不平等ではなく、貴族と平民との不平等を争点としていたのである[100]。

全国三部会をきっかけにパリで生じた騒擾は全国に拡がった。フランス革命（一七八九～九九年）の勃発である。一七九二年九月には王政が倒され、共和政が採用された。一七九三年にはルイ一六世がギロチンで斬首刑に処せられ、多くの貴族が没落した。

ルイ一六世が処刑されると、すでに始まっていた革命戦争（一七九二～九九年）が本格化した。この戦争でフランスを連戦連勝に導き、瞬く間にフランスで最高権力を掌握したのが陸軍軍人のナポレオン・ボナパルトであった。一八〇四年に彼はフランス史上初の「皇帝」に選ばれ、ナポレオン一世（在位一八〇四～一四、一五年）となった。

オノーレ・ミラボー

それから四年後の一八〇八年三月、皇帝令によってフランスに再び「貴族」が登場した。それは、大公、公爵、伯爵、男爵、勲爵士《シュヴァリエ》、の五等爵からなる、新たな「帝国貴族」であった。ナポレオン軍を支えた元帥や将軍たちは、ブルボン王朝時代の宮廷さながらに、きらびやかな大礼服に勲章を着け、第一帝政の宮廷社会が始まったのである。革命によって一時は姿を消した「貴族」が再び登場してきたが、その大半は成り上がり者だった。本書「はじめに」の冒頭で紹介したド・レヴィ公爵が示した「高貴なるものの責務《ノブレス・オブリージュ》」という一文は、こうした成り上がり者に「貴族とは何か」を示すものだったが、皮肉なことにもはやフランスには真の貴族などほとんど存在しなかった。

　ナポレオンによって創設された貴族制も、彼自身の失脚とともに終焉を迎え、一八一五年六月には革命で追い出されたブルボン王朝が完全に復古を遂げた。ところが帝国貴族位は維持され、ブルボン時代の爵位も復活され、両者は統合された。ただし、かつてのような封建的・身分的な特権はさすがに復活されなかった(101)。

　しかしブルボン復古王朝は再び保守化し、一八三〇年に七月革命で倒された。ブルボン家の分家にあたるオルレアン家のルイ・フィリップ（在位一八三〇～四八年）が、より自由主義的な七月王政を樹立し、貴族院議員の世襲制が廃止され、貴族財産も分散されていった。ところが、この七月王政も一八四〇年代に入ると保守反動化し、二月革命（一八四八年）へと結実していく。フランスは再び共和政を採用すると同時に、ここに二一歳以上で同じ市町村に半年以上居住していることを条件に、すべての成年男子に選挙権が与えられることになった。

　その世界史上初めておこなわれた男子普通選挙による大統領選挙（一八四八年一二月）を制したのは、ナポレオンの甥ルイ・ナポレオン・ボナパルトであった。やがて大統領は議会と衝突し、三年後の一八五一年一二月のクーデタで全権を掌握した後、国民からの圧倒的な支持を受けて、ここに第二帝政が樹立される。皇帝ナポレオン三世（在位一八五二～七〇年）の即位となった。ここで再び「貴族」がフランス政界に復活してきたが、一八七〇年にはナポレオンが独仏（普仏）戦争に敗北し、翌七一年からフランスは第三共和政が始まることになった。

　ここでも「王統派」が登場する機運が高まったが、正統王朝派（ブルボン系）とオルレアン派

（七月王政系）が対立し、その後はこれにボナパルト派も加わる三すくみ状態となり、これ以降一五〇年にわたってフランスには国王も貴族も政治的に復活することはなくなったのである。

滅びゆくヨーロッパの貴族たち

フランス革命時にはいまだ市民層の成長が充分には見られなかったドイツ各地でも、一九世紀に入ると、自由主義（liberalism）や国民主義（nationalism）の思想が一気に広まった。その勢いはフランス二月革命に触発されるかたちで生じた、一八四八年のドイツ三月革命となって現れた。ただしこのときはいまだ貴族たちの勢力も強大であり、中世以来の封建的な特権は失われたが、オーストリア（ハプスブルク）でもプロイセンでも、皇帝や国王とそれを取り巻く貴族層が政治の中枢を握り続けていった。

ブルボン王朝時代までのフランス宮廷に見られた現象は、ヨーロッパ大陸中の宮廷にも大なり小なり見られるものだった。地主貴族階級は、インフレと物価高騰により特に奢侈品の支払いがかさみ、農業不況にあえぎ続けていたにもかかわらず、宮廷で派閥を維持するための交際費や、自らの地位に見合う数の使用人を雇う人件費、王から求められる軍事的・財政的貢献などの出費が莫大となり、それはすべて所領内の農民に課せられる小作料や租税の増額によって賄われていく。こうした状況はドイツ諸国はもとより、スペインやロシアなどでも生じており、各国の貴族らもまた、封建的な貴族から宮廷貴族へと転身を遂げ、いつも宮廷や首都圏の屋敷に身を置き、田舎にある自身の所領に戻ってくることなどついぞなかった[102]。

かつては領内の中心ともいうべき自らの屋敷に近隣住民を招き、日頃の貢献を労《ねぎら》うとともに、

「寛容さとおもてなし」で接してくれた領主たちは、「不在地主」として領内の事情も知らずに、ただただ小作料や租税の増額を農民たちに要求するだけとなった。一八六一年に「農奴」が解放されたロシアにおいても、宮廷貴族・官僚貴族化した領主と小作農たちの溝は深まるばかりであった。

さらに「宮廷貴族化」を嫌い、地方に巨大な所領を有する貴族ももちろんいたが、いまや彼らは屋敷に閉じこもり、近隣住民とも無関係になっていた。かつては領内で裁判をおこない、税額を決め、秩序を維持し、公共の福祉のために働いていた領主からこれらの権限を奪った王により、こうした大切な責務は宮廷から派遣された王の役人たちによって担われるようになっていた。彼ら地方貴族のなかには、このような退屈な生活に飽き足らず、やがてはパリに出て奢侈に溺れるようなものたちも大勢出てきた。

こうしたなかで生じたのが第一次世界大戦（一九一四〜一八年）だった。一世紀前のナポレオン戦争とは比べものにならないまでに殺傷能力を高めていた兵器の開発により、もはや戦争はかつてのように貴族出身の陸海軍将校と義勇兵からなる少数の軍同士の戦いでは決着がつかず、各国は国家総動員のかたちで戦闘にあたった。「総力戦（total war）」の時代の到来である。

「国民」たちは「軍役」という国家最高の名誉を担ったのであるから、国政に関する権利も与えられてしかるべきであろう。大戦終結後には、勝った側でも負けた側でも男子普通選挙権が実現し、男性労働者を戦場に送り出し、勤労動員で銃後を護った女性たちにも選挙権が与えられていった。もはや国を守るという、中世以来のヨーロッパ各国で最も重んじられてきた責務は、「高貴なるものの責務（Noblesse oblige）」ではなく、「国民全体の責務（National oblige）」となったのである。第一次大戦後は、それまでの「貴族政治（aristocracy）」から「大衆民主政治（mass democracy）」へと各国は急激に変貌を遂げていった(103)。

さらに第一次世界大戦で敗北したハプスブルク帝国、プロイセン主導で統一されたドイツ帝国、そしてオスマン帝国は順次滅亡し、いずれも諸民族の共和国へと分離・独立していった。また、大戦初期に東部戦線でドイツに連戦連敗を重ねたロシアでは、一九一七年についに革命が生じた。翌一八年にはロマノフ王朝の皇帝一家は皆殺しにされ、ここにヨーロッパに数百年も君臨してきた四つの帝国が姿を消したのである。それと同時に帝国を支えてきた貴族たちも消滅した。

近世以降のフランスに代表されるように、それまでは王(皇帝)を支えるとともに、国民(領民)にとっても「徳を備えた最良の人々」として、政治や経済、社会や文化を託すべき存在であった貴族たちは、それぞれの国や地域の状況によって多少の差はあったものの、いつしかその「徳」を忘れ、「公共の福祉」のために全力を尽くすべきところを「私利私欲」に溺れ、やがては中産階級さらに労働者階級からも愛想を尽かされて、歴史の表舞台から姿を消していったのである。

ところがここに例外となった貴族たちがいた。ヨーロッパ大陸の貴族たちがこのような運命をたどっていったなかで、島国イギリスの貴族たちは奇跡的に第一次世界大戦後も生き残り、さらに第二次世界大戦(一九三九〜四五年)も乗り越え、二一世紀の今日においても、世界で唯一現存する「貴族院(House of Lords)」まで維持しているのである。大陸の貴族たちとほぼ同じような、政治・経済・社会的な状況を経験してきたはずなのに、なぜイギリス貴族だけが生き残ったのか。次章で詳しく見ていくことにしよう。

第三章　イギリス貴族の源流と伝統――現代に生き残った貴族たち

1　地主貴族《ジェントルマン》階級の形成

特権より権力の担い手に

イギリス的貴族制の傑作は、次の二点である。すなわち、それは非常に長期に亙《わた》って共通の敵が君主であることを社会の民主的諸階級に信じさせていること、そしてそういうわけで貴族が民主的諸階級の主たる敵として留まる代りに、民主的諸階級の代表となることに成功していることである。(1)

イギリスでは、十八世紀に、税の特権を享受しているのは貧民である。フランスでは、逆に富者である。イギリスでは、貴族階級は統治することを許してもらうために、最も重い公共的負担を引き受けている。ところが、フランスでは、貴族階級は統治権を失ったことのくやしさを自ら慰めるために、最後まで免税権を留保したのである。(2)

これは一九世紀のフランスを代表する思想家アレクシ・ド・トクヴィル（一八〇五～一八五九）の代表作のひとつ『旧体制《アンシァン・レジーム》と革命』のなかの一節である。フランスの名門貴族の家に生まれたトクヴィルは、一八三〇年代にアメリカ合衆国を旅する機会に恵まれ、そこで目にした光景から「民主的社会の到来こそが、人類の必然的な運命である」と悟った。[3]

トクヴィルは帰国後に政界入りし、外務大臣まで務めたが、ナポレオン三世の登場により失脚した。その彼が政界引退後の一八五六年に刊行したのが『旧体制と革命』である。そこではフランス貴族が革命の勃発（一七八九年）で没落するに至った原因も考察しているが、トクヴィルが特に注目していたのがいまだ絶大な勢力を有するイギリス貴族との対比であった。それが冒頭に掲げた言葉にも集約されていよう。

トクヴィルによれば、フランスで貴族が特権と権力とを合わせ持っていたとき、貴族が全体的に政治をおこない、貴族は領民に束縛を与える権利を持ち、その他さまざまな諸特権を有していたが、その一方で、貴族は社会秩序を確保し、裁判を裁決し、法律を執行し、弱者を救済し、公務を処理してもいたのである。「貴族がこれらのものごとをやめるにつれて、［領民たちにとっては］貴族の諸特権の重圧はさらに重くなったように思われたし、貴族の存在そのものももはや理解されないものとなっていった」のである。[4]

ところが、このような貴族の後退が顕著に見られたフランスとは異なり、イギリスでは貴族は中央と地方の双方で相変わらず政治権力の中枢に居座り続けていた。それは冒頭の言葉にもあるが、イギリスでは貴族が統治することを許してもらうために最も重い公共的負担を引き受けたからであり、それは具体的には「税金」であった。第二章でもみたとおり、フランスでは国庫の半分近くを直接税（タイユ）が占めていたにもかかわらず、貴族や教会は免税特権に守られていた。これに対してイギリスでは、貴族は直接税も間接税も支払わされていた。

特にイギリスの国家歳入の多くを占めたのが間接税であり、フランス革命勃発の三年前にあたる一七八六年の段階で、国家歳入（一五一〇万ポンド）のうち、間接税収入は一二三〇万ポンド（八一・五％）にものぼっていた。しかも間接税の多くは一般庶民が消費する日用品ではなく、貴族や上流階級がその大半を消費する嗜好品に課せられていたのである。また非常時（戦時）には、広大な土地を有する貴族たちが率先して土地税を納めていた。イギリスの貴族は「特権［免税権など］のかわりに権力［統治権など］を手に入れ」るのがすでに長い慣例にもなっていたのだ[5]。

それゆえイギリスの貴族は、中央では貴族院議員や庶民院議員、さらには政府の大臣や次官、各種裁判所の裁判官などを務め、地方でも州統監（現在の日本でいう都道府県知事）や治安判事、地方裁判所の裁判官などを務めてきた。一九世紀に入ってからも、イギリス全土でまさにトクヴィルがいう「公務を処理し」ていたのであった。そして、彼らが重い課税負担を担っていたがゆえに、貴族による「支配」に、一般庶民が強い不満を抱き、ひいては大革命にいたるという事態はイギリスでは見られなかった。イギリスには「市民革命」が生じた歴史はないのである。

トクヴィル

では、なぜヨーロッパ大陸の貴族たちとは異なり、イギリス貴族は君主（さらには政府）からの課税要求に応じることになったのであろうか。まずはその歴史から見ていくことにしよう。

王の遠征と「議会」の成長

一〇世紀後半からの三〇〇年以上にわたりスムーズに王位継承を重ねてきたフランスのカペー王朝（九八七〜一三二八年）とは異なり、同時代のイングランドではたびたび王位をめぐる争いが起こり、そのたびごとに諸侯たちによる話し合いの場がもたれていた。すでに一〇世紀前半には「賢人会議（Witenagemot）」が形成され、Witan（wise man）と呼ばれた聖職者と俗人双方の諸侯およそ一〇〇人ほどが、王位継承を含む重要な問題について裁定を下していた。

一一世紀に入ると、「北海帝国」の盟主となったカヌート大王（在位一〇一六〜三五年）をはじめ、「ノルマン征服（Norman Conquest）」を果たしたウィリアム一世（在位一〇六六〜八七年）など、「海峡をまたいで」領国を治めなければならなかったイングランドの王たちは、しばしば遠征費の支援を賢人会議に要請していく。こうした結果、イングランドの賢人会議は、ヨーロッパ大陸各国に見られる類似の集まりに比べても、王に対して特に大きな影響力を及ぼすようになり、それはヘンリ二世（在位一一五四〜八九年）の時代にフランス語でParlement（パルルマン）、さらにフランス北部の大半を失ったのちの一二三〇年代までには英語でParliament（パーラメント）と呼ばれることになった。今日《こんにち》にもいたる「イギリス議会」の形成である(6)。

では、改めてその経緯を少し見ておこう。まず先に触れたカヌート大王は、一〇一六年にイングランド王になった直後、兄の急死にともないデンマーク王も兼ねることになり、さらにノルウェーやスウェーデンの一部までをも支配する「北海帝国」の盟主となった。王はたびたび遠征をおこない、その留守中のイングランドを預かったのが、いわば総督ともいうべき「伯」であった。第一章や第二章でも見たとおり、古代ローマ帝国でコンスタンティヌス帝が側近たちを総督（comes）として各地に派遣し、これがフランク王国のカール大帝が各地に派遣した「伯」の語源となったわけであるが、イングランドではこれにearl（アール）という訳語をあてた。スカンジナビアで総督を意味するjarl（ヤール）が、古英語になまったものである。(7)

一〇六六年に、三つ巴の王位継承争いを制したノルマンディ伯ギヨームがイングランド王ウィリアム（ギヨームの英語読み）として即位すると、これを認めず反乱を起こしたアングロ・サクソン系の豪族たちに対して「ノルマン征服」を敢行する。それまで四〇〇〇人ほどのアングロ・サクソン人によって保有されていたイングランドの土地を、遠征で功績のあったノルマン系の有力者二〇〇人弱にすべて分け与えた。彼らは王の直属封臣となる代わりに、騎士たちを率いて軍役（平時には四〇日、戦時には六〇日）に就くこととなった。ノルマン征服後には支配階級の言語はフランス語となり、国王の直属封臣としての諸侯らはbaronと呼ばれるようになった。賢人会議、さらにはのちのパーラメントを構成する俗人の有力者らは、この伯《アール》か諸侯《バロン》となっていく。

一一五四年に即位したヘンリ二世の時代には、相続等の関係から、ヨーロッパ大陸の所領が現在のフランスの西半分に相当するまで膨らみ、その最南端はピレネー山脈に達していた。「アンジュー帝国（Angevin Empire）」とも呼ばれた巨大な所領を守るには、一二世紀当時の交通手段を考えても、わずか四〇日の軍役ではとても賄いきれない。そこで王は直属封臣に「軍役代納金」を課し、騎士一人につき年間一ポンドを支払うことで、軍役の代替とした。折しもフランス国王フィリップ二世がヘンリの息子たちをたきつけて引き起こした反乱に悩まされており、そのたびにヘンリ二世は諸侯らにイングランド国内の統治を託し、また巨額の遠征費用の援助も受けていた。このおかげでヘンリはその治世（三四年八ヵ月）の六割（二一年一〇ヵ月）を、フランス各地で統治にあたることができたが、そのぶんイングランド諸侯の発言権も強まったのである。

さらにヘンリ三世（在位一二一六〜七二年）の治世の半ばあたりから、より下層の「庶民たち（commons）」と呼ばれるものたちもパーラメントに召集されるようになった。上層の高位聖職者や伯や諸侯は、国王が課税の要請をしてきたときにそれを認めるだけで、実際に税を集めていたのは彼らより下位にいた「庶民たち」だったからである。各州（地方）からの代表は騎士（knight）、各都市からの代表は市民（burges）と呼ばれ、有名な「シモン・ド・モンフォールの議会（一二六五年）」では、各州から騎士が二名ずつ、各都市から市民が二名ずつ集められている。これが、一二七〇年代からは慣習化されるようになる。

さらに、エドワード三世（在位一三二七〜七七年）の時代になると、ウェストミンスタ宮殿で開かれるのが慣例となっていた議会（パーラメント）が、現在にも続く二院制に分かれていく。この頃までに、議会は全国の住民から様々な請願を受けつける機関にもなっており、こうした請願の内容を審議するのが「貴族院（House of Lords）」、請願を議会に届ける役割を担ったのが「庶民院（House of Commons）」となり、それぞれに分かれて審議をおこなっていくこととなったのである。(8)

爵位貴族の登場

このように議会が貴族院と庶民院に分かれると、その構成員も自ずと分かれていった。貴族院に議席を有したのは、大司教や司教、修道院長といった聖職貴族とともに、国王から与えられた爵位を有する「爵位貴族（titled peer）」に限られていく。そして庶民院のほうは、州選挙区（county）と都市選挙区（borough）の双方の選挙で選ばれる議員たちで構成されていった。ちょうどエドワード三世の治世までには、今日にも続く五等爵がイングランドにも登場してくるのである。

イギリスの五等爵は上位から、公爵（duke）、侯爵（marquess もしくは marquis）、伯爵（earl）、子爵（viscount）、男爵（baron）となっている。

ヨーロッパ大陸では、前章でも見たとおり、すでに西ローマ帝国滅亡直後から「公（duc）」を名乗る大貴族が大勢いたが、イングランドで初めて duke が王によって叙せられるのは一三三七年のことである。ノルマン征服でイングランド王となったウィリアム一世以降の王が「ノルマンディ公（Duc de Normandie）」でもあったため、自身と同格の爵位をイングランド貴族には与えたくなかったことが影響していたようだ。ちなみにノルマンディの領主もフランス国王から「公」には叙せられておらず、本来は「伯（comte）」だったのを、ウィリアム一世の四代ほど前から「公」を自称していたのが真相であった。[9]

侯爵と子爵はイングランドに登場するのが最も遅く、侯爵は一四世紀末、子爵は一五世紀まで叙せられたものはいなかった。この二つはともにヨーロッパ大陸に独自の称号という感覚がイングランドにはあり、一三世紀から「大陸とは別」という独特の観念がこの島国に現れてきたこととも関係している。前章でもみたとおり、子爵の語源は「副伯（vicecomes）」にあり、伯（総督）の下でより小さい行政単位を治めていた役職に由来するが、イングランドではそもそも伯が earl であり、comes とは異なっていた。一五世紀までイングランドでは、副伯に相当するのは sheriff と呼ばれた州知事たちであった。[10]

1295年	1327	1487	1559	1603	1615	1640	1700	1800	1830's	1870's	1885
53	7	57	62	56	82	122	173	267	350	400	450

表3-1　上院世襲貴族の数の変遷
出典：水谷三公『英国貴族と近代』（東京大学出版会、1987年）

なお、ヨーロッパ大陸（ローマ帝国）由来の称号としては、princeps（君侯）もあり、大陸の諸国では王より下で公より上の位置づけを与えられる事例が多かった。ブリテン島でもスコットランドでデイヴィッド一世（在位一一二四～五三年）が「公にして君侯（dux et princeps）」を名乗ったことがあったが、すぐに「王（rex）」に換えられてしまった。一三世紀まで君侯が称号として残っていたのがウェールズだった。ウェールズ語ではtywysogとなるが、英語でprinceを意味し、統一王国のなかったウェールズでは「ウェールズ大公（Prince of Wales）」が全体の支配者を意味した[11]。

イングランド王エドワード一世（在位一二七二～一三〇七年）の時代にウェールズは平定され、王は皇太子（のちのエドワード二世）にウェールズ大公の称号を与え、これ以後はイングランドの皇太子がこの称号を帯びることが定例化していく。またエドワード三世の時代からは、princeは「王子（国王の男子）」にも与えられる称号となった。

こうして一五世紀までにはイングランドに出そろった五等爵の爵位は、エドワード三世即位時（一三二七年）にはいまだ七名にしか与えられていなかったが、彼自身が王子を公爵に、友人らを伯爵に叙して「大盤振る舞い」を始めたのをきっかけに、爵位貴族の数は徐々に増えていき、一六〇年ほど後（一四八七年）のテューダー王朝が始まる頃までには、イングランドには五七名もの貴族がいたとされる。貴族院に議席を持つ貴族の数の変遷は「表3―1」を参照されたい[12]。

イギリス貴族の全盛期ともいうべき一九世紀後半までには、四〇〇人以上に増えた爵位貴族の世界にも厳格な序列が形成されていった。

公侯伯子男の五爵の上下関係はもとより、同じ爵位のなかでも、イングランド貴族、スコットランド貴族、グレート・ブリテン貴族（一七〇七年のイングランドとスコットランドの合邦以降の爵位）、アイルランド貴族、連合王国貴族（一八〇一年のグレート・ブリテンとアイルランドの合邦以降の爵位）という序列があり、それぞれのなかにも一族がその爵位に叙せられた順番に基づく序列が作られた。たとえば、公爵家の長男は、自身が伯爵に叙せられているものより席次では上に位置づけられ、公爵家の次三男は、子爵よりも上席を与えられたのである。(13)

爵位	総数	所領数	累計面積（エーカー）	平均（エーカー）
公爵	28	158	339万	14万3,000
侯爵	33	121	157万	4万8,000
伯爵	194	634	586万	3万
子爵・男爵	270	680	378万	1万4,000
計	525	1,593	1,460万	3万

表3-2　1870年代の爵位と土地
出典：水谷三公『英国貴族と近代』（東京大学出版会、1987年）

一九七〇年に俳優として初めて一代男爵（後述）に叙せられた、二〇世紀を代表する名優ローレンス・オリヴィエ（一九〇七〜一九八九）は貴族院へ初登院した折に、彼を議会へと紹介する役割を長年の親友で植民地相などを務めた政治家のオリヴァー・リトルトンに依頼しようとしたのだが、リトルトンは「シャンドス子爵」に叙せられており格が違うとのことで、議会から紹介役には不適格と返答され、その階級意識の厳しさに辟易している。(14)

しかしこの五等爵間の格付けは、それぞれの資産の規模を如実に反映してもいた。「表3―2」からもおわかりのとおり、一九世紀後半の時点でも爵位に応じてその資産にも大きな格差が見られたのである。

いずれも平均値ではあるが、公爵と子・男爵とでは保有する所領の大きさが実に一〇倍も違っている。もちろん年収もまったく異なり、公爵はケタ違いの金持ちであった。

ジェントリの形成

とはいえ、子爵や男爵にしても、爵位を持たない中小の地主クラスと比較すれば「お殿様」に違いなかった。先にも記したとおり、中世以降のイングランド議会政治において、伯や諸侯より下位に位置し、一四世紀からは庶民院に議席を有するようになった騎士に代表される中小の地主も、時代が下るとともに爵位貴族の次に位置づけられる存在とされるようになった。

第二章でも解説したとおり、もとはラテン語でmiles（歩兵）と呼ばれていた小地主が一〇世紀末のフランスで騎士階級へと転じていった。馬を養うには大変な費用がかかり、王侯の求めに応じて戦場に駆けつける際にも、通常の歩兵よりは格上とされていく。さらに日常生活においても「騎乗（horse-riding）」は高い地位を象徴していた。やがて一一世紀には馬を意味するラテン語（caballarius）から派生したchivalerが中世フランス語で騎士を表すようになり、ノルマン征服後の一〇九〇年代にはこれがイングランドにも伝わり、古英語でcnihtへと転じていく。それがいつしか「knight（ナイト）」となって英語での騎士に定着していく。また同時期にはラテン語で戦士や従者を意味したbaccelariusという語もイングランドに入り、古英語でbacheler（現代のbachelor）へと変化した。現在でも、騎士（勲爵士）の最下級はKnight Bachelorと呼ばれている。(15)

なお、ラテン語で目上の男性を意味するsenioresから、イタリア語のseniorやフランス語のsireという言葉が派生した。フランス語の「ムッシュ（Monsieur）」も、もともとは「我が主（男性主人)」を意味する、これらと同語源の敬称である。これがイングランドに流入し、「Sir」という敬称につながる。騎士は一二世紀半ばまでは、王侯とは明らかに異なる下の階級に見られていたが、議会に定期的に呼ばれるようになる一二七〇年代からは、それまで王侯のみに許された紋章も使用が許され、貴族のすぐ下に位置づけられ、名《ファースト・ネーム》の前にもSirの尊称がつけられるようになった(16)。

さらに騎士のすぐ下位に登場するのが「エスクワイア(esquire)」と呼ばれるものたちだった。ラテン語で楯(scutum)を持つ役割を担うscutigerやscutiferという役職名が古フランス語のes-cuierへと転じ、これもまたノルマン征服以後にイングランドに流入し、esquireあるいはsquireという古英語となった。それはやがて騎士より規模の小さな地主、領主を意味する言葉になる(17)。

また一七世紀に入り、ステュアート王朝の開祖ジェームズ一世(在位一六〇三～二五年)が、王室の歳費を増やそうとして議会にかけ合うが失敗に終わり、騎士たちの名誉心につけ込んで、ここに新たな称号を造ることとなった。いわゆる「准男爵(baronet)」である。勲爵士(騎士)は一代限りの名誉であり、Sirを名乗れるのも当人限りのことであったのに対し、この新しい准男爵は親子代々引き継ぐことができ、Sirも世襲で名乗ることができた。近世に入ると戦争の仕方も変わり、いまや騎士たちは武勲で上にあがれる時代にはなく、この時代には日本語で「勲爵士」という訳語があてはめられる名誉称号になってしまっていた。そこで国王は、男爵にまでは届かないが、世襲で引き継ぐことのできる称号として准男爵位を富裕な勲爵士たちにばらまき、金を集めたのである。ちなみにジェームズは貴族らにもより上位の爵位をちらつかせ、大金(裏金)を荒稼ぎしたともいわれている。

このように一七世紀後半までには、ラテン語で「高貴な」を意味するgentilisに由来し、フラン

	家族数	家族規模	家族の平均年収
世俗貴族	160	40人	2,800ポンド
聖職貴族	26	20	1,300
准男爵	800	16	880
ジェントリ ナイト	600	13	650
ジェントリ エスクワイア	3,000	10	450
ジェントリ ジェントルマン	12,000	8	280
高級官吏	5,000	8	240
下級官吏	5,000	6	120
貿易商(上流)	2,000	8	400
貿易商(中・下流)	8,000	6	200
法律家	10,000	7	140
聖職者(中位)	2,000	6	60
聖職者(下層)	8,000	5	45
自作農(上層)	40,000	7	84
自作農(下層)	140,000	5	50
借地農	150,000	5	44
学者など	16,000	5	60
国内商人	40,000	4.5	45
職人	60,000	4	40
海軍将校	5,000	4	80
陸軍将校	4,000	4	60
一般船員	50,000	3	20
労働者など	364,000	3.5	15
小屋住農	400,000	3.25	6.5
兵卒	35,000	2	14
浮浪者	—	—	—

表3-3　17世紀末のイングランドの社会構成

出典:今井宏編『世界歴史体系　イギリス史2』(山川出版社、1990年)

階　級	年　収
大貴族	30,000ポンド
中小貴族・大商人・大銀行家・大工場主	10,000ポンド
ジェントリ・高位聖職者・高級医師・法廷弁護士・実業家	1,000～2,000ポンド
医師・弁護士・官僚(典型的な中産階級)	300～800ポンド
会社員・学校長・ジャーナリスト・小売店主(下層中産階級)・高度熟練工・職人(上層労働者階級)	150～300ポンド
熟練工・鉄道運転手	75～100ポンド
半熟練工・熟練女性工員	50～75ポンド
船員・水兵・高級家内使用人	45ポンド
農場労働者・陸軍兵士	25ポンド
家内使用人・最下級店員・お針子	12～20ポンド

表3-4　19世紀半ばのイングランドにおける各階級の平均年収
出典：木畑洋一・秋田茂編『近代イギリスの歴史』(ミネルヴァ書房、2011年)

ス語でgentil、英語でgentleという言葉から派生した「ジェントリ（gentry）」と呼ばれる階級が爵位貴族のすぐ下に形成されるまでに至った。それは上から、准男爵、勲爵士《ナイト》、エスクワイア、（単なる）ジェントルマン、という四つからなる。彼らも中小の地主ではあったが、「表3―3」からもわかるとおり、一七世紀末の段階においても爵位貴族の平均年収と比べても明らかに規模の小さいものであった。さらに「表3―4」にある一九世紀半ばの平均年収で比較しても、相変わらずジェントリは爵位貴族より年収が格段に低かった。一九世紀半ばには、貴族とジェントリとを明確に区分する年収ならびに保有地の規模の基準として、一万ポンド（保有地一万エーカー）という数字が現れるようになっている。今日の日本円にしておよそ数億円といえようか。

一七世紀半ばからは、このように爵位貴族とジェントリを総称して「地主貴族階級《ジェントルマン》」と呼び、前者は貴族院議員、後者は庶民院議員として中央政界で活躍するとともに、地方では爵位貴族が州統監、ジェントリが治安判事として、それぞれ統治にあたっていったのである。

イギリス貴族の財政基盤

貴族のこの漸次的な貧困化は、フランスにおいてだけではなく、ヨーロッパ大陸のすべての領域にも大なり小なり見出された。全ヨーロッパ大陸からも、フランスにおいてと同様に封建制度は新しい貴族制の形態によっておきかえられることなく、遂に消滅してしまったのである。ライン河流域のドイツ諸民族においても、貴族のこの零落《れいらく》はことに明らかであり、ひときわきわだっていた。この反対の光景はイギリス人にだけ見出される。イギリスではいまだに残っている貴族の旧家は、その財産を保存しているばかりでなく、ひどく増やしている。そこではこれらの旧貴族家は、権力においても富においても第一位の地位に留まっている。これらの旧貴族家のそばに地位を占めている新貴族家は、旧貴族家の豪奢《ごうしゃ》な生活をただまねてはいるが、これを凌駕《りょうが》してはいない(18)。

これも本章の冒頭で紹介した、トクヴィルの『旧体制と革命』からの一文である。この本が書かれたのは一九世紀半ばのことである。フランスをはじめ、ヨーロッパ大陸で次々と貴族らの経済基盤が揺らぎ始めていたなかで、ただイギリス一国だけは相変わらず貴族たちが政治的にも経済的にも大きな影響力を維持し続けたと、トクヴィルは観察している。

このトクヴィルの見解は、単に同時代を生きたフランス貴族の印象というだけではないようである。イギリスで活躍するロシア史研究の大家ドミニク・リーヴェンは、イギリス、プロイセン、ロシアの貴族を比較し（対象とする時代は一八一五〜一九一四年）、一九世紀のイギリス貴族はプロイセン（さらにドイツ諸国）やロシアの貴族とはケタ違いに富裕であったと指摘している。その理由のひとつが、イギリス（イングランド）では中世以来、貴族の家では「長子相続制（primogeniture）」が採られてきたことであった。爵位や称号、土地や財産のすべてが長男に引き継がれ、男子のみによる継承が厳格に規定されてきたのである。

　これに対して、ロシアでは貴族の息子たちは全員父と同じ爵位・称号を名乗れたし、土地財産も均等配分で相続された。ドイツでも地方によって多少の差異は見られたが、やはり分割相続が普通であった。フランスでも、これまた地方によって割合は異なっていたが、「貴族の分配《パルタージュ・ノーブル》」という制度があり、貴族の長男が相続できる所領の大きさの割合が決められていた。ブルターニュやアンジューなどでは三分の二、パリやオルレアンでは二分の一、なんとサントンジュなどでは五分の一しか長男による相続が認められていなかったのである[19]。

　中世には大地主貴族であったとしても、代を重ねるごとにこのようなかたちで分割相続をしていけば、いずれは小地主に落ちぶれるのは明白であろう。一九世紀末までには、プロイセン、スペイン、イタリアでも貴族は長子相続制に切り替えられることになるが、それまでのあいだにすでに各国貴族の所領は細分化されていた。これに対してイギリスでは一八七三年の時点で、国全体での地主の数は一〇〇万人を超えていたが、わずか七〇〇〇人弱の大地主だけで国土の八割を所有していたとされる。さらに焦点を絞って見てみれば、当時四〇〇〇人ほどいた爵位貴族をも含めた一六八八人の地主だけで、国土の四一・二％の土地を保有していたのである[20]。

イギリスで大土地所有者が増える端緒《たんしょ》となったのは、一五三〇年代にヘンリ八世（在位一五〇九～四七年）によってイングランド国教会が形成され、ローマ教皇庁と袂を分かったことでイングランドとウェールズで大小八〇〇ほどの修道院が解散させられたことである。当時両国の土地の二割は修道院領であったとされ、それはすべて国王により没収された。しかしその後におこなわれた幾多の遠征で財政難に陥ったヘンリ八世は、その三分の二を貴族やジェントリらに売り払ったといわれている。

今日でも貴族の屋敷に「修道院《アビー》」の名がつけられているのはそのときの名残である。イギリス貴族とその使用人を描いたテレビ・シリーズ『ダウントン・アビー』も、もちろん架空の貴族を描いたドラマではあるが、こうした屋敷を舞台に描かれているわけである。

産業革命を活用した貴族たち

さらにイギリスに巨大な土地を保有する貴族が増えることとなったのが、「長い一八世紀（一六八八～一八一五年）」と呼ばれる戦争の世紀に入ってからのことである。対外戦争により土地税の負担が増え、これに地主層の生活水準の上昇による消費支出がかさみ、中小地主層は負担を背負いきれずに土地を手放し、それを大地主が買い取るという事例が増えていった。一七世紀後半には「ノーフォーク農法」（飼料用作物の導入で家畜の増産を図るとともに、土地の生産性も向上させる）に代表される新たな技術が導入され、農業の生産性は著しく上昇した。この農法を開発したのが、ハノーヴァー王朝初期に閣僚として活躍したタウンゼンド子爵（一六七四～一七三八）という貴族だった。(21)

増産された農作物は輸出され、イギリスに富をもたらした。また、「長い一八世紀」は、戦費調達のための国債が発行され、東インド会社の株式など、貴族たちにとって土地以外からの収入源をもたらす機会も与えてくれた。このため革命前夜のフランス貴族たちが宮廷・政府・教会・軍隊からの収入に頼っていたのに対し、イギリス貴族は地代収入と金融・証券収入だけで莫大な富を得ていたのである。当時のフランス貴族（二万七〇〇〇人ほど）のうち、実に八割から九割ほどのものたちは、イギリスでいうジェントリ以下の収入しか得ていなかったとされる[22]。

さらにイギリス貴族たちの財政基盤を盤石にしたのが、世界に先がけてイギリスで進められた「産業革命（一七六〇年代〜一八三〇年代）」であった。蒸気機関の開発は石炭の需要を高め、これに目をつけたのがイングランド北西部の大都市マンチェスタ近郊のウォーズリに所領を持つ第三代ブリッジウォーター公爵（一七三六〜一八〇三）であった。ウォーズリに炭鉱を保有していた公爵は綿産業の中心地マンチェスタまで石炭を大量に素早く運ぶため、大運河の建設に乗り出し、これに成功を収めたのである。この成功例に倣《なら》い、イギリス国内の多くの大貴族が所領内で産出する鉱物資源を有効活用し、有料道路や河川改良、運河や港湾施設に巨額の投資をおこなった。さらに一八三〇年代以降には鉄道事業に積極的に参与した。この時代のイギリス全土の鉄道の大半は地主貴族階級による資本で建設されたといっても過言ではない[23]。

タウンゼンド子爵

また、産業革命はイギリスに「都市化」現象ももたらした。特に小作農など農村部の下層労働者が都市へと流れ、工場労働者階級へと転じていった。さらに大小様々な工場や商社、銀行、会社を経営する中産階級も都市やその近郊に事務所や自宅を構えるようになっていった。そして、ここにも登場したのが大地主貴族階級であった。一八二〇年代までには、ロンドン中心部の大半は彼ら貴族の地所となっており、その借地・借間・借家収入だけで莫大な富を生みだしていた。デヴォンシャ公爵家、ソールズベリ侯爵家、ダービ伯爵家などはこうして財をなした典型例である。彼らはロンドンだけではなくリヴァプールなど地方の大都市にも次々と進出し、一八世紀から一九世紀にかけて首相まで輩出する名家となった(24)。

かつてマルクス主義史学では、貴族などは封建時代の遺物にすぎず、貧しい小作農から余剰生産物を搾取する農業経済社会の支配者であり、都市の成長や交易の拡大、工業化により、経済的にも政治的にも富裕な商工業(ブルジョワ)階級に取って代わられたという、単純な図式を掲げていた。しかしそれは少なくともイギリス貴族にはまったくあてはまらない、単なる空想にすぎなかったのである。

リーヴェンの研究によれば、ドイツやロシアの貴族たちも一九世紀には商工業や都市での賃貸業に乗りだしていったが、その規模はイギリス貴族のそれとは比較にならず、そもそもドイツやロシアの首都以外の地方都市はほとんど「いなか」ともいうべき規模しかなかった(25)。

「徳」を備えた貴族たち

貴族階級がこの王国内でそして国事万端に関して、偉大な影響力を揮《ふる》っていることは事実である。彼らが財産を擁している限り、彼らの影響を封じ込めようとする試みは、一切の財力の持つ自然的権能の発揮を封じうる手段による以外には不可能である。［中略］もしも或る一部の貴族がその一貫した廉直《れんちょく》な憲政的行為、もしくはその公的私的な徳目によって国土に影響力を築き上げた場合にも、本来この影響力の源泉をなしその行使を本来裁可すべき主体たる民衆は、それが他ならぬ彼ら自身の恵みの結果であり保証であるという事実を彼らが体得し認識する限りは、ゆめゆめ貴族に備わるこの偉大な力が貴族階級の専制を意味するなどという見解に惑わされてはならぬのである。(26)

これはアイルランド生まれのイギリスの思想家にして政治家であるエドマンド・バーク（一七二九～一七九七）が、『現代の不満の原因』（一七七〇年）のなかで著した一節である。バーク自身この一文に続けて「私は少なくとも、通常その語が理解されるような意味における貴族制の支持者ではない」と断言しているが、第二章でも紹介したとおり、彼は家柄ではなく識見・能力に優れた「天性の貴族（natural aristocrat）」が古代ギリシャの字義どおりの「優秀者による支配《アリストクラシー》」を進めることは強く支持していた。

これまで述べてきたように、一八世紀から一九世紀にかけてのイギリス貴族は、同時代のヨーロッパ大陸の並み居る貴族たちとはケタ違いの財政的基盤を備えており、それがまた支配階級としての彼らの経済的な支えにもなっていた。とはいえ、経済的に他の階級を圧倒するだけでは、国民の大半を占める中産階級や労働者階級から「真の支配者」とは見なされないであろう。バークが論じているとおり、その有り余る富をさらに増やそうと私利私欲に走るのではなく、公共の福祉のために使ってこそ「真の支配者」と認められるのだ。

一八～一九世紀のイギリス貴族の精神的な成長を支えたのが教育である。一七世紀以前の貴族たちは、幼少時から自宅に家庭教師を雇い、今日でいう高校生ぐらいまでは自宅で教育を施し、大学だけ外に行かせる場合が多かった。すでに一五世紀から創設されていたイートン校をはじめ、ウェストミンスタ、ウィンチェスタ、ハロウなどのいわゆる「パブリック・スクール」と呼ばれる高級私立学校で全寮制の生活を送る貴族の子弟もいたが、一七〇〇年の時点ではいまだ一六％程度にすぎなかった。それが一七四〇年代以降には、パブリック・スクールに通う貴族の子弟は七二％を超え、二〇世紀にはほとんどすべての貴族の子弟がいずれかの名門パブリック・スクールから、オクスフォードかケンブリッジ両大学、あるいは陸軍士官学校や海軍兵学校などに進学するという状況になっていった。これは大陸には見られないイギリス貴族に独特のスタイルとなった。

一九世紀には名門ラグビー校の校長として名を馳せたトマス・アーノルド（一七九五～一八四二）が登場するが、彼が重視したのが古典語の教育であった。すなわちヨーロッパ文明の源流ともいうべき、ギリシャ語でありラテン語である。アーノルドは古典がすべての教育の基盤であり、「若い時に人間の精神を形成するという、まさにその目的のために与えられているかのように私には思われる」と述べている(27)。

パブリック・スクール各校は一様に、ギリシャ語の原典でプラトンやアリストテレスらの書物を、ラテン語でキケロらの著作を生徒に読ませるとともに、彼らが残した思想や名言も学ばせた。本書第一章でも紹介した、「貴族政治《アリストクラシー》」に関する彼らの見解や、「徳とは何か」についても、貴族の子弟らはギリシャ語やラテン語を駆使して必死に理解しようとしたに違いない。一八八四年の段階でも、イートン校では古典語の教員が二八名もいたのに、数学の教員は六名で、科学の教員はなんとゼロだった。[28]

二〇世紀も近づこうとする頃に、近代的な科学ではなく、古典語を重視する姿勢は時代遅れという一面もあったかもしれない。しかし、貴族をはじめとするエリート階級にとっては、将来人々の上に立つために、むしろこうした古典の叡智を幼少時から身体に染みこませていくほうが大切だと考えられたのであろう。

このような「徳を備えた貴族による統治」という観念は、イギリスにおける「慈善活動《フィランスロピ》」の活性化につながった。全国レベルでは君主や王族によって、地方レベルでは個々の領主たちによって、それぞれ慈善活動が盛んに展開されていく。

たとえば、ウェールズ南部のグラモーガンに所領を有していたビュート侯爵（Marquess of Bute）である。第二代侯爵（一七九三〜一八四八）はやり手の実業家であり、所領から産出する石炭や鉄鉱石を巧みに利用し、巨大な鉄工所を建設した。さらにすぐ南にあるカーディフに新たな港湾（ドック）も造営し、侯爵が亡くなる頃までにドックを利用する交通量はわずか一〇年で一〇〇倍（八二万七〇〇〇トン）にも増えたのである。さらに所領での農業経営にも成功を収め、一九世紀後半にはビュート侯爵家はイギリスでも指折りの資産家となっていた。[29]

トマス・アーノルド

その第二代侯爵は歴代のなかでも特に慈善活動に熱心であり、四半世紀少し（一八二二〜四八年）のあいだに二万五〇〇〇ポンド（現在の日本円で換算すると数十億円）以上もの寄付金を慈善団体に出している。それは病院や、貧者に衣服を提供する協会、キリスト教の知識普及協会、ユダヤ人救済基金など多岐にわたっており、侯爵自身が後援者《パトロン》を務めたり常時寄付をおこなう団体は三四に及んだとされる。これ以外にも、クリスマスには毎年、石炭や毛布、靴や食事が貧者に与えられ、カーディフにおける各種団体への支援は、彼の死後も侯爵家の後継者たちによって続けられていった[30]。

これはほんの一例であり、各地の「お殿様」ともいうべき爵位貴族や富裕なジェントリたちは、彼らの所領とその周辺の都市部において大なり小なり、このビュート侯爵家と同じような活動を展開していたのである。イギリスでは、一六世紀から一八世紀にかけては議会政治の発展もあり、爵位貴族もジェントリも議会のあるロンドンに居を構え、田舎に帰らない場合も多々見られた。ところが一八世紀後半からの交通手段の発展もあり、彼らは自身の所領に巨大な屋敷（カントリー・ハウス）を建て、そこを拠点に地域の人々との交流や、慈善活動に精を出すようになったのである。

では、次から、彼らが国政において果たした役割について見ていくことにしよう。彼ら爵位貴族もジェントリも、地方の地主である一方、貴族院議員や庶民院議員として議会活動に積極的であり、首相や閣僚として政権を担い、イギリスという国全体、さらには大英帝国全体の利益を守ることに邁進していったのだ。

2　議会政貴族の柔軟な姿勢

議会政治の担い手として

わが国の貴族政治《アリストクラシー》はあらゆる階級の人々から憎まれたり、嫌われたりすることがない。それどころか、貴族たちの健全な資質と運気とは、一般庶民からの賞賛や自然と沸き起こってくる認識によって、見上げられる存在となっている。しかもそれは下層階級や最下層階級までをも含めたすべての階級の人々が、嫉妬も卑屈な感情も抱かずに尊敬する対象なのである。[31]

これは一九世紀のイギリスを代表する歴史家にして評論家のトマス・カーライル（一七九五～一八八一）が残した言葉である。カーライルが生きた時代のイギリスとは、まさに「貴族政治の黄金時代」といってもよかろう。爵位を持たない平民であったカーライルをしてここまで言わしめたように、当時のイギリス国民の多くが貴族たちに絶大な信頼を寄せた理由とはいったい何だったのであろうか。

トマス・カーライル

すでに見てきたとおり、イギリスでは中世以来その政治の中枢を占めてきたのが、貴族が国王から諮問を受ける賢人会議、のちの議会（パーラメント）であった。議会が貴族院と庶民院とに分かれたエドワード三世の治世には、「英仏百年戦争（一三三七～一四五三年）」と呼ばれる大戦争も始まった。莫大な遠征費が必要となった国王は庶民院に「直接税の承認」「関税収入（とりわけ羊毛輸出関税）についての承認」に関する権利を与え、庶民院の力は増大した。当時の庶民院は、三七の州から二名ずつ選ばれる議員と、八〇の都市から二名ずつ選ばれる議員で構成されていた。州選挙区では、一四三〇年からは年間四〇シリング（二ポンドに相当し、当時王が弓兵を八〇日間雇える給与額）以上の地代収入を得ているものにのみ選挙権が与えられた。とはいえ実際に選挙はほとんど無投票で、地元有力者の相談だけで議員が決まっていたのが実情であった[32]。

百年戦争とバラ戦争（一四五五〜八五年）が終結した後にテューダー王朝が成立すると、歴代の君主たちは、課税はもとより、国家の重要事項についても、勝手に決めるようなことはせず、議会に相談するようになった。先にも紹介したヘンリ八世によるイングランド国教会の形成も、その長女メアリ一世（在位一五五三〜五八年）が国教会を廃してイングランドをカトリックに回帰させたときも、さらに妹のエリザベス一世（在位一五五八〜一六〇三年）がカトリックを再び廃して、国教会を復活させたときも、これらの政策はすべて議会を通過した法に基づき実行されたのである。

エリザベスの死後に王位を継いだジェームズ一世は、スコットランド国王との兼任でロンドンにやってきたが、議会の力を尊重する「現実主義と柔軟性（pragmatism and flexibility）」に基づき、政治を進めた。しかし次代のチャールズ一世（在位一六二五〜四九年）は議員らと衝突し、一一年間も議会を開かずに独断で政治を進めたため、ここに内乱（日本では清教徒《ピューリタン》革命とも呼ばれる：一六四二〜四九年）が勃発した。このとき議会の権限を守ろうとする議会軍側はウェストミンスタで、国王大権を重視する国王軍側はオクスフォードでそれぞれに議会を開いて対峙していた。最終的には議会軍側が勝利をつかみ、チャールズ一世は処刑され、王制も廃止された。

一一年続いた共和政（Commonwealth：一六四九〜六〇年）も「独裁者」オリヴァー・クロムウェ

ルの死とともに終焉を迎え、ここにチャールズの遺児チャールズ二世（在位一六六〇～八五年）が亡命先から呼び戻されて、王政復古となる。新王は祖父ジェームズ一世と同様に「現実主義と柔軟性」を議会に示し、ある程度は政治も安定した。しかし弟のジェームズ二世（在位一六八五～八八年）が頑なな姿勢を示し、議会の主流派と衝突するようになる。すると、議会の主流派は「名誉革命（一六八八～八九年）」によって国王を追い出すことに成功したのであった。

あとを継いだのはジェームズの長女メアリ二世（在位一六八九～九四年）とその夫でジェームズの甥にもあたるウィリアム三世（在位一六八九～一七〇二年）であった。両者が即位した年に出された「権利章典」により、「議会の合意のない法律の停止は違法である」ことが明確にされ、「議会の許可なく、王は税を徴収できない」ことになった。これ以後のイギリスでは貴族たちに直接税が定期的に課税され、そのかわりに議会が定期開催されるようになる。歴史家のマイケル・ブッシュが指摘するように、「貴族が定期の直接税に同意する気になったことで、議会の性格は、危機に対応するためだけに召集される組織から、通常の国家運営のなかで役割を果たす集会へと転換することになった」。近代史家ウィリアム・スペックの言葉を借りれば、「議会はもはや行事（event）ではなく、制度（institution）になった」のである[33]。

イングランド（イギリス）では一六八九年以後、毎年議会が開かれることになったのに対し、ヨーロッパ大陸の身分制議会には定期的に開催できる権利はなく、議会は通常国王の裁可を得られた時だけ開かれた。フランスでは、革命勃発の直接の引き金となった全国三部会の開催（一七八九年）は、実に一七四年ぶりに国王が召集したことで実現できたのである。

こうしてイギリスには、清教徒革命以前からすでに根づいていた、「国王、貴族院、庶民院

(King, Lords and Commons)」という三位一体から成り立つ、議会政治に立脚する立憲君主制(parliamentary constitutional monarchy)が確立されることになった。ヨーロッパ大陸の大半の国家が絶対君主を擁していた時代にあって、それは奇跡的な現象であったのかもしれない。

その後、一七一四年からはドイツ北部に所領を有するハノーファー侯爵がイギリス(一七〇七年五月からイングランドとスコットランドが合邦)国王を兼ねるようになる。しかし、ハノーヴァー(ハノーファーの英語読み)王朝の最初の二代(一七一四〜六〇年)の王たちは、ハノーファーの防衛や安定ばかりに執心し、たびたび里帰りもおこない、イギリスの統治は貴族に任せきりであった。この間にイギリス政治は貴族院か庶民院に議席を有する閣僚たちによって取り仕切られていくのが常態化する。また、閣僚の集まり(閣議)も、ステュアート王朝までは君主自身が主宰するのが常であったが、ハノーヴァー王朝以降は首席の大臣(Prime Minister)が統轄し、君主と議会の双方に対して責任を持って政策を進めるようになった。こうして、責任内閣制もしくは議院内閣制が一八世紀半ばまでには定着していく。

理想としての議会政貴族

産業革命が始まった一八世紀末までには、地主貴族階級以外にも、実業家や海陸軍将校、法律家なども庶民院議員として議席を有するようになったが、彼らの大半は地主貴族たちと血縁や地縁で結ばれていた。また、選挙権も被選挙権も土地に基づく財産資格で規定されていたため、彼らはみな土地を購入してから被選挙権を得て、議会入りしていくことになった。イギリス議会は相変わらず、地主貴族階級によって支配されていたのである。(34)

このハノーヴァー王朝時代のイギリスに滞在し（一七二九〜三一年）、のちに『法の精神』（一七四八年）を刊行したのが、フランスを代表する思想家モンテスキュー男爵（一六八九〜一七五五）であった。この本のなかで、モンテスキューは「国王、貴族院、庶民院」の三者が相互に抑制し合うメカニズムを分析した。すでに前章でその思想については紹介したが、彼はイギリス滞在中に同地で人民の権力が少なくとも潜在的には最も大きくなっていることを危惧し、これが人民の権力独占による専制主義《デスポティズム》へと陥ることを案じた。

第二章の冒頭に掲げた「貴族なくして君主なし」という言葉のとおり、モンテスキューは君主と人民との中間権力（pouvoirs intermédiaires）として貴族の力に期待していた。

モンテスキューが説く「共和政」とは、人民の一部が主権を持つ場合には貴族政、全体が主権を持つ場合には民主政と定義づけられていたが、いずれにしても共和政を支える原理は「徳」であった。それは自分の利益よりも全体の利益を優先しようとする、自己犠牲的な公共精神を意味した。ところがモンテスキュー自身が観察したところによれば、イギリスの人民には私益よりも公益を優先する祖国への愛としての「徳」が決定的に欠けていたのである。

モンテスキューによると、このようにイギリスの人民に徳が欠けていたからこそ、一七世紀に革命によって民主政を確立しようとしてもことごとく失敗に終わり、最後は国外（オランダ）からウィリアム三世を招聘《しょうへい》して、新たな君主政を築かざるをえなかったのだという。当のウィリアム三世も、イギリス国内に共和国を樹立しようという動きがあるなどと忠言してくる家臣らには、すげなく次のように応答したとされている。「ああ、そのことは恐れてはいない。汝等は、それができるほど立派な人間ではない」。

西洋思想史家の川出良枝によれば、モンテスキューは「国王、貴族院、庶民院」という図式のなかで、貴族院にこそかろうじて中間権力の生き残る場があると期待していたが、イギリスにおいても貴族の没落は必至であると見ていた。それはイギリスでは、自由を求める人民により貴族の特権を廃止する動きがあったことに加え、貴族が商業に従事することを認めるという、モンテスキューが最も忌み嫌う状態にあったからである。「貴族が君主政において商業を営むのは、君主政の精神に反する。イングランドで貴族に商業を認める慣行は、この国において君主政体を弱めるのにもっとも寄与したことの一つである」とモンテスキューは断言している(35)。

フランスで設けられていた「爵位停止法」(一二二頁)がイギリスになかったのは事実であるが、しかし、イギリスでも現実には「商業」に従事する貴族はそれほどいなかった。イギリス貴族は土地開発や金融・証券界とのつながりは重視したが、自ら商社を起こして海外貿易に乗り出すような事例はほとんど見られなかった。イギリスでも貴族の基本は地主貴族《ジェントルマン》なのである。

また、貴族院だけではなく庶民院でも、彼ら地主貴族階級は相変わらず大きな影響力を保持し続けていた。選挙区内に巨大な地所を有する大貴族たちが私物化する「懐中選挙区(pocket borough)」や、ほとんど選挙戦が展開されずに地元有力者の息のかかった人物が無投票で当選する「腐敗選挙区(rotten borough)」などが点在し、一八三〇年の時点でも九八人の爵位貴族が庶民院の実に二一四議席(全六五八議席)を思うように操れたとの記録も残っている(36)。

ただし、このように議会を支配していた地主貴族たちにしても、国民のほとんどがまだ有権者ではなかった時代であったとはいえ、公共の精神を忘れたらおしまいであるとの感覚は持ち合わせていた。モンテスキューの思想に影響を与えたとされるのが、ステュアート王朝末期に閣僚も務めた政治家で思想家の初代ボリングブルック子爵（一六七八〜一七五一）である。その彼も、「もしも私的利益よりも国民の利益を優先する自由の精神（spirit of liberty）が失われ、私益の追求に狂奔する党派の精神が優位に立つなら、イングランドの国制がいかに優れた機構を備えていても、自由は実現されない」と断言していた。政争の末に失脚したボリングブルック卿は、一七三九年に『愛国王の理念』を発表しているが、このなかで彼は「自由と国民の繁栄を保護するために欠かすことのできない徳および公共精神を回復するには、［優れた］君主の統治ほど確実で効果的なものはありえない」と論じている。

第二章でも紹介したが、一〇世紀頃のヨーロッパで始まった「君主の鑑《かがみ》」という系譜は、一八世紀のイギリスにも脈々と受け継がれていたのである。『ロビンソン・クルーソー』でも有名な思想家ダニエル・デフォー（一六六〇〜一七三一）は、『国王の教育について』（一七二七年頃）で「国王と貴族の子弟は普通の人々よりも優れた魂を授かっており、国の指導者に適わしく教育される必要がある」と説いた。同じく思想家のトマス・ゴードン（一六九一頃〜一七五〇）も、英訳版の『タキトゥス著作集』に寄せた論稿（一七二八年）のなかで、国王の責務とは「有徳で、高貴で、公共心に溢れたものでなければ」ならず、国王が徳を実践して自ら臣民に手本を示すべきであると述べている。ボリングブルックの著作もこれらと同様であり、イギリスの国王や貴族には一八世紀半ばにおいても、こうした徳や公共心が求められていた。(37)

初代ボリングブルック子爵

また、歴史家のブッシュによれば、ヨーロッパ大陸では保有地農民と領主との対立が革命の性格を決定し、その成功を約束するのに役立ったのに対し、イギリスでは地方における抗争は無産階級《プロレタリアート》である農業労働者と、地主から土地を借りている中産階級《ミドルクラス》の農業経営者とのあいだで生じていた。つまり、階級闘争は平民同士のあいだで起こったのであり、領主と保有地農民との軋轢はなかったのであった。[38]

一九世紀の諸改革——グレイ伯爵の真意

もしわれわれが参加しなかったら、連中はこの国を共和国にしてしまいます。すべて現状のままであって欲しいからこそ、すべてが変る必要があるのです。[39]

これはイタリア貴族の末裔であるジュゼッペ・トマージ・ディ・ランペドゥーサ（一八九六～一九五七）の小説『山猫』（一九五八年刊）の有名な一節である。のちにイタリア映画界の巨匠にしてやはりイタリア名門貴族の出身であるルキノ・ヴィスコンティ（一九〇六～一九七六）により映画化され、世界中を魅了した。この言葉は主人公でアメリカの名優バート・ランカスター演ずるシチリアの大貴族サリーナ公爵に、フランスの二枚目俳優アラン・ドロン扮する公爵の甥タンクレイディが語ったせりふとなっている。ときあたかもガリバルディ率いる赤シャツ隊がイタリア中を席巻した統一戦争のさなかにあった。タンクレイディはこの動きに身を投じないと、一族がいままで築いてきたものがすべて崩壊すると伯父に警告を発したのである。

現実のシチリアやイタリア各地の貴族たちは、この時代の波に乗りきれずに没落していったものも少なくない。それだけに、このタンクレイディの言葉はサリーナ公爵家にとって非常に重要な意味を持ったのである。さらに、その後の歴史を振り返れば、イタリアに限らず、世界中のあらゆる国や地域の貴族たちにとってきわめて意味深長なせりふであったと思われる。

この言葉の神髄をもっとも理解していたのが、一九世紀イギリスの議会政貴族ではなかったか。ヨーロッパ大陸の多くの貴族たちが、すでに台頭しつつあった自由主義（liberalism）や国民主義（nationalism）を頭から抑え込み、その反動で革命の憂き目に遭っていたのに対し、イギリスでは議会を支配する貴族たちが、貴族政治を守らんがために「すべてを変えて」いったのだ。

中世以来の議会制度を築いたのも、またそれを維持して公共の福祉のために尽力してきたのもイギリスでは地主貴族階級《ジェントルマン》であった。それは紛れもない事実である。しかし、一八世紀後半には産業革命を迎え、新たに商工業階級が台頭し、彼らもまた貴族たちの「高貴なるものの責務《ノブレス・オブリージュ》」を模範に、議会政治への参入をめざすようになっていたとしても不思議ではあるまい。

ただし一九世紀の初頭になっても、庶民院における選挙権も被選挙権も土地を基準とした財産資格に縛られていた。州選挙区の選挙権が年間四〇シリング以上の地代収入を有する「地主」に限られていたことはすでに述べたが、それからすでに四〇〇年近くが経とうとしていたのである。この金額のもととなる給与を受け取っていた「弓兵」など一九世紀にはもはや存在しないのだ。さらに中世には巨大な荘園であったかもしれないが、いまや住民が数人しか住んでいない選挙区に二議席も割り当てられている一方で、産業革命を牽引したマンチェスタやバーミンガムといった数十万人規模の大都市に一議席も与えられていないという状況が続いていた。

これに風穴を開けたのが、議会内の改革派であるホイッグ（自由党の前身）の指導者として長年の政治歴を持つ第二代グレイ伯爵（一七六四～一八四五）である。社交界の寵児であり、ベルガモットを効かせた独特の紅茶のブレンドを編み出し、今の世にも「グレイ伯爵《アール・グレイ》」にその名を残す洒落者でもあるが、元来は筋金入りの改革者であった。一八三〇年秋にホイッグ主体の連立政権の首相に就くと、グレイ伯爵が真っ先に表明したのが「選挙法の改正」だった。下層中産階級（個人商店主クラス：ただし世帯主に限定）にまで国政選挙権を拡大し、議席の定数是正にも大なたを振るう。これには庶民院議員の選出に影響力をもつ、大貴族が跋扈《ばっこ》する貴族院で特に反対の声があがった。

しかしグレイが改革を持ち出したのは、なにも中産階級や労働者階級に政治の実権を明け渡すためではなかった。むしろ「貴族政治《アリストクラシー》を維持するため」には、貴族自身が率先して改革を進める必要があると考えていたからである。グレイは政権に就く前から「普通選挙権（universal suffrage）など国民の幸福、自由、権利とは相容れない」とはっきり明言もし、労働者階級にまで選挙権を拡大するつもりはなかった。彼にとって「革命を防ぐための最大の保証は、軍隊でも神聖同盟［ナポレオン戦争後に革命勢力の台頭を防ごうと、ロシア、オーストリア、プロイセンなどの専制主義的な大国を中心に結ばれた同盟］でもなく、思慮分別のある国内改革」だったのである[40]。

さらにグレイは、民主政治《デモクラシー》が大きくなりつつある時代においてこそ、高貴なる貴族政治《アリストクラシー》の真の能力が問われるのであり、貴族たちこそがこの危機から国民と国王とを救う保証となる階級なのだと述べていた。事実、彼が一八三〇年一一月に樹立した政権には一三人の大臣が入閣したが、そのうち爵位貴族は九名を占め、残りの一名はアイルランド貴族（貴族院に議席はない）、一名は貴族の跡取り、一名は准男爵であり、純粋に爵位・称号を持たないのは一名だけだった[41]。

翌一八三一年に選挙法改正案は議会に提出されたが、貴族院による反対でたびたび否決された。しかし最終的には、グレイによる国王と野党（トーリ：のちの保守党）幹部への説得が功を奏し、選挙法改正はここに実現する。さらにグレイ政権は、それまで劣悪な労働環境下に置かれていた工場労働者の労働条件を改善させ、婦女子の過重労働にも制限を加え（工場法の制定）、貧民救済の新たな施策、さらに地方自治体法により市町村における「ボス支配」の幕を閉じさせることにも成功を収めていく。

そのグレイ政権に外相として入閣していたのが、アイルランド貴族で庶民院議員のパーマストン子爵（一七八四～一八六五）であった。彼は元来がトーリの出身であり、グレイ首相などホイッグ閣僚に比べれば改革にそれほど積極的ではなかったが、「貴族政治を維持するため」の改革という趣旨はよく理解していた。大陸で自由主義や国民主義の動きを弾圧するオーストリア帝国の政策を揶《や》揄《ゆ》して、パーマストンは駐英オーストリア大使にこう述べている。

第２代グレイ伯爵

「メッテルニヒ侯爵［オーストリア宰相］はヨーロッパの政治的現状を頑なに維持することを保守主義（conservatism）と呼んでいるらしいが、われわれも保守主義者である。しかしそれは公衆から要請があった場合にはいずこにおいても改革や改良を説き、推進していく性格のものである。しかるに貴国の場合にはそのすべてを拒んでいる。さらに貴国の場合には、自国領はもちろんその影響下にある国々の世論からの要求をすべて拒んでもいる。そのような停滞は保守主義とは呼ばない。貴国の抑圧的で息の詰まるような政策は、間違いであると同時に爆発をもたらすことになるだろう。ちょうど密閉して蒸気の出口が封じられたボイラーのようにね[42]」

国家の利益を重視したピール

グレイ政権が一八三四年に総辞職した直後に、トーリは保守党に改名して政権を担うようになった。その保守党政権を率いたのがサー・ロバート・ピール（一七八八～一八五〇）だった。ピールの家柄は地主貴族ではなく、産業革命の黎明期に祖父がマンチェスタで綿布の捺染《なっせん》工場を経営し、巨万の富を築いた実業家の家に生まれた。しかし父の代に政治家として議会に進出し、父は准男爵《バロネット》に叙され、ピールはその二代目であった。彼自身もハロウ校からオクスフォード大学へと進学し、まさに地主貴族階級と同じ教育を施された。さらにピールは二一歳で庶民院議員に初当選し、三三歳にして内務大臣に抜擢されるほどの俊英であった。

そのピールの政治信条とは、「まずは女王、国民、さらに自身の良心に従い、保守党の利益はその次」というものであった。一八四一年に二度目の内閣を率いたピールは、それまでの間接税中心の租税体系を、所得税の導入と七五〇品目に及ぶ輸入関税の廃止・減税によって直接税中心に切替えていく。所得税を納めるのは年収一五〇ポンド以上の下層中産階級より上のものたちであり（二四七頁、表3―4を参照）、労働者階級には負担は及ばず、むしろ生活必需品の価格が低下したことで下層階級の生活は幾分楽になっていく。

しかしその労働者階級にとって、いまだに「パンの値段をつり上げている」元凶と感じられていたのが穀物法（Corn Laws）であった。ナポレオンによる「大陸封鎖令」（一八〇六年）で大陸からの安い穀物が入ってこなくなった時期に、農業階級は安定した収入を得られるようになったが、ナポレオン戦争の終結（一八一五年）でそれも終わりを迎えた。このため同年議会を通過したのが穀物法であり、外国からの安い穀物に一定額の関税をかけて農業利益を保護したのである。

やがて一八三〇年代には、商工業階級から穀物法の廃止を訴える「反穀物法同盟」などの圧力団体が登場するが、地主貴族階級（農業階級）が圧倒的な力を誇る議会内では通用しなかった。ところが一八四五年夏にヨーロッパ中をジャガイモの胴枯れ病が襲い、特にジャガイモを主食とするアイルランドの農民に大打撃を与える。さらにそれはイギリス全土における穀物価格の上昇にもつながり、ついにピール首相は穀物法の廃止に踏み切る決断をおこなう。

ロバート・ピール

これにはピール自身が党首を務める保守党内から特に批判があがったが、「穀物法を守ることが保守主義を守ることではない」と考えたピールは政策を強行した。彼は先に紹介したボリングブルックも述べていたような、「私益の追求に狂奔する党派の精神が優位に立つなら、イングランドの国制がいかに優れた機構を備えていても、自由は実現されない」と同様の感覚から、党利党略よりまずは国家全体の利益を優先するという姿勢を貫いたのである。最終的に保守党庶民院議員（三六八人）のうち二三一人が造反したが、残りの議員と野党ホイッグとの連携、さらには貴族院で保守党を主導していたウェリントン公爵（一七六九～一八五二）からも了解を取り付け、一八四六年六月に穀物法は廃止された。しかしその翌日の別の議会審議で、保守党造反派による策略で政府側が敗北し、ピール政権は総辞職に追い込まれた[43]。

一九世紀前半に登場した改革派の政権は、いずれも特定の利害や階級の私益を守るようなことはせず、公共の福祉のために政策を進めた。もちろん穀物法の廃止をめぐる紛糾にも見られたとおり、農業利害がこれを頑なに阻止しようとしたこともあった。しかし最終的にはその農業利害の牙城ともいうべき貴族院において、地主貴族たちはかつてのステュアート王朝の賢明な国王らと同じく、国民に対して「現実主義と柔軟性」を示すことで国難を救ったのである。

同じ時期に、プロイセンではユンカーと呼ばれる地主貴族が、穀物に関わる自由貿易を頑なに拒んでいた。その後プロイセンでは農業の保護主義が一八八〇年代まで続き、九〇年代になってようやく自由主義的な風潮が現れるが、穀物価格の下落と工業化の進展で経済的な苦境に陥り、二度の世界大戦を経てユンカー階級は解体される。ユンカーたちはその柔軟性の欠如によって、イギリスの地主貴族階級とは対照的な道を歩んだのだった[44]。

ソールズベリ侯爵の貴族論

われわれのめざすところは、貴族支配の打倒ではありません。こののちも、政府と国家の要職は貴族たちの手に委ねるつもりです。国家の仕事を遂行するためには、何代にもわたってその種の仕事を続けてきた人間、そして大所高所からの判断をもって行動できる地位にある人間、つまりそうした特別な人間が必要だと思うからです[45]。

これはフランスの文学者で『イギリス文学史』（一八六三年）も著したイポリット・テーヌ（一八二八～一八九三）が、一八五〇年代にイギリスを旅したとき、偶然出会った急進主義的な思想を持つ実業家と懇談した際に聞いた言葉である。穀物法も廃止され、イギリスは自由貿易の黄金時代を迎えていた。この好景気を支えたのが、彼らイギリス人が「特別な人間」と感じてきた貴族たちだった。一方のテーヌの故国フランスでは、ナポレオン三世による第二帝政時代（一八五二～七〇年）のさなかであったが、「皇帝」の登場とともに現れた急ごしらえの「貴族」たちに、果たしてフランス国民はこれと同様の感慨を抱くことができたのであろうか。

他方で、穀物法の廃止が実現すると、テーヌが懇談した急進派の実業家に代表される中産階級の人々が次に目をつけた改革は、より下の階級への「さらなる選挙法改正」であった。

グレイ政権による選挙法改正は、下層中産階級にまで選挙権を拡げることには成功を収めたが、これに失望したのが自分たちにも選挙権が与えられるのではないかとの希望を抱いていた労働者階級であった。改正実現からわずか六年後（一八三八年）には、男子普通選挙権や秘密投票制度の導入、議員の財産資格の廃止などを盛り込んだ「人民憲章（People's Charter）」と呼ばれる綱領が発表され、こののち全国の商工業都市を中心とする「チャーティスト運動」に発展した。

しかし、一八三二年の改正を推進したグレイ伯爵自身でさえ、その選挙法改正は最初で最後のものであると信じており、議会内の大半の議員たちも同様の考えであった。ところが一八五〇年代から未曾有の好景気に入ったイギリスでは、都市の労働者階級もしっかりと税金を納め、国家に貢献するようになってきていた。そして六〇年代に入ると、いよいよ彼ら労働者階級（ただし男性の世帯主に限定）にも選挙権を与えてはどうかとの考えが、議会内にも醸成する。

こうしたなかで保守党の若手政治家を代表する論客として、選挙法改正に立ちはだかったのが、第三代ソールズベリ侯爵（一八三〇～一九〇三）である。彼は、かつてアメリカ独立革命のきっかけを作った砂糖法や印紙法がイギリス本国からアメリカ植民地に課せられた際、「代表なくして課税なし」と訴えたマサチューセッツ植民地議会の議員ジェームズ・オーティス（一七二五～一七八三）の有名な言葉をひっくり返し、「納税なくして代表なし（No representation without taxation）」と主張した。

ピールによる財政改革により、いまやイギリスの国家財政は直接税によって支えられるようになっていた。こうしたなかで所得税や財産税をきちんと支払う者には、選挙権を拡大してもよいだろうとソールズベリは考えていた。とはいえ、こうした税を納める階級は労働者のなかではいまだほんの一部の上層部にすぎず、一八六〇年代には運動が消滅していたチャーティストがかつて訴えた男子普通選挙権は言うに及ばず、すべての男性世帯主労働者にまで広く拡げようとする理念にはほど遠かった。

そもそもソールズベリ自身は、極めて保守的な人物であり、「政治的平等など愚の骨頂であり、妄想にすぎない」と公言してはばからない政治家であった。政治的平等を実現してしまえば、その唯一の帰結は「あくどい指導者が善良な指導者に取って代わる」ことになるだろう。あらゆる共同体には「自然な指導者」というものがおり、人々が平等を希求する異常な情熱にほだされない限りは、この指導者に本能的に従う。その指導者は大概は「裕福で、生まれもよく、知性と教養にあふれ、健全な感情を持ち合わせており、その共同体が政府を託そうとする」ような存在である。もちろんソールズベリの念頭にあったのは「貴族」ということになろう。さらに彼はこう続けている。

こうした指導者による統治こそが、本来の意味でいうところの貴族政治《アリストクラシー》なのである。彼らの幾人かは名誉ある称号を与えられていたり、世襲の特権を謳歌しているかもしれないが、そんなことは二の次の問題である。大切なことは、この国の統治者は彼ら貴族から選ぶべきであり、そうすることでよりすぐれた政治的な安定がもたらされるのである[46]。

ソールズベリがこの論稿を発表したのは一八六四年であったが、しかし、そのわずか三年後の一八六七年夏に、世に言う「第二次選挙法改正」が実現し、都市の労働者階級にも国政選挙権が与えられることになった。この改革を実現したのが彼自身が属する保守党政権であり、それを主導したのが第一四代ダービ伯爵（一七九九～一八六九）であった。彼の祖父（第一二代伯）がかの有名な雄雌混交の三歳馬レースを始めたことで知られる、イギリスでも五指に入る大富豪の名門貴族の出身であり、ピールが穀物法の廃止に踏み切った際にはこれに反対して政権を離脱していた人物である。

第3代ソールズベリ侯爵

　ピール政権の崩壊後に、保守党はダービ率いる保護貿易派とピール率いる自由貿易派に分裂し、このの ち二〇年以上にわたって本格的な政権を獲得できない状態が続いていた。もはやイギリスの議会政治は、ピールの時代のように党派の利害を無視して政策をごり押しするような手法は通用しなくなっていた。ダービは分裂から二〇年もかけて保守党の立て直しに尽力し、近代政党に作り直したのである[47]。

そのダービ政権にソールズベリも入閣していたが、彼は第二次選挙法改正には断固反対だった。そこで、友人らとともに閣僚を辞任したが、ダービが盤石たる政党に育てていたおかげで、二〇年前とは異なり、保守党は分裂することなく、改正も実現できたのである。

その後、ソールズベリも自身の非を認め、以降は保守党から離脱するようなことはなく、一八八五年には党首として初めての組閣もおこなうまでになった。その後、今度はアイルランドに自治権を与える問題をめぐって、反対党の自由党（ホイッグがピール派や急進派と一八五九年に結成）が分裂に追い込まれたこともあり、一九世紀最後の一五年のほとんどは、ソールズベリ率いる保守党政権が統治にあたった[48]。このように、フランスなどでは貴族政治がとうに没落して以降も、イギリスでは貴族政治が力強く続いていたのである。

しかし、そのイギリスにさえ、確実に時代の変化はおとずれていた。一八八四年には第三次選挙法改正により、（農園や鉱山で働く）地方の労働者階級の男性世帯主にまで選挙権が拡大され、保守党も自由党も、いまや有権者の大半を占めるようになった中産階級や労働者階級を自陣に引き入れようと躍起にならざるをえなかった。

一九世紀が終わりを迎えようとする頃までに、貴族政治の大国イギリスでも確実に「大衆民主政治（mass democracy）」の波は押し寄せていたのである。一九〇二年にソールズベリは病気のため首相を引退する。それはまた、イギリス史上において貴族院に議席を有して政権を率いた最後の首相の退場でもあったのである。

3　イギリス貴族のたそがれ——大衆民主政治の時代へ

地主貴族《ジェントルマン》階級の没落

無知や軽薄さでは享受できない、真に美しく道徳的なひとつの事柄がまだ残っている。それは、全ヨーロッパにいるすべての考える人たちの集まりである。多くの場合、彼ら同士の間にはどんな関係もない。彼らは、往々にして、お互いに遠い距離をおいて分散しているのである。しかし、出会った時には、一言で十分お互いに仲間であることが分かる。彼らを結びつけているのは、ある特定の宗教、特定の意見、特定の研究分野ではなくて、真実への崇拝である(49)。

これはフランス革命期からナポレオン時代に、一世を風靡したサロンを主宰し、文学や思想の世界に大きな影響を与えたスタール夫人（一七六六〜一八一七）の言葉である。彼女がここで評している人々は、高貴で該博《がいはく》な知性を備えた「貴族」にほかならない。ヨーロッパ全土に散らばってはいながらも、彼ら貴族には共通の理念や理想が見られ、こうした貴族ネットワークが一八世紀までのヨーロッパを支えていた。しかしそれもフランス革命や一八四八年の諸革命により衰退し、一九世紀後半にはヨーロッパ大陸の貴族たちはたそがれ時を迎えるようになっていた。

こうしたなかでもいまだ国内外で権勢を誇っていたのがイギリス貴族であった。しかし、その彼らにも一八八〇年代頃から徐々に没落の影が忍び寄ってきていたのである。ここからは、現代イギリスを代表する歴史家デイヴィッド・キャナダインの大著（*The Decline and Fall of the British Aristocracy*：未邦訳）をもとに、イギリス貴族の衰亡について論じていくことにしよう。

一八八〇年の段階でイギリスには五八〇人の貴族がいた。このうち四三一人が貴族院に議席を置き、残りはスコットランドやアイルランドの貴族の爵位のみを有するものたちだった。「表3―1」（二四二頁）にもあるとおり、貴族院に議席を有する爵位貴族の数はここ一〇〇年足らずで二倍近くにまで大幅に増加した。さらに貴族のすぐ下には准男爵《バロネット》が八五六人もいた。

それでもイギリスでは貴族の数はヨーロッパ各国に比べてかなり少ないほうだった。同時代においてプロイセンには二万、イタリアには一万二〇〇〇、オーストリアには九〇〇〇もの貴族がおり、なんとロシアに至っては一〇〇万人以上の貴族がひしめいていたのである。一九世紀末のロシアの人口（一億二五〇〇万人ほど）と比較しても、それは明らかに多すぎた[50]。

このように人口（一九〇一年でイギリスは三八〇〇万人ほど）のなかに占める割合でも少数派にすぎない貴族たちが、国土の大半をその所領で占め、イギリスの政治・経済・社会・文化のすべてを支配していた状況に陰りが見え始めるのが、一八八〇年代のことであった。

まずは農業不況である。アメリカ南北戦争（一八六一～六五年）が終結し、一九世紀後半には交通手段の発達により、南北アメリカ大陸やオセアニアから大量の安い穀物がヨーロッパ大陸に流入し始めたのである。フランスでもロシアでもプロイセンでも、穀物価格が急激に下落して、地主階級に打撃を与えた。それはイギリスとて同じであった。もともとイギリスでは一八世紀以来、貴族たちは金融・証券界ともつながりが深かったが、この時期に地主貴族から金融・証券貴族へと転身し、地方の邸宅を離れ、ロンドンに定住する貴族が多数現れていく。

先に述べたように、一八八〇年代にはさらなる選挙法改正もおこなわれた。八四年には第三次選挙法改正により、鉱山や農園で働く地方の労働者階級にも国政選挙での選挙権が与えられ、有権者の数も四四〇万人近くに増えた。しかもその前年には「腐敗および違法行為防止法」により、選挙違反に対して厳しい処罰が科せられるようになっていた。それまでのように、総選挙に際して有権者を地方の邸宅での宴会に招いて饗応するのも不可能となり、地方選挙区での貴族の力は弱体化する。[51]

さらにこれに追い打ちをかけたのが、不動産に対する相続税の導入である。一八九四年に自由党政権により、一〇〇万ポンド以上の価値をもつ土地に対して八％の相続税が課せられることになった。二〇世紀に入るとこの税率はたちどころに急増し、一五％（一九〇九～一四年）、四〇％（一九一九～三〇年）、五〇％（一九三〇～三四年）、そして一九三九年までには六〇％へと上昇している。

そのきっかけとなったのが一九〇九年に自由党政権によって議会に提出された予算案だった。労働者階級を自党に引きつけようと、ときの財務相デイヴィッド・ロイド＝ジョージ（一八六三～一九四五）が提案したのが、老齢年金の導入策である。その財源として所得税や消費税の増税に加え、不動産に対する相続税率も倍近くに跳ね上がった。これには日頃は登院することのない貴族たちもいっせいに反発し、庶民院を通過した予算案は、貴族院では圧倒的多数（賛成七五票、反対三五〇票）で否決されてしまう。最終的には国王を仲介役に、与党自由党（庶民院で優位）と野党保守党（貴族院で優位）との話し合いにより、メディアから「人民予算（People's Budget）」と名付けられた予算案は議会で承認されることとなった。[52]

第一次世界大戦の衝撃

「人民予算」が議会を通過するや、自由党政権の次なる一手は貴族院の権限を大幅に縮減することへと向かった。これもまた与野党間で激しい対立を生み出したが、最終的には保守党（貴族院）側の譲歩により、一九一一年には「議会法」が成立する。これ以降は、①予算案や課税など金銭に関わる法案は、貴族院で否決されたとしても、庶民院を通過すれば成立する、②金銭以外に関する法案については、貴族院で否決されたとしても、庶民院を三会期通過すれば成立する、といった具合に、貴族院の力は一気に弱体化していった。

そしてイギリスで貴族たちのたそがれを決定づけたのが、ヨーロッパ大陸と同様に第一次世界大戦（一九一四〜一八年）であった。第二章でも解説したが、この大戦は一九世紀までヨーロッパで主に見られていたような、貴族らを中心にした戦争とはまったく様相を異にしていた。端的に言ってしまえば、それまでの戦争は貴族出身者が多くを占める陸海軍の将校と義勇兵とが直接的に戦闘に加わるものであり、短期的な戦闘の後にこれまた貴族が大半を占める外交官によって講和が結ばれるという性質のものであった。

ところがナポレオン戦争以後の一〇〇年間で殺戮兵器の殺傷力は急激に上昇し、貴族や一部の国民だけでは兵力として足りない状況となっていた。「総力戦（total war）」の時代の到来である。イギリスでも開戦とともに「高貴なるものの責務（Noblesse oblige）」を信じて、貴族やその子弟が大勢戦場へと駆けつけたが、彼らを待ち受けていたのはナポレオン時代の騎士道ではなく、瞬時に何十人も殺せる機関銃であり、性能が大幅に上昇していた砲弾の嵐であった。大戦が始まった一九一四年のわずか四ヵ月のあいだに、爵位貴族が六人、准男爵が一六人、貴族の子弟が九五人、准男爵の子弟が八二人も命を落としていた。それは戦場に赴いた地主貴族階級男子の実に一八・九五％に相当する数字であった[53]。

四年に及んだ戦争はさらに多くの貴族たちの命を奪った。もちろん兵役を終えて無事に帰還した貴族たちもいた。しかし貴族やその子弟ともなると士官学校の出身者も多数いたため、従軍時に就くのは年齢等に応じて陸軍中佐以下の将校クラスであり、前線で自ら隊を率いて突撃する場合が多かったので、その死亡率は高かった。一九一四年には一般兵卒の死亡率が一七人に一人（五・八％）であったのに対し、貴族出身の将校の死亡率は七人に一人（一四％）という割合となった。四年にわたる戦争で、イギリスはなんとか勝利は手にしたが、貴族とその子弟は五人に一人が命を失った（全体の平均では戦死者は八人に一人の割合であった[54]）。イギリス貴族たちはまさに自らの命と引き換えに「高貴なるものの責務」を果たしたのである。

さらに究極の責務を果たした彼らを待ち受けていたのは、相続税の洗礼であった。爵位貴族家の当主や後継者が相次いで戦死したとき、一〇〇万ポンド以上の価値を有する土地財産を持っている場合には、いまや四〇％にも膨れ上がっていた莫大な相続税を支払わなければならなかった。さらに土地そのものに対する課税も上昇しており、戦場から無事に帰還できたとしても、貴族たちはそれまでのような広大な土地を保有できなくなっていた。

一九一〇年から二二年にかけては、大戦後の土地価格の高騰とも相まって、イギリスでは大量の土地取引が見られている。それは一説には国土の半分近くにも及ぶ所有者の交代をもたらし、先にも紹介したノルマン征服（一〇六六～七一年）や修道院解散（一五三六～三九年）にも匹敵する事態であったといわれる。地主貴族はもはやイギリスにおける百万長者の代名詞ではなくなってしまった。

一九世紀半ば（一八〇九〜七九年）までは、百万長者に占める地主貴族の割合は実に八八％にのぼっていたが、二〇世紀前半（一八八〇〜一九一四年）までにその数字は三三％にまで減少してしまっていた。[55]

さらに土地を買い増やそうなどという地主階級は姿を消し、売るべき土地がない貴族は家宝を売って糊口をしのぐ有様となった。先祖代々受け継がれてきた金銀の食器はもとより、ラファエロやルーベンスなどの名画も次々とオークションで売られていった。さらに一九二〇年代までには、かつては栄華を誇った貴族たちが所有するロンドンの屋敷も売られ、取り壊されていった。不動産に莫大な税金がかけられていったため、土地を売った貴族たちは海外の金融・証券市場への投資に転じ、地主貴族がますます減少し、証券・金融貴族が主流派を占めていく。

第一次世界大戦が決定打となり、イギリスでも「貴族政治（aristocracy）」は「大衆民主政治（mass democracy）」へと大きく変容を遂げていった。一九一八年には男子普通選挙権（二一歳以上）と女子選挙権（三〇歳以上）とが国政選挙において実現し、さらに一九二八年からは男女普通選挙権の時代に突入していった。中央では庶民院に占める地主貴族階級出身者の数が激減し、地方ではそれまで政府の裁量によって在地貴族が任命されることの多かった州統監が、州議会によって選出されるように変わった。州議会議員の構成にしても、地主貴族ではなく、実業界出身の中産階級が大半を占める状況へと変化していたのである。[56]

先に紹介したスタール夫人の言葉にあるような、貴族ネットワークで結ばれたヨーロッパ世界は完全に消滅してしまった。それはまた、フランス映画界の巨匠ジャン・ルノワール（一八九四〜一九七九）によって一九三七年に発表された傑作『大いなる幻影』のなかで描かれたような、「貴族の世界」の終焉をも意味していたのかもしれない。貴族階級出身のドイツ人将校とフランス人将校が、敵味方に分かれながらも階級的な友情で結ばれるなどというのは、古き良きおとぎ話の世界になってしまったのである。

新たなる貴族たちの参入

気高い存在とは貴族的なことであり、それはすなわち支配者になることを意味する。［中略］貴族的なこととは、哲学者と王者という双方の性質を兼ね備えたことなのだ。(57)

これはイギリスを代表する小説家で「SF小説」の生みの親ともいうべき、H・G・ウェルズ（一八六六～一九四六）が残した言葉である。ウェルズといえば、王室嫌いで有名であり、社会主義にも傾倒したことで知られているが、貴族的な価値については一定の理解を示していたようだ。この言葉はある若い青年が崇高な存在、すなわち真の貴族になるための探究に乗り出す、その名も『崇高なる探究（*The Research Magnificent*）』と題する一九一五年に書かれた小説にある一節なのである。(58)

しかし皮肉なことに、この小説が書かれる頃までには、イギリスには真の貴族と呼べるような存在が徐々に姿を消しつつあった。その端緒はすでに一九世紀末から二〇世紀初頭のエドワード七世（在位一九〇一～一〇年）の時代に始まっていた。

エドワードは皇太子時代から派手好きで知られ、社交界の寵児であるものの、常に「負債」にも追われていた。それを肩代わりしたのが皇太子の取り巻きともいうべき、新興の商工業階級の人士たちであった。ドイツ出身でユダヤ系の銀行家であるアーネスト・カッスル（ドイツ読みではカッセル）、同じくユダヤ系の銀行家として初めて爵位を受けたロスチャイルド、「紅茶王」として名をはせたトマス・リプトンなど、皇太子の知遇を受けて彼らは次々と「上流階級入り」を遂げていく。特に彼らは、皇太子が主宰する各種慈善団体に莫大な寄付金を贈り、ロイヤル・ヴィクトリア勲章（The Royal Victorian Order：一八九六年に創設）の勲一等（GCVO）や勲二等（KCVO）を授けられ、これに付随して勲爵士《ナイト》に叙せられたり、准男爵《バロネット》にまで昇った。(59)

農業不況が始まった一八八〇年代からは、地主貴族《ジェントルマン》階級以外から爵位貴族へとのぼりつめる者も多数登場する。一八八六年から一九一四年のあいだに、イギリスでは二〇〇人近い人物が爵位を与えられたが、このうち地主貴族の出身者は四分の一にすぎず、三分の一は専門職階級（医師、弁護士、大学教員、海陸軍将校など）や高級官僚、三分の一は実業界の出身者で占められていた。

これに追い打ちをかけたのが、ロイド＝ジョージ首相の登場であった。第一次世界大戦はイギリスが初めて経験した総力戦であり、大戦開始の翌年（一九一五年）には史上初の挙国一致政権が樹立され、日頃はいがみ合っていた自由党・保守党・労働党がひとつにまとまった。その翌年の一九一六年一二月に、戦争指導で優れた手腕を発揮していたロイド＝ジョージが首相に就任し、総力戦体制下の政府を率いていくことになった。このロイド＝ジョージが、人間の「名誉欲」につけ込むかたちで、主に実業家を中心に次々と栄誉を授与したのである。

それは、自らが率いる自由党の運営資金を捻出するためであった。一説には、勲爵士は一万ポンド、准男爵は四万ポンド、爵位ともなると一〇万〜二〇万ポンドが相場ともいわれたが、ロイド＝

ジョージが首相に在任した期間（一九一六～二二年）だけで、王族と大戦に功績のあった海陸軍人を除き、実に七九人に爵位が与えられた。年間で一三人という計算になる。これはそれ以前の保守党政権時（一八九五～一九〇五年）の六二名（年間で六名）と比べても、単純な年平均の数では倍増したことになる。さらに勲爵士にいたっては、ロイド＝ジョージ政権下でなんと一五〇〇人以上に与えられているのである。(60)

とりわけロイド＝ジョージとの関係が取り沙汰されたのが「新聞男爵（Press Barons）」と揶揄された、新聞界の大立者たちであった。『デイリー・メール』や『デイリー・ミラー』を創刊し、高級紙『タイムズ』や『オブザーバー』まで買収したノースクリフ男爵（一九一八年にロイド＝ジョージにより子爵に陞爵《しょうしゃく》）、その実弟で共同経営者だったロザミア男爵（同じく一九一九年に子爵に陞爵）、『デイリー・エクスプレス』や『イヴニング・スタンダード』を有するビーヴァーブルック男爵など、かつて財務相時代に「人民予算」を推進したロイド＝ジョージを支えて、この予算案に反対する貴族らを猛烈に攻撃した彼らは、いまや大戦を指導するロイド＝ジョージ首相の政策を全面的に支援していた。こうした新聞男爵たちからの強力な援護のおかげで、ロイド＝ジョージは「王権と議会」というイギリス政治の根幹をなす二つの勢力を蔑ろにしながらも、自ら大戦指導を貫徹することに成功を収めたのである。(61)

ロイド＝ジョージ

とはいえ、ロイド＝ジョージの「栄誉のばらまき」は世界大戦という非常時だからこそ許されたものであった。一九一八年に大戦が終結し、戦後処理問題などが一段落すると、途端にロイド＝ジョージへの批判が高まっていく。一九二二年秋に保守党が連立政権の解消を決定し、ついにロイド＝ジョージは失脚へと追い込まれていくのである。

しかし、もはや大戦後の貴族社会は、戦前のそれとは明らかに様相を異にしていた。ロイド＝ジョージが退陣を決めた一九二二年の時点で、イギリスには六八〇人の爵位貴族が存在したが、このうち地主貴族は二四二人にすぎず、ついに実業界出身の貴族（二七二人）に数で抜かれてしまったのである。一九一一年から四〇年までのおよそ三〇年間で、イギリスでは三一二人の貴族が新たに叙せられたが、このうち一〇八人が実業界、五五人が専門職階級、五〇人が高級官僚や海陸軍人で占められていた。由緒ある地主貴族階級の出身者などわずか九人にすぎなかった[62]。

問題はそれだけではなかった。新規に貴族に叙せられたもののなかには、地主貴族階級の子弟と同様に、名門のパブリック・スクールで研鑽を積み、古代ギリシャ・ローマ時代以来の「貴族の徳」を理解したうえで、実業の世界で成功し、真の貴族にふさわしい活動を展開する者もいた。しかしそれはあくまで少数派にすぎなかった。実業界から貴族院へと入った大半の貴族たちは、「貴族の徳」など身につけていない連中であり、とりわけ新聞男爵たちは私利私欲のみで動くのが常であった。またこの間に、財政的に苦しい立場に置かれた貴族が新興の経済大国アメリカの大富豪の娘たちを夫人に迎える事例が増加し、イギリス貴族が長年培ってきた高貴なる伝統は、ますます厳しい逆風にさらされる状況となっていたのである[63]。

さらなる大戦と貴族世界の溶解

貴族たちはもはやロンドンにはいかなる地位も築いていない。かつて見られた巨大な屋敷など跡形もなく姿を消している(64)。

この一文は、戦間期（第一次大戦と第二次大戦の間の時期）のロンドン社交界を魅了した女流小説家ナンシー・ミットフォード（一九〇四〜一九七三）が、一九五五年に発表した随筆でその名も『高貴なるものの責務（*Noblesse Oblige*）』という一世を風靡した作品のなかに登場する。彼女自身、第二代リーズデイル男爵の長女として生まれ、数々の貴族の子弟らと浮名を流した女性であった。祖父の初代男爵は幕末から明治維新にかけての日本に外交官として駐在し、激動の時代の日本を目の当たりにした歴史の生き証人でもあった(65)。

ナンシー・ミットフォード

ナンシーは第一次世界大戦後の一九二二年に、貴族の令嬢の慣例としてバッキンガム宮殿に伺候《しこう》し社交界デビューを果たしていたが、リーズデイル男爵家もご多分に漏れず当時は財政が火の車となっていた。父からもらうなけなしの小遣いでは足りず、もともと有していた文才を活かし、小説や随筆を書いて稼ぐようになり、一躍脚光を浴びていく。ナンシーを筆頭に、男爵家には六人の令嬢たちがおりそれぞれが波乱の人生を歩んだことから、「ミットフォード家の六姉妹」として知られる。特に四女ダイアナは夫を捨てて、イギリスにおけるファシスト運動の指導者オズワルド・モーズリーと結婚し、ヒトラーに近づくなど、まさに小説のような人生を歩んだ(66)。

長女ナンシーは二度の世界大戦を経験したが、彼女に代表されるイギリス貴族の世界は、この二度目の世界大戦によってとどめを刺されたかのような状況に陥るのであった。

第二次世界大戦（一九三九〜四五年）が勃発するや、先の大戦時と同様に、貴族とその子弟らは再び戦場へ向かった。第一次大戦ほどの被害は生み出さなかったが、それでも犠牲者は出ている。名門ノーサンバーランド公爵は当主自身が一九四〇年に戦死した。さらにナンシーの末妹デボラは、デヴォンシャ公爵家の次男アンドリューと結婚したが、一九四四年の戦闘で兄が戦死したため、戦後にはアンドリュー自身が第一一代公爵を継承するという運命の激変を経験することになった。六年に及ぶ戦争で、この他にも多くの貴族やその子弟らが命を落としている(67)。

しかも戦前から高率になっていた、一〇〇万ポンド以上の価値を有する土地財産への相続税は、一九四〇年には六五％、そして大戦後の一九四八年にはついに七五％へと跳ね上がっていった。ナポレオン戦争の英雄ウェリントン公爵の末裔も、土地や所得に対する課税や各種の間接税のおかげで実収入の一〇分の一しか手に入れられず困窮する有様となった。第二次大戦後にはイギリスは社会福祉政策を第一に掲げたものの、高額所得者はその犠牲とされたのであった。

ナンシーが『高貴なるものの責務』を刊行した頃までには、爵位貴族の三分の一は地方に土地を持たない人々で占められるようになっていた。本章でも紹介したが、ウェールズのカーディフで王者のように振る舞っていたビュート侯爵も、ついにカーディフに有した土地をすべて手放さざるを得ない状況となってしまった。地主貴族たちの没落が始まった一八八〇年からのおよそ一世紀のあいだで、貴族たちが所有していた土地はイングランドとウェールズで七六％、スコットランドで六九％も減少していたのだ(68)。

地主貴族階級の衰退は、そのまま貴族文化の衰退にもつながった。ノーベル文学賞を受賞したカズオ・イシグロの代表作『日の名残り』にも描かれているような、地主貴族の巨大な屋敷で働いている使用人たちの数も、イギリス全土で一三〇万人（一九三一年）もいたのが、第二次大戦後には二五万人（一九五一年）、一〇万人（六一年）と年を追うごとに激減していった。

キャナダインも指摘しているように、フランス革命やロシア革命などに代表される社会の激変や、ヒトラーやフランコ（スペイン）といった独裁者の登場は経験しなかったイギリスだが、確実に貴族の衰亡は生じていた。しかしそれでもしぶとく生き残っているのがイギリス貴族の特徴なのかもしれない。それを如実に示しているのが、いまや世界で唯一となった「貴族院」の存在であろう(69)。

本章の最後に、二一世紀の今日でも立法機関として立派に機能し続けている、イギリス貴族院の現状について検討してみたい。

4 イギリス貴族院の現代的意義

貴族院のあゆみ

議場を見渡すとポツポツ議員が入って来るが議席の三分の一も塞《ふさ》がらぬ。しかも入って来る者も来る者も白髪《しらが》ならざれば禿頭《はげあたま》で何となく足元の覚束《おぼつか》ない連中が多い、英国では六十七十はまだ働き盛りなどと好く洋行帰りの先生に聴かされたが、その標準に照らすとこの連中は恐らく百五、六十歳位に見える、［中略］相撲のような議長が立ち上って、平たい声で何かいうとそれで議事が始まったのだそうだが、議員連は大概はシルクハットを被った儘《まま》、横を向いたり仰向《あおむ》いたり、中には昼寝をしているような体裁の老人もある。何の事はないハイド・パークの夕涼みといったようで、一向議事が初まったらしくもない。(70)

この一文は、明治末年（一九一〇年）に『大阪朝日新聞』の特派員としてイギリスに渡った、日本を代表する評論家の長谷川如是閑《にょぜかん》（一八七五～一九六九）が当時の貴族院を見学した折の印象を記したものである。一九一〇年といえば、前述した「人民予算」をめぐる与党自由党（庶民院）と野党保守党（貴族院）との対立が頂点を迎えていた頃の話である。それにもかかわらず、如是閑が見たとおりの光景であったとすれば、この翌年に議会を通過する議会法によって貴族院の権限が骨抜きにされるのは当然のことだったのかもしれない。

すでに述べたように、イギリス議会政治において二院制が定着し始めたのは一四世紀半ばのことである。今日にも続く「貴族院（House of Lords）」という用語が使われるようになるのは一六世紀になってからのことであるが、一四世紀半ばには大司教・司教が二一人、大修道院長が二五人、世俗の貴族が七〇人ほどからなる議会が、ウェストミンスタ宮殿で開催されるようになっていた。それも清教徒革命にともなう共和政の樹立によって、貴族院は王政とともに廃止された。ただし、共和政下の議会内にも議会軍側で戦った爵位貴族らが議員として姿を現してはいた。なにしろ護国卿クロムウェルには貴族を新設できる権限も備わっていたのである。(71)

やがて一六六〇年の王政復古とともに貴族院は復活した。この時点で貴族は一四七人いたが、チャールズ二世による大量叙爵でわずか四半世紀後までには一〇三人もの貴族が新たに叙されることとなった[72]。

一七〇七年にイングランドとスコットランドが合邦を果たすと、それまでエディンバラに置かれていたスコットランド議会は廃され、一〇〇名以上いたスコットランド貴族らは庶民院の総選挙のたびごとに一六名の「代表貴族」を互選し、彼らがウェストミンスタの貴族院に籍を置いた。また一八〇一年にグレート・ブリテン（イギリス）とアイルランドが合同すると、それまでダブリンに置かれていたアイルランド議会もやはり廃止され、アイルランド貴族たちは互選で二八名の代表貴族を選び、彼らが終身議員としてウェストミンスタの貴族院に入ることとなった。

とはいえ、清教徒革命を経た後のイギリス議会では、庶民院の力が相対的に強くなっていた。一六七〇年代には予算や課税など金銭に関わる法案については、貴族院に修正権はないとする議論が庶民院でも活発化した。さらに一七二〇年代から「議院内閣制」「責任内閣制」が定着し始めると、行財政の双方を握る首相（第一大蔵卿）の役職が、ウォルポール（二一年間近く）、ペラム（一〇年間）、ノース（一二年間）、小ピット（一七年間）といった具合に、庶民院に議席を置く有能な政治家たちによって長期間にわたって掌握され続けたこともあって、一八世紀後半までには立法上で庶民院が貴族院より優位に立つ慣例がほぼ固まっていく[73]。

こうしたなかで、自らも庶民院議員だった思想家のバークは、「前世紀［一七世紀］において不安と改革の大きな主題となったのは君主制をめぐる騒擾であったが、今世紀［一八世紀］においてそれは議会をめぐる騒擾である」と見事に喝破していた[74]。

一九世紀前半になるとこうしたバークの懸念は、すでに紹介したグレイ伯爵やピールらによる一連の改革によってある程度は払拭され、中産階級や一部の労働者階級まで取り込んだ地主貴族階級による支配体制は盤石であるかに見えていた。

バジョットの貴族院論

グレイ政権が第一次選挙法改正（一八三二年）を進めたのに続き、ダービ伯爵率いる保守党政権が第二次選挙法改正（一八六七年）により都市の労働者階級にまで選挙権を拡大した。それと同じ年、イギリスを代表する政治評論家が一冊の本を上梓した。ウォルター・バジョット（一八二六〜一八七七）による『イギリス憲政論』である。このなかでバジョットは、いまやイギリス政治において、内閣（政府）と庶民院こそが「機能的な部分（efficient element）」を担い、君主と貴族院は「尊厳的な部分（dignified element）」を担うにすぎないと論じている。ただしその彼にとっても、君主や貴族院はいまだにイギリス政治においてきわめて大切な存在とされていた点は注意しなければなるまい。

バジョットによれば、貴族は知能の象徴であり、彼らが培ってきた礼儀作法は素晴らしい芸術のひとつとして「社会の品格」を示すものでもある。それがまた一九世紀前半から貴族の有力な競争者として現れてきた産業界出身の成金たちという、「概して貴族よりは頭がよいが、不作法であって、考え方も偏狭《ジェーヌ》」な連中との一線を画す美徳でもあった[75]。

ところが、イギリス人がこのように貴族それ自体に対して敬意を払ってきているにもかかわらず、議院としての貴族院は、昔から常に庶民院の下位に置かれ、その最盛期においても第二級の勢力しかもちえなかった。その理由は、「大貴族たちが社会では最大の勢力を占めながら、貴族院に対し関心や愛着をもたず、貴族院に対抗していた衆議院（筆者註：庶民院）内で隠然たる巨大な勢力をえることによって、政治勢力のほとんどを獲得していたからである」と、バジョットは鋭く分析しているのである(76)。

さらに第一次選挙法改正以後、「貴族院はひそかに指導を行なう指導者たちの議院ではなくなり、一時的な拒否を行ない、どうでもよい修正を行なう議院になった」とバジョットは続ける。ならば貴族院はもはや必要ないのか。確かに理想的な庶民院が存在すれば貴族院は不要となるが、現実の庶民院の状況を見てみると、「修正機能をもち、また政治に専念する第二院を並置しておくことは、必要不可欠とはいえないにしても、きわめて有益である」とバジョットは説いている。

ウォルター・バジョット

彼によれば、国民は未熟で大雑把であるが、有力な判断すなわち「世論」を形成する。しかしこれ以外の問題については、国民は全然考えないし、また考えても役に立たない。国民は判断する材料をもたず、法案の細則、政策の実施面、立法過程の裏面などとはほど遠く、そのすきに庶民院において「臨時の多数派」が支配的な力をもち、彼ら「邪悪な利欲に駆られた恐るべき勢力」が庶民院を一時的に完全に掌握してしまう可能性もある(77)。

ここで活躍が期待されるのが貴族院ということになる。バジョットは以下のように論じている。「貴族は、社交によって籠絡する側であっても、籠絡される側ではない。かれらは籠絡するほうであるから、堕落させられることはない。またかれらは選挙区をもたないので、これを恐れる必要もなく、またこれにへつらう必要もない。かれらは、国中のどの階級よりも、公平で冷静な判断を下す最上の資格を備えている。またかれらは暇があるので、そのような判断ができる。なおまたかれらは、職業らしい職業をもっていないので、心を煩わされることもない(78)」。

このようなバジョットの見解とほぼ同じ考え方から、一九世紀半ばにおける貴族院の存在意義を強調したのが、先にも登場した第三代ソールズベリ侯爵である。彼は「民意をくむ貴族院」という感覚から、貴族院こそが現代の民主政治を支え、中世以来の家父長主義的な伝統に基づき、国民の真意をくみ取る存在なのだと主張している。すなわち貴族院とは、排他的な貴族的特権を死守するための砦などではなく、もしも国民の多くに異論があるような法案が庶民院を通過した場合には、総選挙がおこなわれるまでそれを議論し尽くし、場合によってはそれを否決することで庶民院に解散・総選挙を迫るだけの力を持つと、ソールズベリは述べたのである(79)。

事実、ソールズベリ自身が野党保守党の指導者としてこれを実践して見せたのが、一八九三年のことであった。折しもウィリアム・グラッドストン（一八〇九〜一八九八）率いる自由党政権がアイルランドに自治権を与える法案を議会に提出し、庶民院を通過したときのことである。国民のあいだにも、アイルランドへの自治権付与には批判が上がり、ソールズベリが隠然たる勢力を誇る貴族院では、これを賛成四一票、反対四一九票という圧倒的大差で否決したのである。

しかしバジョットによれば、このような強みを備えた貴族院にも重大な欠陥があった。ひとつは先にも述べていたとおり、貴族院のやる気のなさである。「貴族院崇拝熱をさまそうと思えば、行って見てみることである」。これが先に紹介した、長谷川如是閑が貴族院を見学した際の印象として如実に表れている議会風景とも合致しよう。わずか数名しかいないような議場の光景は、バジョットをして「一般に下院は熱意をもった政治家の議院であるが、上院は［控えめにいっても］熱意のない政治家の議院」と言わしめた理由となっている(80)。

これと並んでバジョットが貴族院のもつ欠点として危険視したのが、「構成上あまりにも同質的である」という、地主貴族階級が独占する貴族院の同質性にあった。彼らは法案を修正するにしても、もっぱら自階級の利益と思われるものに従って、また自階級内の支配的な感情や伝統的な考えに従って修正するだけであり、選挙法改正以来、この同質性は非常に顕著な傾向となってきたとバジョットは指摘する。特に貴族院が第二院としての任務を遂行できない理由が「貴族院は、世襲議員から成り立っているため、普通程度の能力しか発揮できない」点にある。

もちろん、なかには優れた人物もいるが、「一般の議員は、貴族の家系に生まれたので議員になったのである。こういう人間が、非凡な人物であるはずはない。貴族院は、偶然や家系によって選ばれた長男たちの集まりである。したがって、それが非常に賢明であるというはずはない」とバジョットの批判は手厳しい。こうしたなかで貴族院を改革する手段としてバジョットが第一に掲げているのが、「一代貴族」の創設案なのであるが、この点についてはのちほど詳しく述べていきたい(81)。

貴族院衰亡の予兆――二つの議会法

こうして一九世紀末にはソールズベリ侯爵という優れた指導者を擁した貴族院ではあったが、彼が一九〇三年に亡くなり、〇五年に自由党に政権が交代したあたりから、貴族院に対する議会内の風当たりは急速に厳しくなっていく。

一九〇七年二月には自由党政権内に貴族院改革を検討する委員会が設置された。そのなかでは貴族院を廃止して一院制とし、現状の庶民院議員（六七〇議席）に一〇〇議席の貴族枠（このうち二〇議席は政府側貴族にする）を付け加えてはどうかという大胆な提案までなされた。さらに首相のヘンリ・キャンベル＝バナマン（一八三六～一九〇八）の提案には、貴族院の権限は庶民院を通過した法案を二年ぐらい遅らせる程度に限定し、金銭関連の法案については、いっさい拒否権を与えないといった内容も含まれていた。すでに紹介したとおり、この四年後に現実に「議会法」として成立する法律の内容を先取りしたものである[82]。

また、一九〇八年には自由党の元首相ローズベリ伯爵（一八四七～一九二九）を委員長とする貴族院の会議では、貴族院の構成員から世襲貴族を廃し、有識者を一代貴族に任命して構成員とする案も出されている。ここでは新たな貴族院の構成は、王族三名、世襲貴族の互選による代表貴族二〇〇名、閣僚や植民地総督、高位法務官などを務めた議員一三〇名、聖職貴族一〇名、法曹貴族五名に加え、一代貴族四〇名とする考えであった。しかしこの案は、前出の「人民予算」が貴族院で圧倒的多数により否決されたことで、そのままお蔵入りとなってしまった[83]。

この人民予算の否決を導火線として、一九一一年には貴族院の権限を大幅に縮減した議会法が成立した。その後も貴族院の改革を検討する委員会が議会内に設けられることが多々見られた。一九一八年には自由党の政治家で、ローズベリ、キャンベル＝バナマンの下で閣僚も務めたブライス子爵（一八三八～一九二二）を委員長とする会議が設置された。このブライス委員会では、貴族院の役割を、①庶民院を通過した法案を精査し修正すること、②比較的論争が少ない法案を発議すること、③「庶民院を通過したが論争を呼ぶような」法案について国民が充分に意見表明をできるよう必要な期間その成立を遅らせること、④より大局的・包括的な政策問題を討議していくこと、の四つにまとめている。[84]

このようにイギリス議会政治における貴族院の地位は相対的に下がり続けていった。それは特に、一九二〇年代以降にそれまでの自由党に代わり労働党（一九〇六年結成）が、保守党と並ぶ二大政党の一翼を担うようになったことで顕在化していく。労働党はもともと労働者や労働組合幹部などが創設した政党であり、一七世紀に地主貴族階級が結成したトーリやホイッグを源流に持つ保守党と自由党とは一線を画していた。党首をはじめ党の幹部たちはすべて労働者階級の出身であり、君主制や貴族制の廃止を訴えることも多かった。

ところがその彼らが政権を担うようになり（労働党の単独政権は一九二四年一月に成立）、皮肉なことではあるが、貴族院議員の必要性に気づかされることになる。イギリス議会政治が日本の国会と異なっている点は、貴族院で発言できるのは貴族院議員のみ、庶民院で発言できるのは庶民院議員のみ、という慣例が今日でも守られている点にある。すなわち首相が貴族院に議席を有する場合には、庶民院で首相の代行を果たす存在が必要となり、逆もまたしかりである。政府側を代表して議会で答弁に立つのは関係大臣と政務次官であり、各々が別の議院に籍を置いて政府の見解を議会で表明していく。それゆえ労働党も政権運営していくうえで、貴族院議員を備えないといけない事態になったのである。

労働党が野党第一党となり、また政権を担える政党にまで成長していくにつれ、労働党の党首が基本的に庶民院に所属している以上、これと論戦を交えていく反対党の党首も庶民院に籍を置くのが常道と考えられるようになっていく。このため一九二三年と四〇年の二度にわたり、保守党党首を務めていた首相がさまざまな理由から突然辞任せざるをえなくなり、「貴族院議員はもはや党首（首相）には適任ではない」との結論に達し、それ以降は庶民院議員の有力候補者が党首（首相）に選ばれるようになったのである。(85)

第5代ソールズベリ侯爵

こうした状況を受けて、第二次世界大戦が終わりを迎えつつあった一九四五年八月の議会で、のち（一九四七年）に第五代ソールズベリ侯爵を継承するクランボーン子爵（前出した第三代侯の孫。なお、クランボーン子爵とは、ソールズベリ侯爵家の嫡男が侯爵襲爵までのあいだ名乗ることができる「儀礼上の爵位（courtesy title）」である）が、「貴族院は、総選挙で勝利した与党が選挙綱領《マニフェスト》で掲げた政府提出法案についてはこれを否決しない」という原則を打ち出している。これはのちに「ソールズベリ原則（Salisbury Doctrine）」とも呼ばれ、きわめて賢明な原則としてその後も貴族院に堅持されていく。(86)かつて貴族院に権勢を誇った同じソールズベリ侯爵ではあっても、祖父と孫の世代ではもはや隔世の感が見られた。

そしてこの原則が出されてからまもない一九四九年には、一九一一年に続く新たな「議会法」も制定される。一九四五年七月の総選挙を制した労働党政権は、戦後のイギリス経済を立て直すために主要産業の国有化を進めており、この議会法は保守党や貴族院に利害関係者の多い鉄鋼産業を国有化することへの反対を封じ込める意味もあった。予算や課税など金銭関係法案以外の法案について、庶民院で可決した法案を貴族院が否決できたのは三会期までであったが、新しい議会法によってこれが二会期までに短縮されてしまったのである。

イギリスでは、二〇世紀前半に生じた二度の世界大戦の影響により、大衆民主政治が完全に根ざすようになっていた。このような時代には貴族はもとより貴族院という議院もすでに時代遅れの遺物となったのか。事実、一九五三年にはデンマークで、さらに七一年にはスウェーデンで、それぞれ憲法改正により貴族院が廃止されている。こうした状況に風穴を開ける契機となったのが、イギリスにおける画期的な貴族院改革案であった。

一代貴族の登場

議員の多くが、自己の義務を忘れ、全議員がいつまでも同一階級だけから補充され、しかもそれがどう見ても一流の人物でないとすれば、また貴族に昇進できない天才的人物や年収五千ポンド以下の人材に対し門戸を閉ざしているならば、その権力は年々衰微し、ついには、王権の場合と同様に消滅するであろう。しかし、だれもこれを知っていないのである。危険は不意打ちをかけられることにあるのではなく、みずから萎縮することにある。また貴族院の廃止にあるのではなく、その衰微にある。[87]

これは先にも紹介したバジョットが『イギリス憲政論』の「貴族院」を扱った章の最後で力説している見解である。すでに見たとおり、バジョットはイギリスの貴族院が地主貴族階級のみに独占されており、その「同質性」が貴族院自体の衰退につながっていくと見ていた。そのようなバジョットが提唱したのが、出自や財産に関係なく、優れた人材をその人物ひとりに限って貴族に叙するという「一代貴族（Life Peer）」の創設案であった。

実は、バジョットが『イギリス憲政論』を刊行する一〇年ほど前、一八五六年に「一代貴族」の創設をめぐって議会内で侃々諤々《かんかんがくがく》の論争が巻き起こったことがあった。

もともとは立法機関である議会のなかの貴族院に、「控訴院（Court of Appeal）」としての機能が加わったのは一六二一年のことである。以来、貴族院の司法機能は拡充したが、一九世紀半ばまでには貴族院での裁判は法律家としての資格を有する専門家に任せるべきであるとする慣例も確立されていく。こうしたなかで有能な法律家として令名の高かったジェームズ・パークを貴族院に入れる案が浮上した。パークは三人の令嬢に恵まれていたが、当時は女子は爵位を継承できなかった。せっかく貴族に叙されてもパーク一代で断絶してしまう。それならばパークに限らず、今後は有能な法律家については、その人物一代に限り貴族に叙していってはどうかとの提案が、ときのパーマストン政権（ホイッグ主体）から議会に上程された。

しかし貴族院には意外にも多くの反対意見が見られたのである。パークの家庭内事情はわかるが、それでも一代限りの栄誉である勲爵士《ナイト》とは異なり、爵位貴族は世襲でなければ品格を貶めるというわけである。最終的に反対意見が通り、パークは世襲の「ウェンズリデイル男爵」に叙せられ、男爵位は彼の死とともに断絶してしまった[88]。

バジョットはこの一件も『イギリス憲政論』のなかで採り上げており、ウェンズリデイル男爵のような一流の人材を毎年少しずつ巧みに貴族院に取り入れ、三〇〜四〇人ぐらい補給するならば、「批判を任務とする議院にとって不可欠の人材を確保できたと思われる」と強調して、一代貴族の創設案を葬った当時の貴族院の対応を鋭く批判している[89]。

その後、一八七六年の上訴管轄法によって貴族院が控訴院として上訴を扱う旨が再確認され、常任の上訴貴族（Lords of Appeal in Ordinary）として少数の法律家がその任にある間だけ貴族院に籍を置くことが認められた。さらに一八八七年にはその者一代に限り法曹貴族（Law Lords）に叙するとされている。しかしこれはあくまでも法律の専門家に限られた特別の措置にすぎなかった。

その後も「一代貴族」の創設案は、議会の内外でたびたび提唱されるが、これが実現するのはバジョットの『イギリス憲政論』発表からおよそ一世紀ほど後の一九五八年になってからのことだった。同年議会を通過した「一代貴族法（Life Peerage Act）」は、法案の段階では一代貴族の数は上限を二〇〇に限り、同時に世襲貴族の議席も二〇〇にするといった提案も盛り込まれていたが、最終的にはこうした条項は取り払われ、一代貴族に叙せられる者の数に限りはなく、世襲の貴族院議員らの議席もそのままとなった。

栄えある最初の一代男爵（Life Baron：爵位貴族の尊厳を保つため、一代に限られるのはあくまでも男爵のみとなり、子爵以上の爵位は与えられていない）には一四名の人物が選ばれたが、このうち六名が元庶民院議員の政治家であった。「表3―5」（二〇一頁）からもわかるとおり、一代貴族の登場により、貴族院を構成する議員らの職業的背景は多岐にわたることとなった。それまでは、地主貴族階級にのみ独占され、二〇世紀に入る頃から専門職階級や産業界の大立者、高級官僚も貴族に叙せられるようにはなったが、一九五八年からは大学教員や研究者、地方自治体の首長経験者や社会福祉《ソーシャル》ワーカー、労働組合員、環境保護団体の運動家、医療従事者、さらに音楽家や俳優、映画監督など、社会の様々な分野から「男爵」に叙されるようになった。彼らは、それぞれの立場からそれまでの貴族たちでは考えつかなかったような多様な提言を出し、議会が活性化されるようになっている。

また一代貴族法が画期的であったのは、それまでの世襲の貴族社会では排斥されていた「女性」たちもしっかり評価の対象とされるようになった点であろう。一九五八年の第一回の叙爵では、元庶民院議員や世襲名門貴族の家に生まれながらも「女性」であるという理由だけで継承権から外されていた女性男爵など、四人の女性たちが貴族院に初めて迎え入れられている。

さらに当初は、貴族院そのものの廃止を訴えていた労働党側であったが、「表3―6」にあるとおり、この一代貴族制度を利用して貴族院における労働党の勢力拡大に努めていく。

こうして徐々に一代貴族の議員が増えていくとともに、それまで議会活動も活発におこなわれず、一九一〇年に長谷川如是閑が見学した折の光景がそのまま残っていたかのような貴族院も、次第に活況を呈するように様変わりしていく。

一九五〇年代初頭には、貴族院の年間審議数は一〇〇ほどであり、出席議員の平均値も一日に八六人、年間の審議時間の総数は二九五時間で、平均の審議時間は二・五七時間であった。それがおよそ半世紀後の二〇〇六年度(二〇〇六～〇七年)になると、審議数は一四六、出席議員数の平均値も四一一人(五倍近く)、総審議時間は九八〇時間(三・三倍)、平均の審議時間も六・四二時間(二・五倍)と、見違えるように改善されていった[90]。

そもそも貴族院の議場には二五〇人ほどしか座れないが、これまでの長い歴史のなかでここが満席になるようなことはめったになく、満席になったのは前述したアイルランド自治法案の否決(一八九三年)や人民予算の否決(一九〇九年)のときぐらいであった。それが平均して四〇〇人以上も登院するともなると、計算上では議席が足りないほどの「盛況」ということになろう。

また多くの専門家たちが集まり、庶民院とは異なって総選挙を気にする必要のない貴族院では、

元庶民院議員	保守党	80人	
	労働党	106人	
	自民党	9人	
	その他	3人	計198人
実業家			71人
労働組合・協同組合幹部			26人
大学教員			58人
地方自治体首長			32人
中央官僚・外交官			18人
軍隊幹部			8人
他の公務員			41人
医師			9人
法律家			24人
出版業・ジャーナリスト			13人
芸術家			7人
宗教家			6人
国家功労者の未亡人			9人
その他の職業			24人

表3-5　一代貴族の職業的背景（1958〜88年）
出典：Donald Shell, *The House of Lords* (Philip Allan, 1988)

	保守	労働	自民	無党	総計	1年間での平均創設
マクミラン、ヒューム（保守） 1958〜64年	17	29	1	18	65	17
ウィルソン（労働） 1964〜70年	11	78	6	46	141	25
ヒース（保） 1970〜74年	23	5	3	15	46	13
ウィルソン、キャラハン（労） 1974〜79年	17	82	6	34	139	27
サッチャー（保） 1979〜87年	74	38	9	32	153	18
総　　計	142	232	25	145	544	

表3-6　歴代政権による一代貴族の創設数（1958〜87年）
出典：Donald Shell, *The House of Lords* (Philip Allan, 1988)

より長期的・大局的な見地から様々な問題に対処できるようになった。一九七三年からイギリスが加盟したヨーロッパ共同体（EC：のちにヨーロッパ連合に改組）に関わる法案でも、かつてEC（EU）代表委員やヨーロッパ議会の議員も務めたような専門家たちが一代男爵となって、イギリス議会が批准する前に充分に法案を検討するような場面も見られた[91]。

このように一代貴族の登場は、いまから一五〇年前にバジョットが期待した以上に、貴族院に新たな空気を吹き込んでくれているようである。

さらなる刷新――一九六三年の議会法

さて「一代貴族（Life Peer）」が許された貴族院で、次に審議対象とされたのがなんと「一代庶民（Life Commoner）」の創設であった。

二〇世紀初頭まで絶対主義的・専制主義的な政治体制が続いたヨーロッパ大陸の国々とは多少異なり、イギリスでは王侯らが政治・経済・社会・文化のあらゆる分野で主導権を握ってきてはいたが、彼らは大陸より自由主義的な風潮が強かった。それは貴族自身の思想や価値観にも表れていた。特に一九世紀末から二〇世紀に入ると、ヨーロッパでは社会主義や共産主義の思想も拡大する。こうした背景から貴族の家に生まれながらも社会主義に感化される人物たちが登場してきた。

そのようなひとりが、第二次大戦後に筋金入りの労働党の政治家となったアンソニ・ウェッジウッド・ベン（一九二五～二〇一四）、通称「トニー・ベン」である。彼はパブリック・スクールの名門ウェストミンスタ校を卒業し、二五歳で庶民院議員に初当選を果たした。彼の父は自由党から労働党に転じた政治家ウィリアムであり、労働党政権でインド大臣などを務めた大物であった。その功績で一九四二年に「スタンスゲイト子爵」に叙せられ、貴族院に移籍していた。

トニーは彼の次男であり、子爵位は兄マイケルが継ぐはずであった。ところがそのマイケルが一九四四年に大戦で戦死し、トニーの人生を大きく変えてしまったのである。兄の急死でいまや嫡男となっていたトニーは、いずれ父が亡くなれば二代目の子爵を継がなければならない。しかしトニーは父とは異なり、貴族制も貴族院も廃止すべきであるという考えを持っていたのだ。庶民院に議席を持つや、トニーは私法案としてスタンスゲイト子爵の喪失法案を議会に提出することとなった（一九五四〜五五年）。実はトニーと同じような考えを持つ貴族の子弟は前世紀からおり、一八九四年にも同様の法案が出されたことがあるが、貴族政治がいまだ強い時代であり、法案はあっけなく否決されていた。それから半世紀以上も経つのに、トニーの法案も同様の結果となった。

トニーが庶民院議員生活を始めてちょうど一〇年後の一九六〇年一一月、父のスタンスゲイト子爵が亡くなった。トニーは再び子爵位の取り消しを議会に願い出たがうまくいかなかった。この間、

トニー・ベン　©I, Isujosh/Wikimedia Commons

「貴族」となって庶民院議員の資格がなくなったトニーの選挙区では補欠選挙がおこなわれたが、なんとこれにトニーも出馬し、保守党側の候補に四〇ポイント近くの大差をつけて当選してしまったのである。こうした状況を受け、労働党はトニーの主張を全面的に支援し、一九六一年には爵位を放棄できる法案が議会に提出された。
その後、庶民院と貴族院の合同委員会が設置され、一九六三年についに貴族法が成立した。先代の貴族が亡くなってか

ら一二ヵ月以内に届け出た場合には、世襲の爵位は一代に限り放棄できることとなった。これによりトニーは正式に爵位から解放され、同年の選挙で再び勝利を手にし、以後は郵政長官を皮切りに、エネルギー担当相、産業相などを歴任し、二〇〇一年まで半世紀以上にわたって庶民院議員として活躍することとなった。そして二〇一四年にトニーが亡くなると、第三代スタンスゲイト子爵の爵位が彼の長男スティーヴンによって継承された[92]。

トニー・ベンによって先鞭をつけられた一代限りの爵位の放棄（一九六三年）は、二〇〇二年までのあいだに一八件見られた。そのうちのひとつが、スコットランドの名門貴族ヒューム伯爵家の事例であったが、これはトニー・ベンなど他の場合とは異なる性格のものであった。ヒューム（一九〇三～一九九五年）は保守党政権で外相などを務め、第五代ソールズベリ侯の後任として貴族院指導者にもなっていた。ところがその彼が、一九六三年秋にときの首相ハロルド・マクミラン（一八九四～一九八六）の後継首班に推挙されたのである。先にも紹介したとおり、これまで一九二三年・四〇年と二度にわたって貴族院に籍を置く候補者が首相を諦めてきたが、ヒュームは一代に限って伯爵位を放棄し、補欠選挙で庶民院議員に当選して、「サー・アレック・ダグラス＝ヒューム」として首相に就いた。

また一九六三年の貴族法は、爵位を一代に限り放棄する条項だけではなく、極めて大切な二つの条項も含んでいた。ひとつはこれまでイギリスの貴族社会で否定されてきた「女性による貴族院議員資格継承」を正式に認め、女性が世襲貴族としても貴族院議員になれるようにしたことである。もうひとつは一七〇七年以来続いてきた、「スコットランド代表貴族」制度の廃止である。これ以降はスコットランドの爵位を有する者も自動的に貴族院議員とされた。なお、アイルランドの代表貴族は一九二二年にアイルランド自由国が自治領となって独自の議会をもつようになった折に廃止されている。

こうして数百年来続いてきた旧弊な制度によって硬直化していた貴族院は、一代限りの男爵の登場や一代限りの爵位の放棄、世襲・一代の双方での女性議員の誕生、さらにはスコットランドの利害を代表する議員の増加などで、人材の多様化が進み、それによって議論が活性化するようになった。しかし改革はまだおしまいではなかった。二〇世紀が終わろうとする頃に貴族院に再び大きな激震が走ることとなるのである。

世襲貴族排除の動き――ブレアによる改革

一代貴族制度の導入で貴族院の活性化は進んでいたものの、もともとが君主制や貴族制に反対の姿勢を示していた労働党では、相変わらず貴族院の廃止を訴える声があがっていた。一九七七年一〇月の党大会では、貴族院の廃止に六〇〇万票もの党員票が寄せられたほどである。貴族院そのものを廃止できなくとも、同院が有する法案の否決権や法制化を遅らせる権限を剝奪すべきだなどといった声も叫ばれた[93]。

それからちょうど二〇年後の一九九七年五月の総選挙で、労働党は地滑り的な大勝利をつかんだ。総議席数(六五九)の実に六三・六%に相当する四一九議席を獲得し、ここに一八年ぶりに政権に返り咲くことに成功を収めたのである。対する保守党は一六五議席(二五%)しか獲得できなかった。労働党大勝の立役者トニー・ブレア(一九五三〜)は、この三年前の一九九四年に党首に選出された当初から、貴族院改革を党是に掲げていた。特に彼が目標としていたのが、世襲貴族を貴族院から追い出すことにあった。九七年に労働党が庶民院でこれだけの議席を獲得したにもかかわらず、貴族院における保守党の議席占有率は四一％に及び、労働党（一五％）を大きく引き離していたのである。

一九九八年末の時点で、貴族院には一二九七名の議員がいた。このうち上訴管轄法による法曹貴族が二八名、イングランド国教会の大主教と主教からなる聖職貴族が二六名となり、一九五八年以来の一代貴族は四八四名（全議席の三七・三％）、そして世襲貴族が七五九名（同じく五八・五％）にのぼっていた。この世襲貴族の大半が保守党側の勢力で占められていたのだ。

ブレア政権はこの世襲貴族の議席をすべて剝奪し、貴族院を一代貴族と聖職・法曹貴族のみで構成する法案の作成に取りかかった。これに待ったをかけたのがまたもや「ソールズベリ」であった。このたびは第五代ソールズベリ侯爵の孫にあたり、一九九九年時点ではクランボーン子爵を名乗っていたのちの第七代ソールズベリ侯爵（一九四六〜）の出番であった。彼は世襲貴族のすべてを貴族院から排斥するのは道理に反するとして、政府側と粘り強い交渉にはいった。

このクランボーンの交渉が功を奏し、最終的に世襲貴族は互選で九〇名を議員に選ぶという、かつてのスコットランドやアイルランドの代表貴族（representative peers）と同じ方式をとることになった。それまで世襲議員が占めていた議席数のわずか一二％弱にまで落ち込んでしまったとはいえ、これで世襲貴族の面目もある程度は保てることになった。なお厳密に言えば、これら九〇名とは別枠で、世襲で代々紋章院総裁を務めるノーフォーク公爵と式部長官のチャムリ侯爵は議会の儀礼上必要となるため、世襲貴族の議員は九二議席ということになる。ちなみにノーフォーク家は一四八三年に公爵に叙された現存する最も古い公爵家であり、イギリスで筆頭の貴族となっている。

こうして貴族院の大半は一代貴族で占められることとなった。一〇年に及んだブレア長期政権が終焉を迎えた二〇〇七年の時点で、貴族院の議員数は七五〇名であり、このうち一代貴族が六〇六名（八〇・八％）、世襲貴族は九二名（一二・三％）とその比率は完全に逆転してしまった。しかもブレア労働党政権の巧妙な叙爵により、この二〇〇七年までには貴族院議員の党派別構成も、労働党（二八・六％）、保守党（二七・六％）、自由民主党（一〇・四％）、無党派（二八・二％）と、労働党が保守党を凌駕したどころか、無党派までをも超えて最大の勢力となってしまっていたのである[94]。

他方で、二一世紀に入る頃までには、貴族院に占める女性議員の割合も大幅に増えていった。同じく二〇〇七年時点で、女性貴族は一四三名に及び全議席の一九％となる。一九五八年に初めて女性に議席が与えられたことを考えると、およそ半世紀でかなり増えたことになる。もちろん男性貴族の数に比べればまだまだ物足りないが、これからも女性貴族の数は増え続けていくのは間違いないだろう。

第７代ソールズベリ侯爵　©Miyagawa/Wikimedia Commons

さらにブレア政権が取り組んだ貴族院の改革は、立法権と司法権の分離であった。先にも述べたとおり、一七世紀以来、貴族院には「控訴院」としての役割も見られ、日本でいう最高裁判所の機能を果たしてきたのである。それゆえ貴族院議長の職務も兼任する「大法官（Lord Chancellor）」は最高裁の長官でもあった。二〇〇三年にブレア政権は省庁再編の一環として、貴族院が有する最高裁判所の機能を分離し、新たな最高裁を設立することに決定した。大法官の職名は残すことになったが、基本的には庶民院議員の司法大臣が兼任し、二〇〇六年からは新たに「貴族院議長(Speaker of the House of Lords)」も議員の互選で選出されることになった(95)。

こうして七〇〇年にわたる歴史のなかで、貴族院は中世のそれとはまったく趣を異にし、時代の変化とともに歩むこととなったのである。

新たなる「貴族像」の模索――二一世紀の貴族とは

いまや世界で唯一現存する「貴族院」になったとはいえ、これまで説明してきた改革により、イギリス貴族院を構成する議員らの出自はもはやかつてのような門閥にもとづく「貴族」、すなわち地主貴族階級《ジェントルマン》ではなく、そのほとんどが中産階級、場合によっては労働者階級に求められるものになっている。一九世紀末からの農業不況、そして二〇世紀前半の二度の世界大戦により、地主貴族階級が経済的にも没落していき、大衆民主政治や社会主義思想が定着すると、貴族院はもとより「貴族」それ自体の存続も危うくなっていった。

しかし本章の最後に紹介したとおり、イギリス貴族たちは、彼らのご先祖がこれまでに示してきた「現実主義と柔軟性」に基づき、二〇世紀後半以降の諸改革を受け入れ、貴族院の存続に尽力してきたのである。

二〇世紀初頭に労働党が勃興し、労働者出身の議員らが増えていくと、庶民院では議員歳費も認められるようになった(一九一一年)。それまで議員とは「高貴なるものの責務《ノブレス・オブリージュ》」の一環であり、ある一定以上の財産(土地財産)を備えた人物でないと就くことはできず、それゆえ無給で奉仕するのが当たり前であるとの観念があった。しかし、大衆民主政治の拡がりとともに、まずは庶民院での変革が求められたのである。

それでも貴族院では頑なに無給という慣習が続けられていた。それが一九五八年に一代貴族の制度が導入されるにあたり、これまた労働党の側から「手当」の支給が要請された。議員歳費は相変わらず導入されていないが、議員は登院日数に応じて、議会出席に伴う旅費、食費、事務経費などの各種手当を「要求できる」ようになった。二〇〇六年度を例にとると、一日最大で宿泊費は一五九・五ポンド、食費は七九・五ポンド、事務経費は六九ポンドとなっている[96]。もちろんこの手当は「要求できる」だけで、いっさい受け取らないという選択も可能だ。

貴族院に大変革をもたらしたブレア首相ではあったが、一九九九年に貴族院法が成立するや、彼の貴族院改革熱は急速に冷めてしまった。ブレアの最終目標は「世襲貴族を貴族院から完全に放逐すること」にあったようだが、これを実現する前にブレアは引退してしまったのである。

ただしこのブレア政権下では、さらなる貴族院改革を検討する王立委員会が議会内に設置され、その委員長には保守党政権で閣僚を務めたウェイカム男爵（一九三二〜）が収まった。この「ウェイカム委員会」では、一九九九年にスコットランドとウェールズにそれぞれ独自の議会が設置された（さらに同時期に北アイルランド議会も復活した）、分権化が進むなかにあっては、貴族院を廃止してこちらを「連合王国の議会」とし、庶民院は「イングランド議会」に転化してしまってはどうかといった提案まで出されている。

またその後の保守党のキャメロン政権下では、聖職貴族を除いては、貴族院を公選議員と任命議員に限り、任期も一五年ほどに限り、爵位と議員とを完全に分けて、爵位をあくまでも名誉として位置づけてはどうかといった提案もなされている[97]。

そのキャメロン政権時（二〇一六年六月）に実施された国民投票の結果、イギリスはヨーロッパ連合（EU）からの離脱を決め、その後の議会政治は大混乱に陥ったため、「貴族院改革」は事実上棚上げにされたままである。

しかし上記のウェイカム委員会の報告書に盛り込まれた、新しい第二院の資質に関する言及はきわめて重要であるように思われる。新しい第二院は、権威、自信、イギリス社会全体の広範な代表性を備えるべきであり、①政治の世界以外における幅広い経験と広範な専門知識、②国制（憲法）問題と人権に関する綿密な評価に適した特別の技能と知識、③哲学的・道徳的または精神的視点に立って問題を観る能力、④個人としての卓越性、⑤政党支配からの自由（いかなる政党も第二院を支配できないよう、大半の議員は政党に属さず無党派のままでいる）、⑥非対決的かつ礼節ある行動様式、⑦長期的視野に立つ能力、といった七つの資質を持つ議員によって構成されるべきであると、ウェイカム委員会はまとめている[98]。

私利私欲にまみれた現代社会において、これだけの資質を備え、しかも公共の利益のために身を投ずることのできる人材を見つけるのは容易なことではないかもしれない。しかしこれらの資質こそは本章でも論じてきた歴史のなかでの「イギリス貴族」に特有のものであり、現在においては、地主貴族階級や中産階級、労働者階級といったその人物の出自に関わりなく、二一世紀の「新たなる貴族」が身につけていくべき条件となるのではないだろうか。

第四章　日本の「貴族」たち

1　華族の誕生

日本版の「英国貴族」をめざして？

左《さ》れば日本の旧華族は英国の貴族に比してその働きの及ばざることは誰人も知るの事実なれども、今や幸ひに新華族その列に加はり、尋常《じんじょう》社会新鮮の元素を輸入して刺衝《ししょう》の望みあるべきの時運に際し、大に華族間の気習《きしゅう》を一洗し得たらば、甚だ以て妙ならんと云ふと雖《いえど》も、我輩は暫《しば》らく此の希望を第二段に差措《さしお》き、新華族の人々丈《だ》けも、相変らず政治上に社会上に故の元気を喪《うしな》はずして、世故人情をも忘却せず、兼て帝室に藩塀《はんぺい》して、万一たりとも英国新貴族の亜流たらざらんこと、之を今日に切願するなり(1)。

これは、福澤諭吉（一八三五～一九〇一）が明治二〇（一八八七）年の『時事新報』に寄せた一文である。この三年前に、日本では「華族令」が出され、福澤曰く「国の元老を優遇する為め政府新たに五爵の制を設けて」」、近代的な貴族層が形成されている。この文章を書いたちょうど四半世紀前の文久二（一八六二）年にイギリスに渡り、当時の実情を目の当たりにした福澤は、前章で詳しく紹介したイギリス貴族について、これと同じ文章のなかで次のように記している。

「蓋《けだ》し英国の貴族は欧州中に於《おい》ても最も能《よ》く世事に通じて、交際社会の中心と成り、王室と人民の間に緩和の功を顕はし、或は又政治の局面に当りて国利民福を進むるの功績尠《すくな》からざるは、世に隠れ無き事実なれ共、尚ほ尋常の社会と別居して一種の古色を帯び、新貴族これに加はりて其新色を失ふを免れずと云ふ」

福澤が渡英した時期は、まさに貴族政治の黄金時代にあたり、貴族たちは政治、経済、社会、文化のあらゆる側面で世界に冠たる大英帝国を主導していた。これに対して当時の日本の「貴族」たちは、京都の御所に閉じこもってばかりいて「世事に通じて」いるどころか、時代の新たな波に押し流され、政治上でも社会上でも日本という国家のために尽くしているようには、福澤には到底思えなかったのであろう。

それが維新の変革を経て、明治一七（一八八四）年に華族令が制定され、ここに近代日本にも新たな「貴族」が誕生することになった。福澤自身は「天は人の上に人を造らず人の下に人を造らず」の信条もあったのであろう。華族に列せられるようなことはなかったが、それでも福澤はこの新しい貴族たちが、同時代のイギリス貴族のように「帝室の藩塀」となり、さらには「帝室と人民」の間に「緩和の功を顕はし」てくれることを切に望んでいたようだ。

華族令に基づいて、新たに誕生した貴族についてはのちに詳述するとして、福澤が英国貴族と比較して「その働きの及ばざることは誰人も知るの事実」と厳しい評価を下している、それまでの日本の「旧華族」とは果たしてどのような人々であったのか。まずは一三〇〇年以上もの歴史を持つ、日本の「貴族」のあゆみについて簡単に触れておこう。

日本における「貴族」とは？

古代の日本では、「大王《おおきみ》（のちに天皇）」を中心とする豪族の連合体制が形成されていたが、八世紀にはいり唐王朝を模倣して律令制《りつりょうせい》が導入されると、ここに明確な「位階」があらわれる。それは正一位《しょういちい》から小初位下《しょうしょいのげ》（小初位は「しょうそい」とも読む）まで三〇階にわかれていた。三位《さんみ》以上は「貴《き》」、四位《しい》・五位は「通貴《つうき》」と称され、官僚機構の上層部を独占するだけではなく、経済的な特権を有し、その親族に至るまで刑法上の恩典を受け、無位者はもとより、六位以下の者とも明確に差別化されていった。やがて貴や通貴は、個人を対象とした身分から「世襲的」な身分へと再生産さ

				神祇官	太政官
貴族（上級官人）	貴（き）	正一位 従一位			太政大臣
		正二位 従二位			左大臣 右大臣
		正三位			大納言
		従三位			中納言
	通貴（つうき）	正《しょう》四位	上		
			下		参議
		従《じゅ》四位	上		左右大弁
			下	伯	
		正五位	上		中弁右
			下		左右小弁
		従五位	上		
			下	大副	少納言
下級官人		正六位	上	少副	左右弁大史
			下		
		従六位	上	大祐	
			下	少祐	
		正七位	上		大外記 左右弁小史
			下		
		従七位	上		少外記
			下		
		正八位	上		
			下	大史	
		従八位	上	少史	
			下		
		大初位《しょい》	上		
			下		
		少初位	上		
			下		

表4-1　日本の位階

れていく。古代史家の橋本義彦の言葉を借りれば、「しだいに貴・通貴から貴族へと階級化の道を歩んだ」ことになる。(2)

同じく古代史家の土田直鎮《なおしげ》も、令制がおこなわれたはじめのあいだは「五位以上を全部貴族と呼ぶのがもっとも適当と思われる」と述べているが、(3)この時代にはまだ「貴族」という言葉が一般に使われていたわけではないようである。

日本近代史の泰斗《たいと》である大久保利謙《としあき》（明治の元勲である大久保利通《としみち》の孫で自らも侯爵にして貴族院議員であった）によれば、「貴族」という言葉自体は日本では古代から用いられていた。かの空海（七七四～八三五）の再遺告と伝えられる文書に「高姓貴族人」という文字があり、時代が下った室町時代（一三七〇年代）の『太平記』にも、「貴族」という言葉が出てくる。「高姓貴族人」とは高い姓を持つ貴い族、あるいは高貴の家柄の意味であり、『太平記』にある「貴族」とほぼ同じ意味で使われていると考えられる。いずれにせよ、貴族とは高い身分の貴種のことであり、この貴種の人々が同時に政治的にも特権階層を構成していたのが古代の日本であった。

大久保は近代以前に見られた日本の「貴族」の特質を、次の五点から明らかにしている。

①まず天皇（皇室）と密接な関係があること。古代日本では、天皇は「あらひとがみ」であり、それが「貴」の源泉であった。こうした過程で、皇族と公卿《くぎょう》（後述）が貴族となり、古代貴族は皇室の分枝であり、藤原氏や平氏などが貴族の雄として政治力を握ったのは天皇の外戚となったからである。

②貴族は貴種であり、社会の最上層に位する高貴の家柄、血筋、門閥、門流を指す。つまり家柄であるから、個人よりも家を意味し、身分をいうのである。

③貴族は血統、家柄のほかに、この家柄による政治的権力、地位を持つことを特質とする。しかし、この特権は原則として皇室と関係の深い血統・家柄のゆえでなければならない。

④藤原氏に代表される貴族政権は平城京（奈良）、平安京（京都）を中心に成立したもので、きわめて都的であった。この都は古来の文化の凝結点であり、大陸文化受容の中心地であった。こののち武家（鎌倉以降）や町人（江戸期）が文化の担い手になっていこうとも、公家の文化がお手本であり、学問はもとより、和歌、小説、絵画、書道などすべて公家文化に源流がある。

⑤貴族たる条件には政治的権力とともに財力がなければならない。ただしこれは、地位・権力の裏付けで副次的な支えである。

以上が、明治以前の前近代貴族の特質であるが、これは後世になってから近代日本史の権威が巧みに整理し、定義づけたものである。奈良時代（七一〇～七九四年）の律令制下で登場した、「貴」や「通貴」に端を発する古代日本の官僚機構上層部とその系譜にあたる人々を対象とする用語として「貴族」が当てはめられていくのは、第二次世界大戦後に「平安貴族」や「王朝貴族」の研究を牽引した、まさに橋本や土田といった研究者たちが端緒《たんしょ》ではないかと思われる(4)。

「平安貴族」の栄枯盛衰

事実、奈良時代の貴や通貴の系譜は、平安時代（七九四～一一九二年）にはいると今度は「公卿」という用語へと置き換えられていく。この用語は平安中葉から盛んに用いられ、それは元慶六（八八二）年以降に「参議」という職事官が太政官内に確立したことと関係していた。すなわち律令制の時代から現れていた太政官は、大臣（太政大臣・左大臣・右大臣）、大納言、中納言が最上層部におり、これに新たな参議も加え、彼らが国政全般を統轄する立場となった。

これ以降は、位でいえば三位以上、官職でいえば参議以上の一団が「公卿」と呼ばれることになる。これらの官職に就いていない者でも三位以上であれば、さらに参議であれば四位の者でも公卿とされた。さらに平安中期から末期にかけての記録類にみえる「貴種」という用語は、おおむね公卿身分を基準として用いられていたようである[5]。

また、同じく平安中期から末期にかけての時期には、「五位以上と六位以下」という奈良時代の区分もだいぶ崩れてきていた。むしろこの時期には、「昇殿制《しょうでんせい》」と呼ばれる新しい身分制が宮廷社会で重んじられ、天皇によって清涼殿《せいりょうでん》の「殿上《てんじょう》の間《ま》」に昇ることを許された者を特に「殿上人《てんじょうびと》」と呼ぶようになった。平安時代には、律令には記されていないいわゆる「令外官《りょうげのかん》」として、摂政や関白、蔵人《くろうど》、検非違使《けびいし》なども公卿や殿上人に加えられていく。殿上人は公卿の予備軍的な存在と考えられ、平安の中期から末期には公卿は「一六人定員」といわれ、これに殿上人も五〇人近くいたが、彼らとその一族はやがて「堂上《とうしょう》」と呼ばれ、これがのちの公家貴族の総称となっていく[6]。

こうした「平安貴族」あるいは「王朝貴族」が政治の中枢を握った、いわゆる「貴族政権」は、橋本によれば大きく摂関《せっかん》時代と院政期とに分かれる。摂関時代は、藤原忠平が摂政を務めた時期（九三〇～九四一年）に成立し、藤原兼家（摂政：九八六～九九〇年）、藤原道長（九九五年以降、一〇一七年まで実権を掌握）の時代に完成期を迎えた。また、院政期は後三条～白河親政期（一〇六八～八六年）に前史的に始まり、堀河天皇没（一一〇七年）後に本格化したとされる。

ただしここで気をつけなければならないのは、この時期の政治の実権が摂関家や上皇（法皇）に完全に掌握されたわけではなく、当時も政治の頂点には天皇がしっかり存在していた点である。

とはいえ、この時期から天皇は権威としての側面が強調され、政治の実務の多くは公卿や殿上人が担う流れが強まっていく。特に長らく天皇の外戚としてその勢力を保持してきた藤原氏は、後三条天皇の登場（一〇六八年）からの実に一五〇年ほどはその外戚の立場を失ってしまうものの、この間に「摂関家」としての家格を確立し、公卿層を事実上支配していったのである。(7)

こうした家格は宮廷内での昇進にも反映され、藤原道長が登場する頃までには摂関家の子弟は他の家とは昇進のスピードも違った。このあたりは第一章で紹介した古代中国の「九品官人法」（五五ページ）とも共通点が見られるわけである。

公卿の頂点を極めた摂関家も、後白河院政期（一一五八〜九二年）までには近衛《このえ》家を筆頭とする慣例ができあがり、近衛家から鎌倉後期には鷹司《たかつかさ》家が、近衛に次ぐ家格の九条家からは一条家、二条家がそれぞれわかれ、鎌倉後期までには「摂関家」と呼ばれる家格を形成した。さらにその下には、村上源氏の流れをくむ久我《こが》家、藤原北家公季《きんすえ》流の徳大寺家、三条家、西園寺家、藤原北家師実《もろざね》流の大炊御門《おおいのみかど》家、花山院《かさんのいん》家などの「清華《せいが》家」、その下に武者小路家や正親町《おおぎまち》家などの「羽林《うりん》家」、そして日野家や万里小路《までのこうじ》家のような「名家《めいか》」が形成され、家柄も明確化された。

先に紹介した大久保による貴族の定義にもあったとおり、貴族には政治的権力を裏付けるだけの財力も必要であった。平安の貴族たちの財政基盤は、律令制の時代から高級官僚に与えられていた経済的な優遇策に基づいていた。四位や五位の者には位禄《いろく》と呼ばれる絁《あしぎぬ》・綿・糸・布などが位階に応じて与えられていた。また五位以上の者には、封戸《ふこ》と呼ばれる公民（一般民）の戸が与えられた。これは与えられた一定数の戸から徴する租税（租庸調）の全額または一部を封主が取得するものである。官職では太政大臣が三〇〇〇戸、左右大臣が二〇〇〇戸、大納言が八〇〇戸、官位では正一位が三〇〇戸、従一位が二六〇戸を与えられた。

そして官職に応じて与えられていたのが職分田《しきぶんでん》である。太政大臣は四〇町、左右大臣が三〇町、大納言は二〇町となっていた。さらに位田《いでん》と呼ばれる田地もやはり位階に応じてそれぞれ与えられた。従五位のものは八町、従四位が二〇町、従三位が三四町、従二位が五四町、従一位が七四町、正一位は八〇町という具合に、位が上がれば収入も段違いに増えたのである。律令制では、一般民の男性（六歳以上）には二段（一町の五分の二）が与えられていたわけであるから、従五位のものはその四〇倍、正一位ともなれば一般民の実に四〇〇倍もの田地を与えられていた計算になる。(8)

もちろんのことであるが、高位の位階にあるものが高位の官職に就けられていたので、大臣や納言に在任中に与えられる職分田は、官位に基づく位田に加えて受け取られていた。

さらに一〇世紀頃になると地方に荘園制が確立され、国司からの厳しい取り立てを避けるため、荘園領主らは有力な貴族や寺社に領地を寄進する事例も増えていく。

しかし一二世紀後半からは、平清盛に代表されるような武家に次第に政治の主導権が奪われ、一二世紀末に鎌倉幕府が成立した後、一二二一年の承久の乱で後鳥羽上皇の一派が幕府に敗れるや、武家政権の優位は確実なものとなっていく。さらに鎌倉以降の南北朝時代（一三三七～九二年）には、内乱のなかで武士たちが地方の荘園を押領してしまい、宮廷の公家たちは収入源を絶たれて困窮化していった。

一四世紀後半に室町幕府が確立して以降には、公家たちはもはや幕府からの経済的支援なしには生活が成り立たなくなってしまった。こうして室町幕府三代将軍の足利義満の時代（一三六九～九五年）までには、武家政権による国政の一本化が進み、古代以来の政治の中枢を天皇とともに占め

てきた「貴族」による支配もここに終焉を迎えるのである。(9)

明治維新と華族制の導入

室町時代から江戸時代にかけては、もはや武家が政治の実権を握るようになっていた。ただし徳川政権においても、律令時代から続く官位や官職がそのまま「武家官位」「武家官職」として用いられ、江戸城内における大名間の序列に影響した。

たとえば、親藩でも尾張家と紀州家は従二位大納言、水戸家は従三位中納言、外様では前田家が従三位宰相（参議）、島津家と伊達家が従四位上中将、それ以外では外様の大藩藩主が従四位下少将、中藩藩主は従四位下侍従、小藩藩主は従五位下がそれぞれ「極官《ごっかん》（のぼり詰められる最上位）」とされ、控えの間や将軍の前での並び順も厳格に決められていたのである。

やがて江戸時代も終わり幕府から朝廷へと権力の委譲が整うと、版籍奉還（明治二年）やそれに続く廃藩置県（同四年）によって新たな支配秩序が必要となっていく。

こうしたなかで版籍奉還がおこなわれたのと同じく明治二（一八六九）年六月一七日に、次のような布告が出された。「官武一途上下協同の思食《おぼしめ》しを以て、今より公卿、諸侯の称を廃せられ、改めて華族と称すべき旨、仰せ出され候こと。ただし官位はこれまでの通りたるべく候こと」。公卿についてはすでに説明したとおりであるが、ここでいう諸侯とは江戸期までの大名のことである。こののちは天皇の下に公卿と大名をひとつにまとめて華族と称することになったのだ。

それではこの「華族」という言葉はどこから生まれたのか。もともと華族とは、鎌倉期までに公卿のなかの序列としてできあがった「清華家」を指すものであり、「花族《かしょく》」などとも呼ばれていた。

「花族」の名称そのものは古くからあり、鎌倉時代の『源平盛衰記』には、寿永元（一一八二）年の記述に「花族」の文字が見られ、同じく鎌倉初期の公家である九条兼実の日記『玉葉』にも、建久三（一一九二）年の条に「花族」が登場する。

実は公卿と諸侯からなる新たな支配階層を創設するにあたり、明治維新の指導者たちの間ではその名称をどうするかで意見が分かれていた。

公家として維新を先導した岩倉具視《ともみ》（一八二五〜一八八三）は、明治二年五月頃に先に挙げた布告に先立ち、次のような上奏をおこなっている。「官武一途ノ旨趣ニ依リ公卿諸侯ノ名称ヲ廃停シ一般ニ貴族ノ名称ヲ授与スヘシ」。すなわち、この時点では、岩倉は「貴族」を新たな特別身分の名称にしようと考えていた。これに大久保利通（一八三〇〜一八七八）など数名が賛同し、「貴族」という語を発案したようである。ところが、こののちの討議において、伊藤博文（一八四一〜一九〇九）は「公卿」を、岩倉は前言を翻して「勲家」あるいは「名族」「公族」「卿家」などといった名称を挙げるようになっていた。

岩倉の「心変わり」の理由はわかっていないが、彼ら明治の元勲たちの間では侃々諤々《かんかんがくがく》の論争が繰り広げられた。最終的には布告の発表までには「華族」で落ち着くこととなった。ただし、誰がいつどのような経緯でこの「華族」という名称を持ち出して、最終的に元勲の間でこれに正式に決まったのかはいまだに定かではない(10)。

ここで決まった華族とは、もともと個人を意味するのではなく、同一の戸籍に属する人々全体のことを指している。ただしこの後に制定される「爵位」を名乗れるのは戸主ひとりだけである。その点では前章で詳しく説明したイギリス貴族とも同じことになる。また爵位は世襲で代々引き継がれていく点もイギリスや他のヨーロッパ諸国と同様になった。

明治二年の段階で、公卿（公家華族）は一四二家、諸侯（武家華族）は二八五家となっており、このとき誕生した華族は全部で四二七家であった。

岩倉使節団
一番左が木戸孝允、中央が岩倉具視、その右が伊藤博文、一番右が大久保利通

華族令の制定——岩倉と伊藤の対立

こののち若干の公家、徳川家親藩の御三卿（田安・一橋・清水）や、徳川御三家を支えた附家老（成瀬・水野・中山等）の家など、七六家が華族に付け加えられたが、ここで明治新政府の指導者たちが検討に入ったのが、華族に等級をつけることである。しかし、これ以前にも公卿には摂関家から名家や半《はん》家《け》までの、諸侯にも前述のような江戸城中での厳格な序列が存在しており、五〇〇家を超える彼らを「華族」という名の下に平等に扱うのは難しかった。

華族が誕生した頃（明治二年）には、公、卿、大《たい》夫《ふ》、士に分け、卿は上下、大夫と士は上中下にそれぞれ区分する九等の爵号案が出された。さらに明治四（一八七一）年には、上公、公、亜公、上卿、卿の五等案や、公、卿、士の三等案、そして明治九

（一八七六）年には公、伯、士の三等案なども政府内で出されているが、いずれの案もまとまらないまま終わった。

西南戦争後の明治一一（一八七八）年二月に、維新三傑（西郷隆盛・大久保利通・木戸孝允《たかよし》）亡き後の明治政府を牽引した、岩倉具視と伊藤博文の許に、法制局から草案が届けられた。そこには、「華士族の称を廃し公侯伯子男の五爵を設け有爵の者を貴族とす」と具申されていたが、これがまた争いのもととなった。

先に触れたように、「華族」という名称を制定する際にも政府内には意見の対立が見られたが、この華族に等級をつける問題に加え、華族が担うべき政治的役割についても、岩倉と伊藤の間では次第に対立が激化していったのである。岩倉は、華族の経済的な安定に心を砕く一方で、彼らが政治に積極的に近づくことには終始反対だった。これに対し、伊藤は、その岩倉とともに欧米を見聞し（一八七一〜七三年）、特にイギリスなどで貴族たちが議員として積極的に政治に携わっている姿に接して、日本もかくあるべきと考えていた。

明治一四（一八八一）年には九年後の「国会開設」が公約されたため、伊藤はこの頃から自由民権派に対する防波堤として、華族を基盤とする議院も創設する必要性があると唱える急先鋒となっていた。ところが、岩倉の懸念どおり、当の華族たちは政治にあまり関心を示しておらず、伊藤はこれに不満をいだくとともに、すでに華族に列せられているものに加え、幕末維新期に活躍した旧下級士族たちをも華族に加えて、政治を主導させようと考えたわけである。

この三年後には、後述するとおり華族令が制定され、維新で活躍した「勲功華族」たちが新たに参入するが、一般にはこれ以前に列せられた者を「旧華族」、これ以後に叙された者を「新華族」

と呼んでいる。本章の冒頭で紹介した福澤諭吉の言葉にも出てくるが、福澤にとっても政治に無関心な旧華族に代わり、維新を成し遂げた新華族にイギリス貴族のような活躍を期待するという、伊藤と相通ずる考えが見られていたと言えよう[11]。

伊藤は、有力な公卿や諸侯らは公爵や侯爵に祭り上げ、自身らは伯爵や子爵として華族の仲間入りをして政治の主導権を握ろうと考えていた。しかし、この五爵制に待ったをかけようとしたのが、伊藤とともに憲法制定に努めていた井上毅《こわし》（一八四三〜一八九五）である。熊本藩士の家に生まれ、プロイセンなどにも留学経験のある井上は、公侯伯子男の五爵は「清国の三〇〇〇年前の遺物」であり、ヨーロッパにおける「貴族」という名称にしろ「封建の遺物」にすぎず、中国やヨーロッパの風土には合っているかもしれないが「日本では違う」。また華族制からこぼれ落ちた士族が堕落して「皇室を守る念をなくす」とともに、爵位をもらっても華族は喜ばず、中等以下に叙せられた者は「かえって不快に感じる」としてこれに反対した[12]。

こののち、伊藤は憲法調査のためヨーロッパに旅立ち（一八八二年三月〜八三年八月）、伊藤が帰国する直前に岩倉が病死したため（八三年七月）、岩倉と伊藤の論争に終止符が打たれたばかりか、宮内卿となった伊藤が政府最大の実力者として華族制度のすべてを決定できる存在となってしまった。さらにそれまで五爵制に反対していた井上も、伊藤の留守中に国内で民権運動の台頭に遭遇し、伊藤の原案どおり、五爵のなかの伯爵や子爵に有力者を叙して、こうした動きを抑える役割を担わせるという考えに同意を示していった。

こうして明治一七（一八八四）年七月七日に「華族令」が制定され、日本にも「公爵、侯爵、伯爵、子爵、男爵」という五つの爵位からなる近代的な「貴族」が誕生したのである。

五等爵の選定と華族内の不協和音

五等爵からなる華族が正式に叙されるにあたり、いわゆる「叙爵内規」も決められた。「表4―2」にあるとおり、江戸期までの家格と維新期の活躍により、五爵は明確に区分された[13]。筆頭の公爵には、公卿では摂関家、諸侯では徳川宗家が叙せられた。侯爵には、公卿では摂関家に次ぐ清華家、諸侯では徳川御三家や旧大藩の知事（大名）が選ばれた。

ここで気をつけなければならないのは、諸侯（旧大名）の区分の仕方である。江戸時代には、各大名は「草高《くさだか》」と呼ばれる領内の穀物生産量により区別されていた。しかし明治新政府になり、諸侯らの石高は生産量ではなく「租税収入」によって決められるようになったのである。このため生産量が二〇万石あろうとも、租税収入が一五万石に満たないようであれば、大藩とはみなされなかった。内規に定められている「現米」とは、現高すなわち租税収入のことを意味している。

たとえば、江戸時代に外様大名で最大級の石高を誇った「加賀百万石」の前田家も、表高（草高）では一〇二万五〇二〇石にものぼっていたが、現高にすると六三万六八八〇石になった。それでも御三家（尾張家は現高で二六万九〇七〇石）など、他の諸侯を引き離して、明治期にも最大の石高を維持していた。

このように旧諸侯家に関しては、現高一五万石以上が侯爵、五万石以上が伯爵、五万石未満が子爵という目安が設けられたのである。こうした区分に基づき、明治一七年におこなわれた最初の叙爵において、公爵に一一名、侯爵に二四名、伯爵に七六名、子爵に三二四名、男爵に七四名の、総計五〇九名に爵位が与えられることとなった。

特に注目されるのが、先にも紹介した「新華族」の存在であろう。すでに維新の功労者自身が他界していたため、嗣子が侯爵に叙せられたのが大久保利和《としなか》（利通の長男）と木戸正二郎（孝允の甥で養嗣子）である。さらに長州の伊藤博文、井上馨、山県有朋、薩摩の黒田清隆、大山巌《いわお》、西郷従道《つぐみち》、土佐の佐々木高行、肥前の大木喬任《たかとう》など一六名が伯爵に、品川弥二郎（長州）、樺山資紀《すけのり》（薩摩）、谷干城《かんじょう》（土佐）など一四名が子爵に、それぞれ叙せられている。

公爵	「親王諸王より臣位に列せらるる者、旧摂家、徳川宗家、国家に偉勲ある者」
侯爵	「旧清華家、徳川旧三家、旧大藩知事（即ち現米十五万石以上）、旧琉球藩王、国家に勲功ある者」
伯爵	「大納言まで宣任の例多き旧堂上、徳川旧三卿、旧中藩知事（即ち現米五万石以上）、国家に勲功ある者」
子爵	「一新前家を起したる旧堂上、旧小藩知事（即ち現米五万石未満および一新前旧諸侯たりし者）、国家に勲功ある者」
男爵	「一新後華族に列せられたる者、国家に勲功ある者」

表4-2　叙爵内規
出典：小田部雄次『華族』（中公新書、2006年）

こうした「勲功華族」の列には、公家出身の岩倉家も入れられるかもしれない。もともと岩倉家は公家の中でも創設が新しく、天正期（一五七三〜九二年）より前にあった旧《きゅう》家《け》ではなく、それ以後の新家《しんけ》に属し、公卿の上層部を支配してきた藤原家ではなく、村上源氏に連なる「羽林家」の家柄にすぎない。叙爵内規のみに基づけば子爵か、よくて伯爵に叙せられるのが通例である。それが具視の比類なき勲功により、次男で嗣子の具定《ともさだ》が公爵に叙せられたのである。

このような勲功華族の登場に反発する「旧華族」も現れた。華族令発令からわずか五ヵ月後の明治一七年一二月に、公爵の九条家や島津家、毛利家の当主らから太政大臣の三条実美《さねとみ》（三条家も清華家で本来なら侯爵だが、実美の功績で公爵に叙せられていた）に建議書が出され、そこには華族の社交的娯楽施設である華族会館から新華族を排斥しようとの意図が盛り込まれていた。これに新華族の側からは猛烈な反発が寄せられ、最終的には伊藤博文伯爵によりこの問題は解決されるが、華族令が制定された当初から早くも新旧の華族間に不協和音が鳴り響いていた。そして、こののちそれは華族内の分裂・対立へとつながっていくのだった(14)。

他方で、華族令制定の翌年(明治一八年一二月)に太政官制が廃止され、初代内閣総理大臣に就任した伊藤博文は実にしたたかな政治家に成長していた。伊藤や井上馨、山県や黒田といった維新の功労者にして、「元勲」と呼ばれ、さらにのちには「元老」として日本政治を支えていく彼らには、近代日本を築いたのは自分たちであるとの自負心がみなぎっていた。それに引き換え、政治に関心も寄せず、自分たちの贅沢な生活を維持することに汲々《きゅうきゅう》とするだけの公爵や侯爵はただ自身の先祖の功績だけで叙爵されたにすぎない。

そのような名ばかりの公爵や侯爵との立場を逆転させたのが、華族制度の導入と同時期に制定された「宮中席次」であった。それは第一階から第一〇階までの七〇段階に区分されており、その筆頭に位置づけられるのが「大勲位」なのである。これは明治八(一八七五)年に日本にも制定された「勲章」に基づく序列であり、当初は菊花章、旭日章《きょくじつ》、さらに明治二一(一八八八)年に瑞宝章《ずいほう》、宝冠章《ほうかん》、旭日桐花《とうか》大綬章なども制定され、大勲位から勲八等までに分けられた。

二五歳以上の成年男子であれば家柄だけでもらえる爵位とは異なり、勲章は本人の功績次第で授与されるものである。このため伊藤や山県などは早くから「勲一等旭日大綬章」を授与されており、その宮中席次は「表4—3」からもおわかりのとおり、侯爵より格上なのである。しかも彼らはやがて内閣総理大臣や枢密院議長を務め、「大勲位菊花章頸飾《けいしょく》」という日本の最高勲章まで授与され、

〈第一階〉

第一　大勲位
　一　菊花章頸飾
　二　菊花大綬章
第二　内閣総理大臣
第三　枢密院議長
第四　元勲優遇ノ為　大臣ノ礼遇ヲ賜ハリタル者
第五　元帥　国務大臣　宮内大臣　内大臣
第六　朝鮮総督
第七　内閣総理大臣、又ハ枢密院議長タル前官ノ礼遇ヲ賜ハリタル者
第八　国務大臣　宮内大臣　又ハ内大臣タル前官ノ礼遇ヲ賜ハリタル者
第九　枢密院副議長
第十　陸軍大将　海軍大将　枢密顧問官
第十一　親任官
第十二　貴族院議長　衆議院議長
第十三　勲一等旭日桐花大綬章
第十四　功一級
第十五　親任官ノ待遇ヲ賜ハリタル者
第十六　公爵
第十七　従一位
第十八　勲一等
　一　旭日大綬章
　二　宝冠章
　三　瑞宝章

〈第二階〉

第十九　高等官一等
第二十　貴族院副議長　衆議院副議長
第二十一　麝香間祗候
第二十二　侯爵
第二十三　正二位

〈第三階〉

第二十四　高等官二等
第二十五　功二級
第二十六　錦鶏間祗候
第二十七　勅任待遇
第二十八　伯爵
第二十九　従二位
第三十　勲二等
　一　旭日重光章
　二　宝冠章
　三　瑞宝章
第三十一　子爵
第三十二　正三位
第三十三　従三位
第三十四　功三級
第三十五　勲三等
　一　旭日中綬章
　二　宝冠章
　三　瑞宝章
第三十六　男爵
第三十七　正四位
第三十八　従四位

表4-3　宮内席次
出典:伊達宗克『日本の勲章』(りくえつ、1979年)

宮中席次でも皇族に次いで筆頭に躍り出ていくのである[15]。

前章でも触れたが、勲章よりも爵位が重んじられるイギリスの宮中席次とは異なり、日本では元勲たちが編み出した独自の秩序により、自身の功績でもたらされる勲章のほうが宮中では重みを持っていたわけである。

華族の特権と義務

このように華族は公侯伯子男という五等爵に分けられたが、この名称が古代中国に由来していることは、すでに第一章で説明したとおりである（五二〜五三頁）。ただし中国から借りてきたのは名称だけであり、近代日本に華族制度を形成していくうえで維新の指導者たちが最も参考にしたのは、西欧諸国の貴族制度であった。岩倉使節団一行は、実際に西欧諸国の貴族社会に接し、帰国後の明治九（一八七六）年には三条太政大臣、岩倉右大臣の名前で西欧諸国に駐在する公使たちに、各国の貴族制度に関してさらに詳細な調査をするよう命じている。

また、本来は五爵制に反対を示していた井上毅も、ヘルマン・ロエスレルやボワソナードなど、「御雇い外国人」の法律専門家にも意見を聞き、「貴族特権」「貴族財産」「貴族懲戒」といったさまざまな問題を調査していった[16]。

こうしたなかで、第二章で紹介した中世以降に特に見られるヨーロッパ貴族の特権（七八〜八七頁）も参考にしながら、華族の特権は次第に整えられていった。それらは明治七年の華族令や大日本帝国憲法（明治二二年公布）、貴族院令（同年）など、さまざまな法令に基づき、華族たちに保証されたものであった。華族の特権とは、まとめると以下のようになる。

①爵の世襲（華族令制定までは一代限りの「終身華族」も少数いた）、②家範（華族一族内の家憲）の制定、③叙位、④爵服の着用、⑤世襲財産の設定、⑥貴族院の構成、⑦特権審議（天皇の諮詢《しじゅん》に応じて貴族の特権について条規を議決できる）、⑧貴族院令改正の審議、⑨立后《りっこう》（皇后の位につく）、皇族婚嫁の相手方、⑩皇族服喪の対象、⑪学習院への入学、⑫宮中席次の保有、⑬旧堂上華族保護資金（公家華族の経済困窮を救済する資金の受け取り：後述する）。

華族の特権はだいたい以上に集約される。「貴族院」に議員として出席できる権利については後述するが、天皇はもとより、皇族の結婚相手も華族に限定されることになった。しかしそれはまた、皇室から「見初められた」華族の男女にとっては、「婚姻の自由」という権利を失うことをも意味したのである。もちろんこの場合の皇族には女性も含められ、内親王の婿も皇族もしくは華族に事実上は限定された。

こうしたこととも関係するが、華族には権利と表裏一体のかたちをもつ義務も課せられていた。

①皇室および国家への忠誠、②男子相続、③女系相続の排除、④養子などの家督相続人の身分制限（男系の六親等以内の血族で自身も華族である者）、⑤叙爵者の一家創立（戸主でない者が叙爵した場合には一家を創立して戸主になる義務）、⑥宮内大臣の監督に服する、⑦婚姻などにおける宮内大臣の事前認許、⑧特定事項についての届出、⑨系譜の提出、⑩男子華族の長期義務教育、⑪家範を守る、⑫子弟を軍人とする。

このうち最後の「子弟を軍人とする」という義務は、すでに別の職務にある華族男子まで軍務に就かせるのは得策ではなく、また心身が軍務に耐えられない華族子弟も少なくなかったため、やがて義務からは消されていく運命にあった。この点もあとで詳述しておきたい。

またこうした法令が整う以前に出されていた「制度案」では、華族が自身で起こした会社以外の役員となることを禁じていたり、いくつかの職種については就くことも禁じられた。特に当時の考えでは、華族にはふさわしくないとされた「水茶屋」や「料理屋」「芸娼妓の置屋」「馬夫」「車夫」といった商売は禁じられていた。

いずれにせよ、華族は「皇室の藩屏《はんぺい》」（藩屏とは垣根の意味であり、ここでは皇室を防御する守護者の役割）となることがその責務であり、それにふさわしい生活態度を要求されていたということになる。また、特別身分としての華族には一般刑罰のほか、懲戒、身分喪失といった処罰も用意されていた。特に華族が重罪を犯した場合には、除族、爵位返上、礼遇停止などが適用されたのである[17]。

華族たちの財政基盤

本書の第二章や第三章で見たとおり、ヨーロッパの貴族たちが長年にわたり政治や社会、文化などの多方面で大きな影響力を及ぼしてきた背景には、その豊富な財政基盤があった。しかし、新政府により版籍奉還、廃藩置県が実施された後、かつては一国一城の主であった大名たちは、藩も領地も取り上げられ、それまでの経済的な基盤は失われてしまったわけである。

こうした武家華族には、明治初年に旧来の俸禄に代わり政府が給与した禄米である「家禄」、あるいは維新（戊辰戦争・王政復古）の功労者に支給した禄米である「賞典禄」などが与えられ、家禄と賞典禄はその後、「金禄公債」という公債に改められていった。

明治九（一八七六）年の段階では、現高に基づく家禄（現高の一〇分の一とされた）が三万一四〇〇石、賞典禄が一万二五〇〇石の島津忠義（旧薩摩藩主）が一三二万二八四五円の金禄公債を受け取っており、華族のなかでも最高額であった。次がかつての「加賀百万石」の前田利嗣《としつぐ》で一一九万四〇七七円、第三位は毛利元徳《もとのり》（旧長州藩主）で一一〇万七七五五円と続いた。

こうした莫大な金禄公債は銀行、鉄道、海運、鉱山などに投資され、彼ら武家華族は一八世紀末以降のイギリス貴族よろしく「金融証券貴族」として巨万の富を手に入れていった。金禄公債を原資に誕生したのが第十五国立銀行であり、俗に「華族銀行」と呼ばれた。明治一〇（一八七七）年に設立の同行は、毛利元徳を頭取、徳川慶勝《よしかつ》（旧尾張藩主）を副頭取に据え、京橋木挽《こびき》町に本店を置いた。資本金は一七八二万六一〇〇円で、株主総数四八四名、総株式数一七万八二六一株であり、同時期に全国に創設された一五三の国立銀行のなかでも群を抜く規模だった(18)。

株主の上位者は、金禄公債の上位受領者とほとんど同一であり、上から島津忠義（七六七三株）、前田利嗣（六九二六株）、毛利元徳（六四二五株）となっていた。また、明治一四（一八八一）年に岩倉具視の肝いりで日本鉄道株式会社が設立されると、第十五国立銀行もこれに積極的に関わり、島津、前田、毛利などはやはり巨額の出資をおこない、主要発起人に名を連ねていくことになる。

時代が下り、明治三一（一八九八）年に発表された全国の高額所得者番付では、上位一〇位のうち五名が武家華族で占められた。やはり上位はこれら三家（前田・島津・毛利）であり、その筆頭で全国三位の前田侯爵家の年収は二六万六四四二円。今日の貨幣価値にして七〇億円前後であったと考えられる。続く島津公爵家は二一万七五〇四円で第五位、毛利公爵家は一八万五〇六九円で第七位となっている(19)。

ところが、このような巨万の富を手に入れていたのは、武家華族の一部に限られた話であった。そもそも維新出発時から公家華族と武家華族とでは大きな差が開いていたのが実情である。明治初年に設けられた家禄の段階で、公家華族の最高は摂関家の二条斉敬《なりゆき》でその額はなんと八一八石にすぎなかった。武家華族の最高である前田利嗣（六万三六八八石）の七八分の一程度ということになる。公家華族では、維新の功労者である三条実美が三七五五石、岩倉具視も二七八石と、ともに家禄は少ない。ただし、賞典禄がそれぞれ一一五〇石であり、金禄公債では六万円以上も受領していた（さらに二人にはそれぞれの役職に伴う給与もあった）。

このように家禄がそもそも少なく、それに基づいて金禄公債の額が決められていたとあっては、大半の公家華族や江戸期に一万~三万石程度の大名だった武家華族では、たちまち家計が火の車となってしまうのは必然であった。明治一〇（一八七七）年という早い段階で、すでに多くの公家華族が負債に悩まされていた。それは摂関家（五摂家）筆頭の近衛家とて例外ではなく、負債額は一万五〇〇〇円に及んだとされる。特に江戸時代までは、文化の担い手でもあった公家に許されていた「家業」が、明治期になって認められなくなったのも痛手となった。蹴鞠《けまり》の飛鳥井《あすかい》家（羽林家で明治から伯爵家）、按摩《あんま》の元締めだった久我《こが》家（清華家で明治から侯爵家）などその例である。

こうした背景から、経済的理由で「華族の体面を保てない」ということで、男爵位を返上するような公家華族も多数現れていく。

このような公家華族らの窮状を見かねて、明治二七（一八九四）年三月には明治天皇の結婚二五周年を名目に「旧堂上華族恵恤賜金《けいじゅつしきん》」として一九九万円が天皇から下賜され、その利子が公家華族らに分け与えられることになった。「華族の特権」の⑬（二三九頁）に挙げたのはこのことである。[20]

以上のように、明治維新とともに、公卿と諸侯とを新たに「華族」としてひとつの身分にまとめることは急務であったとはいえ、その財政基盤を江戸期の「石高」を基準としたところに問題が生じてしまった。これでは特に大藩の旧大名は出発時から有利に立ち、中小の旧藩主や公卿らは最初から経済的に困窮するのは目に見えていた。これは特に公家華族の武家華族に対する嫉妬にもつながり、「華族」はその成立時から深刻な心理的分裂を抱えた集団となったのである。

軍務からの解放と軍功華族の参入

さて、「華族の義務」の⑫（二二九頁）として、「子弟を軍人とする」という項目を挙げておいた。西欧では、貴族の子弟が陸軍士官学校や海軍兵学校に入って軍務を担う事例が多く、岩倉具視もその点を重視して華族の子弟に軍事教育を受けさせるための機関設立を訴えていた。こうした声を受けて、明治一六（一八八三）年には「陸軍予備士官学校」が設立され、華族子弟を陸軍軍人に教育する政策が始まった。入学年齢は一八歳から三〇歳とされ、卒業後には二五歳以上の場合には後備士官に任じられることとなった。

ところが鳴り物入りで開設されたにもかかわらず、陸軍予備士官学校は健康や能力不足を理由にした辞退者が相次ぎ、なんと開学からわずか一年三ヵ月後の明治一八（一八八五）年九月には廃止されてしまうこととなった。もともと軍事に向かない公家華族はもとより、武家華族の子弟も近代的な陸軍の軍事訓練には適応できなかったようだ。華族の子弟の教育機関としては、明治一〇（一八七七）年に開学した学習院がその機能を果たしていくことになる。(21)

とはいえ、徴兵制が導入され（一八七三年）、富国強兵の下に国民全体が戦争に関わる時代になりつつあったなかで、華族子弟のこの「体たらく」は国民に良い印象を与えたはずがなかった。やがて日本は日清戦争（一八九四〜九五年）、日露戦争（一九〇四〜〇五年）に乗り出していくが、特に大国ロシアを相手に戦った日露戦争では、日本は八万四〇〇〇人以上もの戦死者を出している。この戦争に華族の子弟は陸軍で二一一名、海軍で四七名の計二五八名が出征し、このうち戦死者は陸軍で一二名、海軍で三名となっている(22)。

戦争の規模も時代も異なるゆえ、単純に比較はできないが、それでも第三章で紹介した第一次世界大戦でのイギリス貴族の子弟の戦死者数に比べると、格段に少ない。国のために命を捨てることの是非はさておき、当時の価値観に照らせば「ノブレス・オブリージュ」を果たしていたとは到底言えまい。

もちろん戦争での貢献は将兵としてのそれだけではない。日清・日露戦争では、華族たちが下士官家族の困窮を援護する救恤《きゅうじゅつ》金の募金や、軍事公債への支援、戦地や病院の慰問などに、積極的に関わっていた点は評価できるであろう。

他方で、日清・日露の両戦争で目立ったのは、戦争で功績のあった者たちが、戦後に叙爵を受けるという事例である。

たとえば、日清戦争後には、のちに首相を務める桂太郎が子爵に、やがて日露戦争でも活躍することになる児玉源太郎、乃木希典《まれすけ》といった陸軍軍人たちが男爵にそれぞれ叙されている。このとき陸軍では二六人、海軍では四人が子爵か男爵となった。さらに日露戦争後に、陸軍では子爵に一人(のちに首相となる寺内正毅《まさたけ》)、男爵に四一人が、海軍では日本海海戦の英雄である東郷平八郎が伯爵となり、他に男爵に二六人が叙されることになった。すなわち、一九世紀末から二〇世紀初頭のわずかなあいだだけで、一〇〇名近い陸海軍人が新たに華族となったのである(23)。

また、日清・日露戦争はこれら「軍功華族」を増やしただけではなく、軍資金や武器・弾薬の製造等で政府を全面的に支援した「財閥華族」という新たな存在まで生み出した。日清戦争後に三井家と岩崎家（三菱）がそれぞれ男爵に叙され、財界の大御所である渋沢栄一も明治三三（一九〇〇）年に男爵となった。さらに日露戦争後には、鴻池、住友、大倉、古河といった財閥当主たちも次々と男爵として華族への仲間入りを果たしていく。

吉野作造の華族批判

日本の貴族は独逸《ドイツ》の貴族のやうに国民の心からの尊敬を受ける程に、優秀の資格を備へて居ない。国民は大体に於て貴族富豪の子弟に信頼しない。貴族や金持の出といへば、初めから皆凡庸の輩と極《き》めて居る。道徳の上に、才能の上に、真に国民の尊敬を博するに足るだけの資格が備はつて居ない以上は、貴族専制は到底我が国に於て行はるべきものではない。(24)

これは明治から昭和初期にかけての日本を代表する政治学者、吉野作造（一八七八～一九三三）が著した一文である。ときあたかもロシアで革命が生じた大正六（一九一七）年、ロシアの貴族が革命に倒れたのは彼らがドイツ貴族のように「賢明に非《あら》ず且つ堅実に非ず、知識の点に於ても、道徳の点に於ても、真に貴族たるの名に恥ぢない実力を有しなかつたが故に、彼等は結局国民の心服を得な」かったためであると吉野は断じている。

一九一七年当時は、第一次世界大戦のさなかにあり、いまだ連合国側（イギリス・フランス・ロシア）も同盟国側（ドイツ・オーストリア）も決定的な勝敗が見えないなかにあった。吉野がこの一文を発表したちょうどその頃（四月）、アメリカ合衆国が連合国側について参戦を発表する。いまや世界最大の経済・軍事大国になりつつあった同国の参戦によって、翌一八年一一月に同盟国側が敗北するかたちで大戦は幕を閉じることになる。

もっとも吉野がこの文章を書いていた頃は、むしろロシアが革命により事実上「戦線離脱」をしてしまっていたため、ドイツ側が優位とさえ見られていた。ロシアと同じく専制主義的な色彩の強いドイツがなぜ強いのか。吉野によれば、それは国を率いる貴族たちの資質に理由があった。

「独逸の貴族は其の知識に於て道徳に於て、真に貴族たるの体面に適する実力を有《も》つて居る。此の実力を傾けて国家の為めに尽し民生の為めに尽すのであるから、仮令《たとい》其の政治上の形式が専制で、随《したが》つて此の形式に対して人民が如何に不平を抱いて居つても、事質上どうしても其の政治に満足せねばならないといふことになつて居るので、随つて相当に専制をやつても、いざといへば国民が大して不平を有たなかつたのである」(25)

このドイツ貴族の勇姿を見るにつけても、日本の華族にはそれだけの道徳も才能もなく、国民から尊敬を受けるような存在ではないと、吉野の目には映っていたようである。

華族に対する吉野の批評は少し厳しすぎる感もあるが、しかし当時の日本の華族の実態を見るとこの評も当を得ていたのかもしれない。吉野がこの一文を発表する前年、華族の職業の統計をまとめた『華族静態調査』が発表された。それによると、大正四（一九一五）年の年末時点で、公爵から男爵までの華族当主九二六名とその家族をも含めた計六〇九八名の職業分類をすると、当主のうち実に五六九名（六一・四％）が「無職業者および職業を申告せざる者」であった。

彼らの多くがかなりの資産を持ち、具体的な職業を持っていなかったと考えられる。これに次いで多いのは政官界で官公吏として働く者であり、これに銀行業、農業および漁猟業、鉱業、工業、交通業、商業など広範囲に分散している。また自由業としては、祭祀・宗教に関わる者、すなわち名だたる神社仏閣の責任者も当時は男爵に叙せられていたので、彼らが含まれていた(26)。

この数字を見る限りでは、「日本の貴族」は国家のために日々の生活を送っているとは到底思えない状況であった。確かに不労所得者こそは真の意味で貴族といえる存在なのかもしれない。しかしその代わりにヨーロッパでは「高貴なるものの責務（ノブレス・オブリージュ）」が果たされてきたのであり、平時においてそれは各種慈善団体のパトロンの役割などであったことはイギリス貴族を事例に検証したとおりである。

明治終わりから大正にかけての華族たちが、イギリス貴族のこうした活動を少しでも見習っていたら、あるいは吉野が批判するような対象にはなっていなかったかもしれない。

吉野作造

ところで日本の華族には、明治維新とともに新たな身分として形成された当初から、新生日本を主導していくための重要な責務が課せられていたはずである。それが日本に新たに導入された、議会制度の一翼を担う「貴族院」の議員としての活動ではなかったか。貴族院は、日本が第二次世界大戦に敗北すると同時に廃止の方向に向かったが、それ以前の半世紀以上にわたって日本の議会政治の一翼を担ってきた歴史がある。次に、我が国に貴族院が創設された経緯と、その後にたどった道のりを見ていくことにしよう。

2 貴族院の光と影

創設までの道程

公卿と諸侯とをひとつにまとめて「華族」という新しい身分を作ったまでは良かったが、彼らにどのような役割を期待するのかについては、明治新政府のなかでもまとまってはいなかった。この問題に最初に取り組もうとしたのが、維新三傑のひとり木戸孝允（一八三三〜一八七七）であった。岩倉使節団の一員として欧州各国を視察した木戸は、華族の財政基盤を家禄という国庫からの年金によって賄っているからには、華族を何らかのかたちで国家運営に関わらせるべきであると考えていた。

そこで同郷（長州）の後輩であり、明治初年にプロイセンに留学し、法学や政治学に精通する青木周蔵（一八四四〜一九一四）に意見を求めるようになった。青木はのちに外相にもなるが、ドイツをはじめヨーロッパ各国の公使を務める「欧州通」である。特に彼が詳しいドイツの貴族制度と土地制度や、ドイツ貴族の財産、そして貴族の政治的意義などについて、木戸は多大なる関心を示すようになっていた。とりわけ木戸が注目したのが青木の次の提言であった。

「英国ニ於テ数百年来ノ歴史ト鉅大ノ財産ヲ所有スル貴族又ハ国体ハ一般国民ニ優レル権利ヲ得テ貴族院ニ列スルノ権利ヲ有スルカ如ク、孛国《プロシア》ニ於テモ亦英国ニ比スレハ比較的少数ナル大貴族及ヒ其種ノ団体ハ優越権ヲ得テ貴族院ニ列スルコト是レナリ」(27)

こうした青木からの進言に基づき、木戸は「貴族院」の創設に前向きとなっていく。もちろん日本国内ではまだ議会政治自体を導入しておらず、それが何たるかを心得ていない華族には議会政治への参加はまだ無理であるといった声もあった。他方で、イギリス留学を終えて貴族が政治に深く関わっている様子を見聞してきた、河鰭実文《かわばたさねふみ》（三条実美の弟でのち子爵）や秋月種樹《あきづきたねたつ》（日向高鍋藩主の三男でのち勅選議員）といった人々の奔走で、「英国ノ如キハ、許多ノ貴族アッテ諸科ノ学術ヲ研窮シ、『パーリメント』（既議事院）ニ会同シ、立法ノ権ヲ分有シ、上ハ王室ノ権利ヲ翼戴シ、下ハ万民ノ自由ヲ保護シ国家ヲ振起スル皆貴族ノ職務タリ」という文章を主意書の一部として、有志団体「華族会館」が明治七（一八七四）年に設立され、貴族院の創設をめざしていく。

しかし、先にも触れたとおり、華族が積極的に政治に関わることを批判したのが岩倉具視であった。彼は華族がイギリス貴族にならって議員政治家のまねごとをするような案には反対だったのである。[28]

一方で、一八七七年に急逝した木戸の遺志を引き継いだ伊藤博文が、華族を政治に積極的に取り入れようと試みていく。

世に言う「明治一四年の政変」に勝利した伊藤は、明治天皇から詔勅を賜り、明治二三（一八九〇）年には国会の開設を実現する運びとなった。このため明治一五（一八八二）年三月には、ヨーロッパ各国の憲法調査の勅命を受けた伊藤には「上院及下院組織ノ事」とともに「貴族ノ制度、特権ノ事」も調べてくるように命じられていた。そして実際に、ベルリンやウィーンで伊藤の憲法調査のお膳立てをおこなったのが、当時の駐独公使の青木周蔵であった。

帰国後に憲法草案を作成した伊藤は、当時の欧米の議会は君主制・共和制に関係なくほとんどが二院制を採用しており、二院制であれば一院が軽挙妄動に流れたり、過激になることを抑えられ、また政党内閣が政党本位の法律を作ろうとした場合にも上院が抑止力となってくれる、との見解から、日本でも二院制を採用することに決めた。

次に上院の名称である。伊藤や井上毅らとともに憲法の起草にあたった金子堅太郎（一八五三〜一九四二）は、「元老院」などはどうかと提案したが、元老院はすでに明治八（一八七五）年に維新の指導者らによって作られた立法機関の名称に使われており、ふさわしくないと伊藤から否定された。当の伊藤は、「華族院」もしくは「貴族院」ではいかがかと提案し、金子が改めて調査をおこない、「華族」は日本独自の名称であり、これから述べるとおり、議員には華族以外のものも含まれていくこともあり、最終的には「貴族院」で落ち着くことになった。

この「貴族院組織令註解」には、「純粋なる君主主義を表明し、欧洲各国に於て民主主義を上院に侵入せしめたるの慣例を取らざる」ことを明らかにするという、積極的な精神が込められたのである。[29]

これに対して、下院のほうはプロイセンなどの影響から「衆議院」と名付けられ、ここに貴族院と衆議院からなる二院制議会が近代日本に誕生することとなった。

貴族院議員の構成

こうして設立が決定された貴族院についても、やがて貴族院令も制定され、議員に就くものは次の五種類に分けられることになった。[30]

①皇族議員。成年（皇太子・皇太孫は満一八歳、一般皇族は満二〇歳）に達した男子皇族からなる。ただし実際には皇族男子の多くが政治不関与を原則とする陸海軍いずれかの軍人であり、議会で可

否を表明するのは避けたほうがよいとの判断から、出席しないのが通例であった。

②公侯爵議員。満二五歳（大正一四年の改正からは三〇歳に引き上げ）に達した公侯爵からなる。世襲で引き継がれ、議員職は「義務」とされたため、議員歳費は支給されなかった。

③伯子男爵議員。満二五歳（大正一四年の改正からは三〇歳に引き上げ）に達した伯子男爵からなる。同爵者による互選選挙によって選出された。任期は七年。公侯爵議員とは異なり議員歳費が二〇〇〇円（大正九年からは三〇〇〇円）支給された。

④勅選議員。国家に勲労があり、または学識のあるもののなかから勅任された。満三〇歳以上の男子で任期は終身。第一議会では六〇名が議員となったが、明治三八年の貴族院令改正により、一二五名を超えない定数となった。官僚出身者が多く、院内の議論を事実上主導した。

⑤多額納税者議員。各府県において満三〇歳以上の男子で、土地あるいは工業商業につき多額の直接国税を納める者一五人より一人を互選し、そのうえで当選者は勅任された。任期は七年。定員は四五名。大正七年の改正で北海道と沖縄県からも選出されることとなり、同一四年の改正からは一〇〇人より一人、または二〇〇人より二人の互選となり、総数は六七名以内となった。

以上の五種類の議員に加え、大正一四年の改正からは「帝国学士院会員議員」も新たに登場した。日本の学問の殿堂として創設された帝国学士院（現在の日本学士院）の会員で満三〇歳以上の男子より四人が互選され、当選者は勅任された。任期は七年。さらに、最末期の昭和二〇年の改正からは「朝鮮・台湾在住者議員」が新たに加わった。これは両地に在住する名望ある者より勅任され、任期は七年で、定数は一〇名以内とされた。これに基づき、昭和二〇年四月に朝鮮から七名、台湾から三名が勅選されている。

	1900年	1910年	1938年
皇族	10	14	17
勅選議員	60	119	124
多額納税者	45	45	65
学士院	−	−	4
華族議員総数	**135**	**186**	**201**
内訳（公爵）	10	13	17
（侯爵）	21	30	36
（伯爵）	14	17	18
（子爵）	70	70	66
（男爵）	20	56	64
総数	250	364	411
華族議員の割合	**54%**	**51%**	**48.9%**

表4-4　貴族院議員の構成の推移
出典：小田部雄次『華族』（中公新書、2006年）

③の伯子男爵議員が世襲ではなく互選なのは、その数が多く、全員に議席を与えたら議場に余地がなくなるためである。第三章でも紹介したが、イギリス議会で見られたスコットランド代表貴族の事例を参考にしたようである。なお、②と③の議員をあわせて「有爵議員」と呼ぶ。

「表4―4」にあるように、何度かの貴族院令改正にともない、各議員の構成人数も変えられていった。特に、一九一〇年以降に「男爵議員」の定数が激増しているのが見て取れる。これは先にも説明したが、日清・日露戦争の功績により男爵に叙せられた陸海軍人が多数いたことで、男爵の数が急増した結果に基づいている。そもそもが最初に華族に叙せられた家の数は、子爵が三二四家と圧倒的に多かったため（伯爵は七六家、男爵は七四家）、③の伯子男爵議員の定数もそれぞれの爵位の家の数と比例して決められていたのである。

こうした背景もあって、初期の貴族院では子爵議員がその数にものを言わせて議会内で発言力を伸ばしていたが、日清・日露戦争後に男爵議員の数が増え、またときどきの政府が勅選議員の数を増やそうとする動きが見えると、彼ら子爵議員らがこれに反発することになっていく。

また、上記の「朝鮮・台湾在住者議員」とも関わるが、明治四三（一九一〇）年に韓国併合がおこなわれた後には、「朝鮮王公族」という皇族や華族に準じた身分が生み出された。朝鮮貴族令によって叙爵された家は七六に及び、日本に移住した者の場合には貴族院に議席を有する事例もあった(31)。

貴族院議員の本分とは

一見害物の如くにして、実際には自から利用の道あるもの少なからず。華族の如き、単に殖産上より見ればこそ右の次第なれども、姑《しばら》く度量を大にして観察するときは、彼等は幾百年来社会の上流に位して自から重きを成し、他に望む可《べか》らざる一種の名望栄誉を具《そな》ふるものなれば、俗界の物情喧噪沸騰して狂熱制す可らざるの場合には、其名望栄誉を利用して之を緩和するの効用なきに非《あら》ず。即ち華族利用の道にして、今後の社会には自から其必要を感ずるの時ある可《べ》し。[中略]左れば今の華族たるものは大に自から戒しめ、苟《かりそ》めにも貴院議員の権能など云々して、其身柄に縁もなき国家歳計等の事に喙《くちばし》を容る、を避け、以て自家の本分を全うすることを勉むべし(32)。

明治二三(一八九〇)年一一月二九日に、麴町区内幸町(現在の経済産業省の敷地)に建つ仮議事堂の貴族院議場で、明治天皇臨席の下に第一回の帝国議会が開会された。この文はそれから八年ほど経った明治三一(一八九八)年に福澤諭吉がしたためたものである。

福澤は、政府から金禄公債をもらって何不自由なく暮らしている大名華族のごとき貴族院議員は、風雨や洪水、地震や虫害等に心を砕く農民などとは異なり、まるで封建時代の大名のような生活を送っていると華族に批判的であったが、一方で、ならばしっかりその昔からの声望をもとに、社会が混乱した場合にはその調整役になるべきだと説いているわけである。

貴族院開設時から、政治に志のある華族の何人かは、貴族院さらには華族のありかたについて真剣に考えていた。中世からの五摂家筆頭にして、第一回の貴族院仮議長（議長は伊藤博文伯爵）を二七歳にして務めた近衛篤麿《あつまろ》（一八六三～一九〇四）は、公爵議員として長年活躍し、明治二九（一八九六）年からは貴族院議長に就いていた。近衛は「従来華族は優柔不断にして、才学共に普通一般の人民に及ばず。大名華族は往々迂濶なり、公家華族は往々卑屈なり、華族は馬鹿と同名異物なりとの感を起さしむるに至る」と厳しく同輩を非難する一方、「政府の政略と政党の方策とを問わず、苟《もし》も偏見と認むべきものあれば決して之を助けず、以て誠意誠心、我が皇室を護り、我が憲法を守り、又以て忠実に国利民福の道を講ずべきのみ」との信念を披露している。近衛にとってはこれこそが「華族の義務」であった(33)。

旧福岡藩主家の当主である黒田長成《ながしげ》侯爵（一八六七～一九三九）はケンブリッジ大学を卒業し、イギリス議会政治の実情もつぶさに学んできた新世代の華族であった。彼もまた、「貴族院議員たる者は、現在の政党に関せず、公正以て皇室に忠を尽し、国家の福利を進長せんことを勉め、不羈《ふき》独立の主義を基とし、一人の賛成を得るも、又は百人の賛成を得るも、毫も之を顧みず、其主義を確守して、以て我国の大政に参与すべきなり」と唱えた(34)。

こうした政治参与に積極的な貴族院議員らに共通の観念が、華族は「皇室の藩屏《はんぺい》」であるとの意識だった。西欧で議会が発達した歴史には、国王と貴族との闘争、あるいは王侯と市民との闘争が見られたが、日本ではそのようなものは見られず、貴族院議員の資格も華族の特権もすべて天皇から与えられたものである。このため華族が日本流の「高貴なるものの責務（ノブレス・オブリージュ）」を果たすという「華族の本分」も、皇室からの恩寵にこたえる道として概念化されたのである。

それがまた、ときの政府や有力政党とは一線を画して、貴族院にいわゆる「是々非々主義」を生み出す契機になったと、近代史家の内藤一成は指摘している[35]。

貴族院の現実——会派政治のなかで

しかし現実の貴族院における政治は、ときの政府との対立や、院内を浸食しはじめていた派閥対立に大きく左右されることになった。

貴族院には政党は存在しなかったが、開設後の早い段階からいくつかのグループが結成され、それはやがて研究会、茶話会、三曜会、土曜会、木曜会といった「会派」へとまとまっていく。茶話会は官僚系勅選議員、研究会と三曜会は有爵議員がそれぞれ中核となる会派であった。

こうしたなかで、伯子男爵議員は七年ごとの互選選挙で選ばれるため、研究会と三曜会は次第に競合関係を強めていく。やがて研究会は選挙団体である「尚友会《しょうゆうかい》」を結成し（一八九二年）、会員の組織票によって他の会派からの対立候補を圧倒することをめざした。尚友会は一五〇人前後の会員を擁するまでに成長し、貴族院議員になりたい華族たちを大いに引きつけた。なかでも数の多い子爵が議員を志望する場合には、尚友会に入らないと当選できなくなった。会員資格は襲爵前の嗣子にも認められていたので、できるだけ早くから会に貢献し、自身が立候補する際には便宜を図ってもらおうとするものも増えていった(36)。

実は、子爵らが競って議員に立候補するのにはわけがあった。華族には衆議院議員の選挙権も被選挙権もなく、彼らが政治的権力を欲する場合には、政権に与するか、貴族院議員になるしかなかった。しかしそれ以上に子爵議員にとって魅力だったのが議員歳費だったのである。すでに述べてきたとおり、子爵となった武家華族は元は五万石未満の小藩主にすぎず、家禄も金禄公債の額も低い。また子爵となった公家華族の場合にはさらに困窮していたのが実情だった。彼らにとって、二〇〇〇円（大正九年から三〇〇〇円）という歳費は生活のためにも必要だったのである。

明治三〇年代に入ると、貴族院は山県有朋を頂点とする「山県系官僚閥」に属する平田東助や清浦奎吾《けいご》などが率いる幸倶楽部が、政党勢力と真っ向から衝突していく。特に伊藤博文が立憲政友会を結成し（明治三三：一九〇〇年）、政権を率いて増税案を議会に提出した第一五議会では、貴族院はこれを否決する構えに出た。このときは近衛篤麿議長、山県、松方正義、西郷従道、井上馨といった伊藤以外の四人の元老たちが調停に乗り出し、ついに伊藤首相が明治天皇に懇願して増税案成立を求める「勅語」を出したことで、混乱は収まることになった。

これが衆議院であれば「解散・総選挙」で民意を問うということもできるが、貴族院に解散はない。混乱を乗り切ったあとの伊藤は、有爵議員の廃止や終身（一代）議員の創設など貴族院の改革に乗り出そうとしたが、その前に閣内不一致で総辞職に追い込まれてしまった。こののち、桂太郎（一八四八～一九一三）や西園寺公望《きんもち》（一八四九～一九四〇）らの世代に政権は託されていくが、彼らは貴族院に対する融和政策で議会を乗り切ろうとしていく。

こののち桂が立憲同志会（のちに憲政会→民政党）を結成し、衆議院では政友会との二大政党を中

心とする政党政治が本格化していくが、貴族院ではそれらの政党政治が根づくことはなかった。(37)

貴族院改革の声

しかし時代は確実に変わっていた。ヨーロッパで第一次世界大戦(一九一四〜一八年)が勃発し、そのさなかにロシア革命により三〇〇年続いたロマノフ王朝が倒壊させられた(一七年)。社会主義革命の脅威は日本にも及んでいく。さらに大戦で敗戦国となったハプスブルク、ドイツ、オスマンの三帝国も滅亡し、いまや世界には貴族政治や君主専制に代わり、大衆民主政治が拡がるようになっていた。

日本でも米騒動に端を発する寺内正毅内閣の総辞職後は、原敬《はらたかし》(一八五六〜一九二一)率いる政友会政権が成立し、世に「大正デモクラシー」と呼ばれる時代が本格化する。このような状況下で「特権階級」としての華族に対する風当たりは強まった。

華族の階級的危機を克服するため、旧結城《ゆうき》藩主家を継承した水野直《なおし》子爵(一八七九〜一九二九)や旧紀州藩主家の徳川頼倫《よりみち》侯爵(一八七二〜一九二五)などは、「貴族院にあっては権力に恐れず金力に動かされぬ一大団体を組織し、以て是を是とし非を非とするの主義で進みたい。これが旧大名や公家たちの国恩に報ゆる所以の一であろう」と主張し、有爵議員の大合同を提唱していく。すなわち貴族院は政権奪取などに関与すべきではなく、政局安定のためには進んで政府を援助していくべきであるとの姿勢を打ち出したのである。(38)

とりわけ当時のマスメディアなどに煽られ、世論が貴族院や華族に非難を浴びせたのが、世に「第二次護憲運動」と呼ばれた大正一三(一九二四)年の出来事だった。同年初に組閣した清浦奎吾は閣僚を貴族院議員で固めたが、これは政府側による選挙干渉や与野党双方で収賄の噂が絶えなかったため、当時の衆議院の総選挙を公正中立の立場から実施することを目的に形成された内閣だった。ところがメディアなどは「時代遅れの華族による政権」などと叩き、これに後押しされて護憲三派と呼ばれた諸政党が総選挙で勝利を収め、憲政会の加藤高明（一八六〇～一九二六）を首班とする政権が成立した。

このようなさなかに「貴族院改正問題」と題する論稿を寄せたのが吉野作造である。この当時、貴族院改革については、①権限の縮小、②組織の変更、という二点が論点としてあがっていた。吉野は「権限の縮小」については反対している。「万一の場合に下院に対抗して国民に反省を促すの機会を与へ以て国家の針路を万一の邪路より救ひ出さしめんといふ趣旨に基き、制度上はどうしても下院と絶対に同等なものとして置かなければならない」というのが、吉野の論理であった。

第三章でも紹介したが、確かに一九一一（明治四四）年にイギリスでは貴族院の権限を縮小する改革がおこなわれた。しかし当時のイギリスはほとんどすべての議員が古くからの「有爵議員」であり、新たに叙せられた貴族院議員の数は少なく、このため法的な権限縮小に乗り出さざるを得なかったと、吉野は指摘している。

これに対して日本の貴族院には、勅選議員や多額納税者議員もおり、制度的には融通が利く。吉野は「積極的に上院に清新の空気を入れんことを目的」とし、「新陳代謝」を図ることが必要であると唱えている。たとえば、公侯爵議員の世襲の廃止や互選規則の改正などで有爵議員の数を減らすことに加え、勅選議員制度の改正や民選分子の導入などで無爵の議員を増やし、貴族院の新陳代謝をおこなえば、新たな貴族院を作ることができるというわけである。[39]

近衛文麿の「貴族院論」

こうした朝野をあげての貴族院改革の声に押されて、加藤内閣は貴族院令の改正に乗り出した。ただし今回も大なたを振るうことはかなわず、有爵議員の年齢を二五歳から三〇歳に引き上げ、子爵議員の定数を四名減らし、多額納税者議員の数が若干増え、帝国学士院会員から互選で議員を選出する、という程度で改革は終えられた（大正一四：一九二五年）。

この同じ年の冬、ひとりの華族が『東京日日新聞』（現在の『毎日新聞』）にある連載を発表した。「貴族院論」と題する論稿を掲載したのは、当時三四歳の近衛文麿《ふみまろ》（一八九一〜一九四五）。先に紹介した篤麿の長男であり、父の急逝によりわずか一三歳で公爵を襲爵し、二五歳を迎えた大正五（一九一六）年に貴族院議員となった、貴族院期待の星であった。上記の水野子爵や徳川侯爵からも将来の貴族院運営を嘱望されていた近衛であったが、その彼が示した持論が「貴族院論」のなかに凝縮されていた。

近衛文麿

近衛は、一九世紀イギリスの貴族院の歴史を丹念にひもとき、イギリスでは政府が君主に貴族の増設を願い出て、法案を通すために政府側の貴族院議員を大量に送り込む方策（スワンピング）を取ることができることを指摘した。たとえば、一八三二年の第一次選挙法改正の危機の際（一六六〜一六七ページ）や一九一一年の議会法をめぐる与野党対立の際（一九四ページ）には、実際に貴族の増設はおこなわれなかったものの、これを「脅し」に使うことで野党側は法案の成立に手を貸すことになった。また当時のベルギーでは貴族院にも解散を適用できる法律が備わっていた。

ところが、日本の貴族院にはスワンピングも適用できなければ、解散もない。これをおこなうためには「憲法改正」が必要となるが、一九二五年当時は大正天皇が病気で裕仁《ひろひと》皇太子（のちの昭和天皇）の「摂政期（一九二一〜二六年）」にあたっていた。摂政には憲法の改正を是認する権限までは備わっていなかったのである。

「我国の貴族院はただにその権限が衆議院と対等であるのみならず、その法的地位は衆議院よりも遥かに鞏固《きょうこ》で、一言にしていえば誠に難攻不落の城府である」と近衛は述べ、それでは両院の衝突を防ぐにはどうすべきかとの問いに、「それは実に貴族院の自制ただ一つあるのみといわなければならぬ」と結論づけている。(40)

イギリスでは主には自由党（ホイッグ）の側が改革をおこない、それを保守党（トーリ）側の貴族院首領であるウェリントン、ダービ、ソールズベリといった領袖たちが「よく自制して」混乱を収めた。イギリスでは、政党は貴族院も庶民院も「縦断」して存在する。それにもかかわらず彼ら領袖が「濫《みだ》りに下院の保守党と相呼応して政府顚覆の陰謀を企てるようなことをしないで、よく自制して憲政の発展に貢献して来た事実を見て感嘆を禁じ得ないのである」と近衛は述べ、続けてこう結論づけている。

「しかるに我国の貴族院の如きは、元来政党と何等の因縁関係を有して居ないのであるから、その自制は英国よりは遥かに容易であるわけである。従って両院の衝突を避け、憲政の運用を円滑にするには、英国の上院などよりも遥かに都合のよい立場に置かれている。私はこの点を高調したい」(41)

このように貴衆両院の対立が激化しそうになった場合には、貴族院が自制を示すべきと論ずる一方で、近衛は次の点もしっかりと提言している。「ここに注意しなければならぬことは、貴族院としても、もし国民の意思が明かに政府及びその与党を離れつつあると見た時は、必ずしもこれに譲る必要のないことである。さようの場合、もし争点たる問題にして重大と見るならば、これに反対し、政府党にして敗北すれば、貴族院はよく民意を洞察したと称するを得べく、その行動は十分是認せられるわけである[42]」。

この見解は、前章でも詳述したとおり、近衛自身が賞賛している第三代ソールズベリ侯爵が提唱した「民意をくみ取る貴族院」という考え方（一九二ページ）に合致するとともに、その孫でのちに「ソールズベリ原則」（一九六ページ）を打ち出す第五代侯の方針とも一致する。

近現代史家で近衛の評伝も著した筒井清忠は、実際に近衛と貴族院が「国民の意思が明らかに政府与党と離れている」と感じ、政府を糾弾した事例として、田中義一首相問責決議案の可決をあげている（一九二九年）。詳細はここでは割愛するが、筒井も指摘するとおり、このあたりに単なる思いつきで動く凡百の政治家とは異なる「近衛の知識人性が窺われる」のである[43]。

このあと近衛の連載は、キャンベル＝バナマンやローズベリ伯爵による改革案（一九四ページ）、そして一九一一年の議会法成立過程など、イギリス議会史について詳細に論じている。

大戦下の貴族院と廃止への道

近衛の「貴族院論」は各方面に反響を呼んだ。特に、吉野作造はすぐに「近衛公の貴族院論を読む」と題する論稿を『中央公論』に発表している（一九二六年二月）。ここで吉野は貴族院の本来の制度を再確認するると同時に、現今の状況を改善するには憲法改正か、改正をおこなわずにできることに分けて考える。近衛が憲法改正にあまりに慎重な姿勢を見て「臆病なる同君の態度には聊《いささ》か解するに苦むものがある」という批判を加えた吉野ではあるが、貴族院が政党化をせず、政府（衆議院）と敵対しそうなときには自制し、逆にこれが国民の世論に合わないと判断された場合には譲らず、という近衛の提言については「無条件に賛成する」と激賞した。

さらに吉野はこう続けている。「世間には貴族院の反対の為に、単にそれ丈《だけ》の理由で、衆議院を解散するのが可怪《おか》しいと云ふ人もあらんが、そは一顧の値もなき愚論である(44)」。

ところが現実の貴族院における政治は、近衛が理想として描いたようには進まなかったのだ。昭和に入ってからも、経済的に困窮する子爵や男爵が貴族院議員になろうと各会派に接近する。そのようなときに先輩議員から受ける助言が「議会はしゃべっては困る、ただ出席してくれればよい、ただ最後の議決の時だけ賛成すればいい」だった。

文麿の弟で指揮者、作曲家として名を馳せた近衛秀麿（一八九八〜一九七三）も子爵に叙せられており、昭和七（一九三二）年の互選選挙で貴族院議員に当選しているが、その当時のことをこう振り返っている。「新議員はなるべく貧乏華族から選び政党は借金の整理などしてやって任期中は頭の上がらぬようにしておく仕組みになっていた」「幹部命令に絶対服従の兵隊を揃えることに主力が注がれ」ていた(45)。

やがて日本は中国との戦争に乗り出した（昭和一二：一九三七年）。その後はアメリカやイギリスとの戦争に拡大し、昭和二〇（一九四五）年八月までのあいだに帝国議会は通常・臨時あわせて一七回開催された。貴族院ではときとして政府に批判的な場面も見られたが、軍部を恐れて次第にその批判力も低下していく。ただし戦時中に複数の議員が兵卒を含めて召集を受けた衆議院とは異なり、貴族院議員の権威はそのような手出しなどできないほど高かった。

また華族の世界は、政官界の上層部や皇室、宮中関係者などに親類縁者が多く、こうした人脈から確度の高い情報が交換され、極度に情報が制限された戦時下においても貴族院議員たちは例外的に戦況に通じていた。それだけに、戦局が日増しに悪化した、敗戦の間際の頃までには、日本と自分たちの行く末について観念していただろう[46]。

昭和二〇年夏の敗戦とともに、日本はアメリカを中心とする占領軍の統治下に入った。まずは翌二一年、多くの議員たちが「公職追放」の憂き目に遭った。戦犯として逮捕される者もいたが、議員を自ら辞職する華族も大勢現れた。皇族の東久邇宮稔彦《ひがしくにのみやなるひこ》を首班とする戦後内閣で国務大臣となった近衛文麿は、マッカーサー司令部と会見をおこない、貴族院の拒否権の廃止や貴族院の民主化を盛り込んだ独自の憲法案を示していたが、内閣総辞職によりその権限も奪われる。

昭和二一(一九四六)年二月に出されたいわゆる「マッカーサー三原則」では、「日本の封建制度は廃止される。貴族の権利は、皇族を除き、現在生存する者一代以上には及ばない。華族の地位は、今後はどのような国民的または市民的な政治権力も伴うものではない」と規定された。またこれ以前から、GHQ司令部は「一院でも二院でもよいが、全議員が公選により選ばれなければならない」という方針を示しており、「日本における有産階級および保守的な階級の代表者」ともいうべき貴族院を「立法に関して不当な影響力を与える」存在として糾弾し、ここに貴族院存続の芽は摘み取られたのである[47]。

こののちは、衆議院とともに新たな「参議院」が設置される運びとなり、参議院は地域別または職能別により選挙される議院としての位置づけを与えられた。その後の第一回の参議院議員選挙では、かつて貴族院議員だった者が二五〇人中二三名も当選している。制度的にも人的にも、貴族院と参議院には若干の連続性も見られるが、しかし昭和二二（一九四七）年五月二日をもって貴族院はその五七年の歴史に幕を閉じたのである。

日本的な「貴族」の衰亡？

華族研究の第一人者である小田部雄次は、日本の華族を「遅れてきた貴族」と表現している。欧米に比べて遅れて近代社会に踏み込んだ日本は、貴族と市民の階級構造がはっきりと確立する前に、すでに欧米で始まっていた資本家と労働者の対立が加わり、両者が混在したまま発展していった。それゆえ資産のない貴族＝華族がいる一方で、資産のある平民も存在したのである。第二章や第三章で見てきたとおり、本来、貴族とは伝統的な名声だけではなく、土地・資産・人民を固有に持ち、独立した権力や経済力も持っていた。しかし華族はそうではなかった。明治維新後の華族では、有力大名出身の武家華族だけがかろうじて資産を有したが、あとの華族は財政的な基盤を決定的に欠いていた。(48)

それがまた「華族」という新たな階級を、出発時から分断を抱えたものにしてしまっていた。明治二年からの旧華族は、同一七年に新たに叙せられた維新の功労者からなる「勲功華族」（新華族）を見下し、華族内のさらなる分裂まで生み出していく。それは日清・日露戦争での勝利により「軍功華族」が多数現れ、同時期に「財閥華族」まで登場したことで、ますます深まった。

このような華族のさまざまな出自による多様性を補う機関として、華族会館や学習院、そして貴

木戸幸一

族院といったものが造られ、七八年のあいだに一〇一一家も叙せられた華族をひとつにまとめていくことが試みられたのである。とはいえ、数百年以上かけてひとつにまとまっていたヨーロッパの「貴族」とは異なり、わずか一世紀足らずの期間では自ずと限界が見られたのであろう。

それと同時に代を重ねていくにつれて見られたのが、日本的な「貴族」の弱さであった。貴族院のありかたについては、並外れた見解を示した近衛文麿であったが、彼やその親友で内大臣として昭和天皇を支えた木戸幸一（一八八九〜一九七七：侯爵木戸孝正の長男）などは、貴族的「先手論」と呼ばれる手法を得意とした。すなわち、ある時代の方向性を先取りすることにより、その流れに沿いつつそれを自分たちにとって好ましい方向に変えていこうとする手法である。彼らは華族のなかでも「革新派」と呼ばれ、平等主義を唱えるエリートたちだった。

しかしこの日本的な「貴族」たちは、自分たちが時代の流れを作っていると信じてはいたが、その実、それは大衆とのあいだにあまり距離のない方向であった。日本の貴族エリート的世界は多くの日本人の進んだ方向とあまり変わりがなかったのだ。大衆がある極端な方向に流されているとき、それに大局的な視野からブレーキをかけうるようなよい意味でのエリート層の形成に、近代日本社会は失敗したのだと、筒井清忠は鋭く指摘している。[49]

こうした感慨は別の視点から、近衛や木戸と接した同時代の人物からも寄せられている。それは旧津軽藩士の子として生まれた元海軍軍人で、終戦時の昭和天皇の侍従長

（一九四四〜四六年）を務めた藤田尚徳《ひさのり》（一八八〇〜一九七〇）である。藤田から見れば、戦犯として捕らえられることを嫌い服毒自殺した近衛も、戦犯として捕らえられた木戸も、戦前から戦中にかけての時期に「君側にあって百難を排しても正しきを貫」いて、天皇を支えなければならない立場にいたはずであった。それにもかかわらず、二人とも政府や世論に迎合し、最悪の事態を招いてしまったと、藤田は内心忸怩《じくじ》たる思いであった。

「余りにも人間的に弱く［中略］気力に欠けた一貴族の姿」を藤田は木戸に見ている。ここで藤田が言う「貴族」とは、特権階級であることを鼻にかけ、独善的に動くという意味で使われているように思われる。藤田はこう述べる。「木戸内府については、やはり〝貴族〟であったと思う。当時の習慣として、何がなくても自然と他人に敬われていた〝貴族〟であったことが、木戸内府の性格、内大臣としての宮中での仕事に反映していたのだ。そのために陛下の周囲に垣をつくって、自由に参内もさせぬという譏《そし》りを招いたように思う(50)」。

このようにして、長い目で見れば律令時代からおよそ一三〇〇年にもわたり続いてきた日本の「貴族」は消滅した。それでは第二次世界大戦後、日本国憲法下の我が国において、もはや「貴族」は必要ないのであろうか。最後に、貴族院の後継組織として登場した、参議院の現状を少しく探究しながら、その点について検討していきたい。

3 現代日本に必要な「貴族」とは？

参議院の形成

昭和二二（一九四七）年五月二日、それまでの貴族院に代わり新たに参議院が創設された。議員はすべて国民による直接選挙で選ばれ、定数は二五〇議席。都道府県を選挙単位とする地方区から一五〇議席、全国をひとつの選挙区とする全国区から一〇〇議席が選出される運びとなった。憲法学者の高見勝利が指摘するとおり、戦後初めての選挙は「二度とない例外中の例外の選挙」とも言えよう。衆参両院議員選挙に加え、全国の知事、市町村長、地方議会選挙が一気におこなわれたのである。このなかで特に参議院議員の選挙は、両院制の下でどのような使命を持ち、いかなる機能を果たすか等について、有権者自身がよくわからないままに実施された[51]。

この結果、総計一五九〇人に及ぶ立候補者が乱立し、日本社会党が四七議席で第一党となり、これに日本自由党三九人、民主党二九人という具合に続き、無所属の当選者は一〇八人（議席の四三・二％）と圧倒的な数を示したのである。そして議会開会（五月二〇日）の直前に、これら無所属の当選者の多くを占めた戦前の貴族院議員や外交官、文化人らの議員が、貴族院（勅選）議員であった小説家の山本有三（勇造）を中心に「緑風会《りょくふうかい》」という会派を結成した。参加者は実に九二名（議席の三六・八％）に達し、事実上の最大会派であった。二〇日の国会では、緑風会に所属の松平恒雄（元外交官・宮内大臣）が初代の参議院議長に選ばれている。

緑風会の特徴は、「中正公明な団体」を標榜し、「国会審議にあたっては一定のイデオロギーを前提とせず是々非々の態度でのぞむ」という、まさに戦前の貴族院と同様の姿勢を示していたことである。しかも会派としての拘束力も緩やかで個々の議員自身の行動が尊重された[52]。

このように参議院は、議員の大半が有爵議員で占められていたり、政府による勅選議員や多額納税者議員から成っていた貴族院とは異なり、すべての議員が国民による直接選挙で選ばれるようになった一方で、かつての貴族院と同様に「是々非々」の態度で国政に臨むという理想的なスタートを切ったかに思われた。

ところが昭和二五（一九五〇）年六月におこなわれた第二回選挙からは、早くも参議院の政党化傾向が現れるようになっていく。緑風会は、自由党、社会党に次ぐ第三会派へと転落してしまったのである。ただし自由党政権にとっては緑風会がキャスティング・ボートを握る存在であることに変わりはなかった。選挙の二年前から発足していた吉田茂の自由党政権には、すでに緑風会から下条康麿が文部大臣として入閣していた。

しかし、戦後の混乱危機を経て保革両派の政党がそれぞれひとつにまとまっていく、いわゆる「五五年体制」が形成されるや、自由民主党と社会党の両党に挟み撃ちにされ、「無所属」議員は窮地に立たされていくこととなった。緑風会は、昭和四〇（一九六五）年六月に第四八回国会の会期が終了すると同時に解散する。こうして参議院は、これ以後の長期政権を維持した自民党と野党側との攻防の場として、衆議院と同じような状況に置かれることになった(53)。

参議院は強いのか、弱いのか？

さて、自民党対野党という「五五年体制」が日本の議会政治に形成され、昭和三一（一九五六）年一二月から平成元（一九八九）年七月まで、自民党が衆参両院で過半数議席を獲得する体制が続いたため、参議院には独自の影響力を発揮する機会が少なくなったとの説が提唱された。法案審議過程で衆議院から送られてきた法案に修正が施されたり、否決されたりすることも参議院では稀となり、参議院は衆議院の「ラバースタンプ」にすぎないであるとか、衆議院と同じような審議を繰り返すだけの「カーボンコピー論」などという議論もある。

実際に、昭和二二（一九四七）年から平成二一（二〇〇九）年までの六二年間において、衆議院を通過した全内閣提出法案のうち、参議院で修正、否決されるか、あるいは審議未了、継続審議にされた法案は、わずか一一％にすぎないという研究もある。[54]

他方で、平成元（一九八九）年七月の参議院議員選挙で自民党が大敗を喫して以来、与党側が参議院で過半数を確保できない状態がしばらく続いた。俗にいう「ねじれ」国会である。これ以降は、むしろ野党優勢の参議院には政治過程に大きな影響力を及ぼすことが可能であるとする「強い参議院」論が展開されるようになった。

事実、平成六（一九九四）年の政治改革関連法案、平成一七（二〇〇五）年の郵政民営化関連法案といった、ときの政権にとっての最重要法案が参議院で否決されているのである。

日本国憲法では、内閣総理大臣の指名や予算審議、条約承認については、参議院より衆議院の議決が優先されている。しかしそのほかの法案審議に関しては、参議院は衆議院と同等の権限を有している。憲法第五九条第二項では、衆議院を通過した法案が参議院で否決された場合には、衆議院で再度審議し、再可決されれば法律は制定される。ただし再可決のためには出席議員の三分の二以上の賛成が必要となり、それだけの賛成票を集めるのも大変である。さらに、同四項により衆議院が参議院に法案を送ってから六〇日以上経ってからでないと否決とみなしての再議決はできない。

しかも、現在の日本の議院内閣制の場合には、内閣は衆議院とは融合する一方で、内閣に対する参議院の独立性は強い。首相は、政府の政策に衆議院が反対する場合には、これに「解散・総選挙」で応じることができるが、参議院に解散はないのである。[55] これをもって「強すぎる参議院」論を唱える専門家もいる。

平成元年以来、単独で参議院の過半数を制する政党がなくなったため、与党は連立を組んで政権を運営していくことが慣例化していく。それは平成二五（二〇一三）年の参議院議員選挙で自民党と公明党の連立与党側が過半数を制し「ねじれ」が解消して以降も変わりがない。

「ねじれ」国会の弊害

「ねじれ」国会は日本の政治運営にとっても大きな弊害を生み出した。上述のとおり、昭和二二（一九四七）年の開設時から平成二一（二〇〇九）年までのあいだに、参議院が衆議院を通過した法案を否決・修正した事例はそう多くはない。否決した件数はみなし否決を除き一三件だけである。そのうち四件は「五五年体制」以前（一九五〇～五四年）に集中しており、「五五年体制」下では皆無となる。そして残りのうちの実に七件が、平成二〇（二〇〇八）年から翌二一（〇九）年のわずか二年間に集中しているのである。これは平成一九～二一年に生じた「ねじれ」国会の時期にあたる。

参議院を歴史的・体系的に鋭く分析した政治学者の竹中治堅《はるかた》によれば、この少し前の平成一六（二〇〇四）年の参議院議員選挙の頃から、衆議院に加え参議院でも「二大政党制化」が進んだという。そして、政権をめぐる抗争が衆議院と参議院をまたいでおこなわれるようになったことが、この混乱の原因であると喝破している。[56]

この二年間に出された七件の法案は、いずれも自民党・公明党による連立政権が出したもので、民主党が参議院で否決し、同日もしくは翌日に衆議院本会議で出席議員の三分の二以上の賛成をもって法制化されている。このときには、民主党を中心とする野党側が参議院を「政争の具」に使い、政策決定過程を大きく遅滞させたと、議会内外から強い非難も上がっている。

こうした日本の国会の現状を見るにつけても思い起こされるのは、先に紹介した近衛文麿の「貴族院論」のなかの一節ではなかろうか。

「ねじれ」国会などという言葉は、我が国では二〇世紀末になって人口に膾炙した感が強いが、もともと世界で二院制を採る国においては、「ねじれ」は通常に生じうる現象なのである。特に、近衛が紹介するイギリス議会では、庶民院で自由党や労働党が過半数を制していようが、貴族院では伝統的に保守党が圧倒的多数を維持する時代が長かった。それにもかかわらず、「濫《みだ》りに下院の保守党と相呼応して政府顚覆の陰謀を企てるようなことをしない」ので、近衛は「よく自制して憲政の発展に貢献して来た事実を見て感嘆を禁じ得ないのである」と評価したのである。

近衛が在籍した当時の日本の貴族院でも官僚系が主導する会派が政党を嫌い、政党内閣が衆議院を通過させた法案を修正、否決するようなことが見られた。近衛は同じ論稿のなかでこう続けている。「［イギリスでは政党政治が］たとえ両院縦断であっても、自由党内閣の場合は、下院の少数派たる保守党が貴族院における自党の多数を恃《たの》んで政府顚覆を企てる如きことは、かつて見受けない処である。われ等の学ぶべきは実にこの点である(57)」。

今からおよそ一世紀前に、すでに近衛はのちの日本の議会政治の姿を見越していたかのように、このような論稿を残している。確かに、戦前の貴族院とは異なり、戦後の参議院は政党化が進み、それはもはや後戻りできないのかもしれない。しかし、政党化が進んではいても、イギリス議会のように「自制」しうる貴族院（上院）が存在してきたのは、すでに第三章でも検証済みである。

そもそも戦後に、参議院が形成されるにあたって、議員の側でもあるいは憲法学の面でも、この新しい議院は「良識の府」「理の府」として、日本の政界にとっての重石《おもし》となることを期待されたのではなかったか。

「理の府」としての第二院

日本の参議院は、「良識の府」「再考の府」などとも呼ばれ、「数の府」である衆議院に対し、「理の府」としての役割を果たすために、それにふさわしい人材を集めて議会政治を運営するのが設立の目的であったはずである。

憲法学者の高見勝利によれば、二院制を採る国において第二院を「理の府」として位置づけた最初の人物が、第三章にも登場したが、イギリスの政治家で法学者でもあったジェームズ・ブライス（ブライス子爵：一八三八～一九二二）である。彼の著作『近代民主政治（*Modern Democracies*）』のなかに、「多数党が支配する第一院（それは往々にして知識と知恵を欠く）に対して、第二院は、一種の専門的知識と成熟した知恵の貯蔵庫（Reservoir of Special Knowledge and Ripened Wisdom）として構成されるべきだ」という記述が出てくる。

ブライスの同書は、昭和四～五（一九二九～三〇）年に邦訳され、岩波文庫から全四巻で刊行されている。これ以降は、日本の憲法学でも「理の府」としての第二院の存在が重視されるようになった。そして敗戦後に、日本に新たな第二院を作るにあたって尽力した、憲法学者で最後の貴族院勅選議員として吉田内閣で憲法担当国務大臣に就任した金森徳次郎（一八八六～一九五九）も「衆議院が熱情的に希望する問題であっても、参議院の知識によって批判さるることが望ましいが故に、参議院がかかる知識の倉庫であること、……各方面の知識の系統的なものが望ましいのである」と述べている。ここにもブライスの影響が見て取れよう。

さらに憲法学の分野でも、戦後すぐに刑部荘《ぎょうぶとおる》が「日本国憲法が両院制をとる以上、すぐれた参議院を組織して、数の支配する衆議院にたいし理の支配する参議院としての機能を十分に発揮させたいものである」と指摘し、浅井清も「衆議院の意思に対して、参議院の知性と常識が反省を加えるところに、第二院としての機能が期待される」「この反省の機能は、参議院の意思が国民の世論に反映し、この世論が更に衆議院にはね返って行くところに期待され得るのである」と述べており、のちの「良識の府」といった言葉の原型を早くも生み出している。[58]

実際の参議院でこの気風を示したのが、初期の院内に大きな影響力を有した緑風会であったのかもしれない。前述のとおり、同会のメンバーは、政治家、実業家、外交官、学者、文化人など多岐にわたり、まさに「専門的知識と成熟した知恵の貯蔵庫」といっても過言ではない組織であった。しかし、そのぶん党派としての拘束力は弱く、まとまりを欠いたため、政党政治の波に飲み込まれて姿を消していく運命となってしまった。

一九七〇年代にはいると、「カーボンコピー」と呼ばれて久しい参議院の改革を叫ぶ声が院内から上がってくる。その筆頭が参議院議長（在職一九七一～七七年）に就任したばかりの河野謙三（一九〇一～一九八三）だった。河野はもともと緑風会に所属しのちに自民党に移っていた。その河野にとっても緑風会は「参議院における理性の政治の推進力」であった。しかし参議院が政党化し、「衆議院で採決された法案はそのまま参議院を通るものと自他ともに思うように」なり、「参議院は第二衆議院と陰口」されるようになったと河野は嘆いている。[59]

河野議長の時代から、参議院では議員らを中心とする研究会や、外部の有識者も交えた有識者会議が開かれるようになった。これらの話し合いにより、正副議長の党籍離脱、参議院議員の国務大臣就任の自粛、政党による党議拘束の緩和、参議院における審議時間の確保、参議院先議の法案数の増加、決算審査の重視、といった提案が出された。そのうち、正副議長の党籍離脱のように慣行として定着したものもあるが、多くはいまだに実現できないでいる。

参議院改革の可能性

こうした議論も踏まえ、竹中治堅は「参議院改革」に関する私見を述べている。憲法の改正を伴う改革案としては、「ねじれ」国会で苦い経験をした、憲法第五九条第四項に基づくみなし否決の期間を六〇日から三〇日ほどに短縮することや、参議院議員が閣僚に就任するのを禁止する規定を設けて参議院の内閣に対する独立性をさらに強める案などが考えられるとしている。

さらに法律改正を要する改革では、まず参議院の選挙制度を改める必要があると竹中は指摘する。先にも紹介したとおり、参議院議員選挙は当初は地方区と全国区に分かれていた。ところが、全国区は選挙活動に膨大な資金がかかり、選挙活動にあたって候補者個人への負担が非常に大きいといった事情から、一九八三年からは拘束名簿式比例代表制に改められた（その後さらに「非拘束名簿式」に改正された）。比例代表制では「無所属」の立候補者がますます立てなくなり、参議院の政党化に拍車がかかる結果となっている。

これに参議院の二大政党制化や、選挙区割りの問題から「一票の格差」の拡がりも深刻化している。竹中も述べるとおり、政権争奪をめぐる政党間の争いが参議院に波及しないようにするためには、できるだけ無所属の議員が当選する余地を残すべきであり、そのためにも比例代表制を改める必要があろう。竹中は「地域ブロック制」を導入し、大選挙区に改めて、定数をブロックの人口比に応じて配分する提案を出している(60)。

我が国で参議院は「カーボンコピー」にすぎないと論じられていたとき、「参議院不要論」ももちろん提唱され、日本を一院制の国にするという案も出た。現在、世界一九二ヵ国で二院制を採る国は七九ヵ国であり、数の上では一院制の国のほうが多い。しかし、いわゆる「G7」を構成する先進七ヵ国はすべて二院制を採用している。やはりそれぞれの国が「冷静な第二の考えを持つ議院」を必要と考えているからである。

ただしこの先進七ヵ国のなかでも、日本では参議院にあたる「上院」議員を直接選挙で選出しているのは、アメリカ、日本、イタリアの三ヵ国だけであり、残りの四ヵ国は直接選挙にはよっていないのだ。イギリスは前章で紹介したとおり、世襲貴族と一代貴族からなる議員である。カナダでは首相の助言により総督が任命する議員を州ごとで選出している。ドイツでは連邦参議院の議員は各州の首相や閣僚が務めており、フランスでは地方政治家から構成される選挙人団によって上院議員が選ばれている。

このように世界に拡がる七九ヵ国ごとで「第二院」を構成する議員の選出方法は異なっており、それはそれぞれの歴史や伝統に根ざしたものであろう。

欧米主要国の二院制議会を比較検討した政治学者の岩崎美紀子は、現在の日本の二院制議会の問題点として、「二つの議院の代表原則が同じである点」をあげている。すなわち、日本国憲法第四三条第一項で「両議院は、全国民を代表する選挙された議員でこれを組織する」と規定され、明確な違いが示されていないのである。これは先述したが、GHQなどが戦前の貴族院を否定するあまり、両議院ともに直接選挙で選出するという方針にこだわったため、それ以上の方策を考える前に憲法ができあがってしまったからではないかと考えられる[61]。

そもそも吉田内閣も憲法制定時の最初の段階では、参議院は「地域別又ハ職能別ニ依リ選挙セラレタル議員」と「内閣ガ両議院ノ議員ヨリ成ル委員会ノ決議ニ依リ任命スル議員」から構成されることになっていた[62]。ところが後者は最終的に外されて、前者がすべて直接選挙で選ばれ、参議院を形成することになってしまった。

この後者の発想は、前章で紹介した近年のイギリスの貴族院で一代貴族を任命する際に採られている考え方であり、首相ひとりの独断で自党派に都合のよい貴族を増やすという方策は避けられている。

現在の日本でも、参議院のすべての議員を直接選挙で選ぶのではなく、諸外国の事例も充分に検討したうえで、選挙以外の選出方法を考えてもいいのではないだろうか。たとえば、吉田内閣がもともと採ろうとしていた方式で議員を任命することもできよう。そうすれば「選挙」を通らなければならないということで躊躇しているかもしれない有能な人材を、「職能別」という点で各界から集めることができるのではないか。あるいは、「地域別」という性格からは、都道府県の知事や議会から選出してもらうという方式もある。もちろんその場合には、年齢や任期などを細かく規定していく必要があるだろう。

さらには、イタリアの事例も参考になるかもしれない。イタリアでは、大統領経験者は本人が辞退しない限り、終身の上院議員となっている。また、大統領が社会、科学、芸術、文学などの分野から「最高の功績により祖国の名誉を高めた市民」を終身の上院議員に任命することができる。[63]これにならい、日本でも「三権の長」の経験者や各界の功労者を参議院に取り込むことが可能なのではないか。

ただし国民からの直接選挙でない場合には、「議員歳費」の問題も浮上しよう。その点は前章で紹介したイギリス貴族院の事例にならい、出席した会議の日数などに応じて経費を出せばよいのではないか。功なり名を遂げた人物たちからすれば、歳費の多寡などは大きな問題ではないだろう。むしろ「高貴なるものの責務(ノブレス・オブリージュ)」として、その知識と経験を議会生活に活かしてくれるのではないだろうか。

武士道から平民道へ

さらに参議院問題を含めた我が国における「政治改革」のこれからに最も必要なことは、国民ひとりひとりが担うべき「高貴なるものの責務」にもあるのではなかろうか。

これまで本書でも見てきたとおり、ヨーロッパでも日本でも、中世以来の政治、経済、社会、文化を主導してきたのは、それぞれの国や地域において「高貴なるものの責務」を担った「貴族」たちであった。彼らは各種の特権を得ていたかもしれないが、いざというときは命を捨てて領民、さらには国民を護ってきた。それが二〇世紀に主には「総力戦」を経験したことで、いずこにおいても「高貴なるものの責務」は「国民全体の責務(ナショナル・オブリージュ)」へと変化し、男女普通選挙権などが保障される一方で、国民ひとりひとりに「責務」や「義務」も重くのしかかっていったはずである。

ところがいつしか人々の心のなかでは「権利」ばかりが優先されて、「責務」が忘れ去られてしまったように思われてならない。

たとえばまさに国政選挙である。我が国における「投票率」を例にとっても、二〇一〇年代以降では衆議院議員選挙で二〇一二年（五九・三二％）、一四年（五二・六六％）、一七年（五三・六八％）、二一年（五五・九三％）といった具合に、軒並み五〇％台にとどまっている。特に一四年は明治以来の衆議院史上でも最低の投票率であった。参議院議員選挙にしても、二〇一三年（五二・六一％）、一六年（五四・七〇％）、一九年（四八・八〇％）、二二年（五二・〇五％）と、衆議院の選挙より低い数字が続いている。一九年選挙は、一九九五年の史上最低（四四・五二％）の次に低い投票率となっている。

またここでは詳しく触れないが、都道府県の知事や議会、市町村議会の選挙ともなれば、さらに低い数字となっている事例が多い。こうした状況をどうとらえるのか。これは自分たちの生活を守るための大切な選挙権を「権利」としか見ておらず、「責務」とは考えていない感覚が人々に蔓延している結果ではないか。

これまで本書でも随所で触れたとおり、国によっては選挙権とは一般市民である祖先たちが、革命や戦争の結果、まさに「血の代償」として勝ち得たものだった。だからこそ選挙へ行くのは「権利」というより、祖先たち（さらには子孫たち）に対する「責務」だったはずである。それがいつしか「権利」ばかりに重きが置かれ、平気で「棄権」をおこなう習慣が根づいてしまったのではないだろうか。

現在でも、国によっては「義務投票制」を採っている場合がある。オーストラリア、シンガポール、タイ、スイス、ベルギーなどがそうである。ベルギーの場合には、一五年間で四回以上の選挙を棄権した場合には一〇年間投票資格を停止されるのである。

議会や政治を変えるためには、まずは国民ひとりひとりが「高貴なるものの責務」を担っていくという気概を持たなければならないのではないだろうか。今から一二〇年ほど前に、教育者で思想家の新渡戸《にとべ》稲造《いなぞう》（一八六二〜一九三三）は「人民の道（Plebeianism）」という英語の短文を発表している（一九〇四年）。新渡戸といえば言わずと知れた『武士道』を欧米世界に広めた人物であるが、彼の真意は前近代の武士の姿を世に紹介することにはなかった[64]。

「武士道又た称して士道というもの、吾人既に多く之を聞けり。之ぞ我国民道徳の根底なり、礎石なり、柱梁なる。されど時は推移し行きて、武士の品性を形成したる、其道猶ほ存して、武士既にあらず。斯道は変化せる事態に新たに適応せられずんばあらず。［中略］士道は形を変じて、人民の道（プレベイアニズム）たる民道たる可し。教育の進歩とともに、戦いを事とする貴族の武士は去りて、平和の民と称すべき彼平民は、陣頭に現われ来たらずんばあるべからず」。

新渡戸稲造

さらに新渡戸は日本語でも、大正八（一九一九）年の『実業之日本』に「平民道」と題する一文を寄せている。「武士を理想、或は標準とする道徳もこれまた時世遅れであろう。それよりは民を根拠とし標準とし、これに重きを置いて政治も道徳も行なう時代が今日まさに到来した」「私は今後の道徳は武士道ではなく、平民道であると主張する」「今日、この武士の階級が廃止されたといっても、根本のいわゆる常道は決して失われることがなく、広く施されて万民、これを行なえば、少数の武士階級に行なわれるよりはるかに有力な、かつ有益な道徳となるに違いない。万民よくこれを行なえばもはや武士道と言われない。すなわち平民道を命名したゆえんである」。

ひとりひとりが「貴族」となる時代へ

さらにこの七年後の大正一五（一九二六）年に同じく『実業之日本』に「人格第一主義」と題する論稿を寄せたのが、当時の実業界の巨頭である團琢磨《だんたくま》（一八五八〜一九三二）だった。團は「人格即ち道徳といふものを有たぬものは、総ての点に於て信頼が出来ないのだから、信頼が出来ねば人間の社会に重用さるゝことは出来ない訳である」「つまり総てこの世の中のことは、道徳即ち人格が根底とならねば、何事も出来ないといふことが、長い間の人類の社会生活の実験に依つて明かにされ、それが宗教となり、儒学となつて道徳上の掟が規定さるゝに至ったもので、この根本義は今日に至るも毫《ごう》も変ることがないのである」と述べている。

團がこの文章を書いた一九二〇年代半ばは、第一次世界大戦が終結し、アメリカが強大な科学力によって世界を席巻しつつあった時代でもある。また先にも論じたが、日本では男子普通選挙をめざした護憲運動も盛り上がりを見せていた。明治前半期に新渡戸と同じく、アメリカに渡り修養を重ねて世界を見てきた團が行き着いた結論が以下のようなものである。

「我国にも古来、儒学とか、武士道といふやうなものがあつて、これが我が国民性を陶冶《とうや》する上に非常に貢献したもので、英国に於けるキャラクター・メーキングと相並ぶべき程のものである。然るに今日では、欧米諸国に於ても種々な発明があつて、科学が非常に進歩してゐるが、さて之れを応用する人達の道義心といふが如きものは、却つてその反対に退歩して、社会を破壊するといふ結果になりつゝあるやうである。物質的進歩に伴ひ、同時に道徳も共に進歩しないと社会は破滅に帰するの外《ほか》ないのではなからうか。殊に日本人が東洋の一角に居つて、西洋の物質的の進歩を見習つて、之を応用して一つの新なる文明を樹立せねばならぬ責任をもつて居る青年諸君に対しては、殊更道義道徳の修養が最も必要である(65)」

本書でこれまで論じてきたとおり、いにしえのギリシャ、ローマあるいは中国においても「徳」を重んじて社会を主導したのが貴族たちであった。それは中世以降のヨーロッパにおいても変わりがなかった。やがて社会は大きく変化し、二〇世紀にはいると貴族政治の時代から大衆民主政治の時代へと移り変わった。

しかしそれは「徳」を重んじる精神が不要になったことを意味するわけではない。広く世界を見てきた新渡戸や團がいみじくも一世紀前に論じたことは、階級なき世界こそ「徳」の重要性が増すということを直観したかのごとくである。

いまや貴族が社会全体を支配する時代ではない。しかし今度は、表面的な爵位や称号に関わりなく、ひとりひとりの人間が「徳」を重んじ、精神的な「貴族」となって共同体や国家、そして地球全体を支えていく時代にはいっているのではないか。

現代は、このように道徳を説くことが、最も無意味で愚かなおこないだと疎まれ、冷笑される時代である。しかし、古代を含めていつの時代においても、そのような事情に大差はなかったことであろう。それでも、本書でみてきたように、つねに「徳」の大切さを説き続けた先人たちがいた。

古代から現代にいたる貴族たちの歴史は、そのことの重要性を私たちに教えてくれているように思えてならない。

おわりに

我国の富豪家は多々ます〳〵利するのみにて、公共慈善の事に大に金を投じたるものあるを見ず。其輩の邸宅又は別荘に何十万円を費して結構の宏壮を極めつゝあるは世人の現に目撃する所なれども、学校病院等の施設にして専ら富豪家の寄金に成るもの殆《ほと》んど絶無なるは我輩の遺憾とする所にして、貧民の眼より見るときは、富豪輩は散々に吾々の膏血《こうけつ》を絞りながら、単に自身の奢侈《しゃし》贅沢の為めに金を費すものにして、強慾非道の極と認むることならん。(1)

福澤諭吉（一八三五〜一九〇一）は、明治三三（一九〇〇）年にこのような論稿を書いて、日本の富豪の公徳心のなさを戒めている。もちろん日本でも「道徳経済合一」の思想を持った渋沢栄一（一八四〇〜一九三一）や、のちには大原孫三郎（一八八〇〜一九四三）のように、学校や病院、孤児院の建設などに尽力していく財界の巨頭も見られるようになるが、まだ当時はこうした「寄附文化」が定着していなかったのだ。(2)

他方で、福澤は欧米の富豪について「金満家の金を積むもの甚だ多しと雖《いえど》も、一方には之を散ずることも亦甚だ少なからず。例へば、病院、貧院、その他の慈善事業に出金するものは孰《いず》れも富豪家にして、貧民の貧苦を救ひ其感情を和《な》ぐるに勉むるは勿論、学問教育の事にも頗る熱心《すこぶ》」と同じ論稿のなかで評している。

今日《こんにち》のアメリカ実業界にもこの精神は引き継がれているといえよう。マイクロソフト社の創業者で世界一の富豪とも言われたビル・ゲイツ（一九五五〜）は、その莫大な資産を「ビル＆メリンダ・ゲイツ財団」（二〇〇〇年創設）につぎ込み、ワクチンや医薬品の開発、世界規模での貧困層の救済、農業支援などに尽力している。これに共鳴し、世界最大の投資家と呼ばれるウォーレン・バフェット（一九三〇〜）も同財団に三〇〇億ドルを超える寄付をおこない、今やビル＆メリンダ・ゲイツ財団は世界最大の慈善団体となっている。

しかしその一方で、彼らより少し下の世代の大富豪たちは、公共の福祉より自身の快楽に重きを置くような事例も多々見られる。二〇二一年七月には、アメリカの大富豪数人が「宇宙旅行」に乗り出した。専門職の宇宙飛行士ではない彼らにとっては、それは桁外れの冒険だったかもしれないが、世界中がコロナ禍で逼塞《ひっそく》しているときに、多くの人々の目からすれば、先の福澤の言葉どおり、「単に自身の奢侈贅沢の為めに金を費す」姿にしか見えなかったのではなかろうか。

もちろん、一見どんな無意味な浪費に思えても、そこには「経済効果」があるのだから、目くじらを立てるべきではないという考え方もあろう。しかし、そのような経済思想の源流とされる「近代経済学の父」アダム・スミス（一七二三〜一七九〇）は、『国富論』のなかで次のように述べている。「かりに誰かの放蕩が、他人の節約によって埋め合わされるにしても、浪費家の所業は、勤勉な人間のパンで怠け者をたべさせることによって自分自身を一文無しにするだけでなく、彼の国をも貧しくする傾向をもっている(3)」。

二〇〇〇年以上前のスミスの言を引くまでもなく、彼ら大富豪らの民間宇宙旅行に苦言を呈したのが、イギリスの「未来の国王」でエリザベス女王の孫にあたるケンブリッジ公爵ウィリアム王子（一九八二〜）であった。二〇二一年一〇月にBBC（英国放送協会）のインタビューに答えた公爵は、「宇宙旅行に力を入れている億万長者らは地球を守るために時間と金を使うべきである」と彼らを非難した。特に父のチャールズ皇太子（二〇二二年九月より国王チャールズ三世）と同様に、地球環境問題に積極的に取り組むケンブリッジ公爵は、ロケット打ち上げに伴う二酸化炭素排出にも疑問を呈していた(4)。

もちろん自身で稼いだ莫大な富を「落として」宇宙に行くこと自体には問題はないかもしれない。しかしそれが文字通りの「物見遊山」に終わるのと、公共の福祉のためにおこなわれるのでは雲泥の差があるように思えてならない。たとえば、宇宙探検は「新型コロナウイルスを撲滅できる新たな薬品を探しに行くための手段」ともなれば、その意味もまったく違ってこよう。

しかし彼ら大富豪らの宇宙旅行は「徳」というものを一片たりとも感じさせることはなかった。これとは反対に、宇宙旅行などに「まったく興味がない」と断じたケンブリッジ公爵の姿勢には、イギリス王室が長年培ってきた「高貴なるものの責務」の伝統が感じられた。

そして日本の皇室も、やはり「徳」を大切にする姿勢を示している。令和四（二〇二二）年二月にお誕生日の会見を開かれた天皇陛下は次のように述べられた。

「鎌倉時代の花園天皇（筆者註：在位一三〇八〜一八年）が皇太子量仁《かずひと》親王に宛てて書き残された、いわゆる『誡太子書《かいたいしのしょ》』においては、まず徳を積むことの大切さを説かれ、そのためには道義や礼儀も含めた意味での学問をしなければならないと説いておられます。このような歴代の天皇の思いに、深く心を動かされました。私は、過去に天皇の書き残された宸翰《しんかん》などから得られる教えを、天皇としての責務を果たしていく上での道標《みちしるべ》の一つとして大切にしたいと考えています。そして、その思いと共に皇位を受け継いでこられた、歴代の天皇のなさりようを心にとどめ、研鑽《けんさん》を積みつつ、国民を思い、国民に寄り添いながら、象徴としての務めを果たすべく、なお一層努めてまいりたいと思っています(5)」

古今東西いつの世においても、真の「貴族」とはこのような姿をしているのではないかと思わざるをえない。

本書は、『立憲君主制の現在』（二〇一八年）、『悪党たちの大英帝国』（二〇二〇年）に続き、著者が新潮選書から上梓させていただく三冊目の著作となる。そしてある意味では『立憲君主制の現在』にとっての姉妹版ともいうべき作品にもなろう。この前作では、著者は二一世紀の現在にも残る世界の君主制を比較検討し、なかでも国民からの支持を充分に意識して日々の公務に励むヨーロッパの立憲君主制が現代社会にもしっかり溶け込んでいる姿を明らかにした。

しかし、そのような君主制が成り立つためには、本書でもたびたび登場した「王室の藩屏《はんぺい》」というべき「貴族」たちの存在が必要となるのではないかと痛感した。そこで新潮選書編集長で、これまでの著作も担当してくださった三辺直太氏とともに、「二一世紀において貴族とは何か」という問題に真正面から取り組むこととなったのである。

実は、そもそも著者が学部生時代にイギリス史を専攻し、さらには大学院へ進学して研究者の道を歩み始めた最初の関心事は、まさに「イギリス貴族」であった。特に世界中で姿を消しているにもかかわらず、イギリスにのみ「貴族院」が存続する理由とは何なのだろうか。このような関心から、イギリスに留学した際には、実際の貴族院の審議もぜひ見学したいと考えていた。

著者がイギリス留学中に在籍したオクスフォード大学セント・アントニーズ・コレッジは、当時、一代男爵に叙せられたばかりのドイツ出身の世界的に高名な社会学者が学寮長（Warden）に就いていた。新入生歓迎のレセプションでも「貴族院について研究しているのでぜひ見学したい」旨を学寮長に伝えていた。紹介状なしに普通に見学できる庶民院とは異なり、貴族院の見学には、貴族自身からの紹介による「チケット」が必要であった。学寮長は「チケットをとってあげよう」と言ってくれたものの、その後、何度もお願いしていたのに「梨の礫《つぶて》」が続いた。

年が明けてしばらく経った後の夕食会で著者は学寮長の目の前の席に着いた。すると、なんとコレッジの院生たちがツアーを組んで貴族院見学に行くというではないか。ところが予約の締め切りはすでに過ぎており、それ以上の追加はできないという。コレッジの掲示板を見逃していた著者にも責任はあるが、それまで再三再四にわたって見学の許可をお願いしてきた著者に何かひと言あってもいいだろう。それにもかかわらず学寮長は「もう遅すぎる（It's too late）」とにべもない態度であった。

「もうにわかの一代貴族なんかには頼まない！　高貴なるものの責務がわかっている世襲の貴族にお願いする！」と、著者は思わず激高して隣の友人に言ってしまったほどであった。

翌日、著者はすぐにある人物に手紙を送った。相手のお名前はシェルバーン伯爵。当時の第八代ランズダウン侯爵の嗣子で、伯爵名は同家の長子に与えられる儀礼上の称号である。その頃著者は博士論文執筆のためにイギリス中の文書館や図書館を廻り、一次史料（本人自筆の史料）の渉猟に

ランズダウン侯爵家のボーウッド・ハウスのパンフレット

明け暮れていた。そのようななかで、当時まだ子孫のお屋敷に保管されていた文書もいくつかあり、そのうちのひとつが博士論文の主人公のひとりとなる第三代ランズダウン侯爵の文書であった。著者は冬休みを利用して、オクスフォードからも比較的近くにあるボーウッド・ハウスというランズダウン侯爵家のお屋敷に伺って、文書を調査させていただいた。ランズダウン侯爵家は、学術研究の公共的価値を深く理解し、それに貢献することを自らの義務としていた。

そのようなご縁でシェルバーン伯爵（一九九九年から第九代ランズダウン侯爵になられている）とも仲良くさせていただいていたのだ。その伯爵に手紙をお送りするや、すぐさまお返事が来た。伯爵のイートン校時代の親友（アルスウォーター子爵）が保守党の貴族院幹事長をしているので彼にチケットをとってもらった、というのである。

この伯爵からのお返事こそ、本物のイギリス貴族の「ノブレス・オブリージュ」だと身をもって深く感じ入ったものである。おかげで留学時代の親友たちと貴族院見学を経験することができ、三〇年ほど経った今でも懐かしく思い出す。

その後、「貴族」からは少し離れてしまい、その頂点に君臨する「王室」や「王権」の問題に著者の関心は移っていたが、このたび三〇年来の研究テーマとして「貴族」に立ち戻れたことは有り難い機会となった。

このような機会を与えてくれた三辺直太氏にあらためて感謝したい。また、本書の原稿段階では、特に古代中国の貴族について、岡本隆司先生（京都府立大学教授）に多大なるご示唆を頂戴した。記して感謝したい。またいつものとおり、著者の執筆活動を見守ってくれている家族にも感謝する。

あらためて申し上げる必要もないが、著者は本書で「封建的な貴族の復活」を訴えているわけではない。むしろ著者自身も含め、爵位や称号などいっさいもたないごく普通の人々でも、「徳」をしっかり学び、また積むことによって、精神的な「貴族」になることができる。そうすれば、私利私欲にとらわれず、公共の福祉のため、さらには国や地球のために貢献できるのではないか。そのためにも、いにしえから現在までの「貴族」のあり方を振り返ることが重要であり、それは読者にもある一定の共感を呼ぶことができるのではないか。そのような考えから本書を著したのである。

本書が多くの方々からご意見をいただけるものとなってくれることを切に希望している。

二〇二二年一二月二六日

エリザベス二世女王の遺徳をしのびながら、チャールズ三世の初めてのクリスマス・メッセージを視聴しつつ

君塚直隆

註

はじめに

（1）Gaston de Lévis, *Maximes, préceptes et réflexions sur différens sujets de morale et de politique* (5ème édition, Charles Gosselin, 1825), pp. 86-89.

（2）宮下遼『物語　イスタンブールの歴史』（中公新書、二〇二一年）、四三、九一～九二頁、小笠原弘幸『オスマン帝国――繁栄と衰亡の600年史』（中公新書、二〇一八年）、一八七頁。

（3）Harshan Kumarasingham, *A Political Legacy of the British Empire: Power and the Parliamentary System in Post-Colonial India and Sri Lanka* (I. B. Tauris, 2013), p. 96.

（4）マイケル・L・ブッシュ（指昭博・指珠恵訳）『ヨーロッパの貴族――歴史に見るその特権』（刀水書房、二〇〇二年）、二八頁。

（5）内藤湖南「概括的唐宋時代観」（神田喜一郎・内藤乾吉編『内藤湖南全集』第八巻、筑摩書房、一九六九年）、一一一～一一二頁、谷川道雄『中国中世社会と共同体』（国書刊行会、一九七六年）、一〇三頁。

第一章

（1）ボエティウス（渡辺義雄訳）『哲学の慰め』（筑摩叢書、一九六九年）、九九頁。

（2）同書、六八、九二～九三頁。

（3）プラトン（藤沢令夫訳）『国家』上巻（岩波文庫、一九七九年）、三七四頁。

（4）同書、四五二頁。

（5）プラトン（藤沢令夫訳）『国家』下巻（岩波文庫、一九七九年）、一八九、四三一頁、同上巻、七一、三七四頁。

（6）プラトン『国家』下巻、二〇七～二〇八頁。

（7）同書、二五〇～二五一頁。

（8）同書、二四七、二八四～二八五頁。

（9）アリストテレス（神崎繁・相澤康隆・瀬口昌久訳）「政治学」（『アリストテレス全集17』岩波書店、二〇一八年）、一四九頁。また、アリストテレスの六つの国制をわかりやすく解説しているのが、宇野重規『西洋政治思想史』（有斐閣アルマ、二〇一三年）、二二頁である。

（10）アリストテレス「政治学」、一八一頁。

（11）同書、一八八頁。

（12）同書、二一二～二一三頁。

（13）同書、二一四～二一五頁。

（14）同書、二一五～二一六頁。

（15）プラトン『国家』上巻、三四〇頁。

（16）アリストテレス「政治学」、二七八頁。

（17）伊藤貞夫『古典期アテネの政治と社会』（東京大学出版会、一九八二年）、一八～二二頁。

（18）同書、二四～二五頁。

（19）同書、二六～二九頁。

（20）Paul Cartledge, *Ancient Greece: A Very Short Introduction* (Oxford University Press, 2011), pp. 45-73.

（21）伊藤前掲書、六三～六五頁。

（22）同書、六六～七〇頁。

（23）同書、一〇九頁。

（24）同書、八〇、九三頁。

（25）同書、一〇四頁。

(26) 同書、一〇一～一〇五頁。なおトゥキュディデスの言葉は、トゥキュディデス（小西晴雄訳）『歴史』上巻（ちくま学芸文庫、二〇一三年）、一七七頁を、プラトンの言葉は、プラトン（久保勉訳）『ソクラテスの弁明・クリトン』（岩波文庫、一九二七年）、五四頁をそれぞれ参照。
(27) 伊藤前掲書、一一二～一一六頁。
(28) 南川高志『新・ローマ帝国衰亡史』（岩波新書、二〇一三年）、四三～四四頁。
(29) 伊藤前掲書、一一六～一一八頁。
(30) キケロー（角南一郎訳）『義務について』（現代思潮社、一九七四年）、三頁。
(31) 本村凌二『地中海世界とローマ帝国』（講談社学術文庫、二〇一七年）、一五九頁、宇野前掲書、三四頁。
(32) キケロー『義務について』、八三頁。
(33) 本村前掲書、一八八～一八九頁。
(34) キケロー『義務について』、一三頁。
(35) 同書、一四頁。
(36) 平田隆一「初期ラティウムとローマの起源」（松本宣郎編『世界歴史大系　イタリア史1』山川出版社、二〇二一年）、五〇～五二頁、安井萠「ローマ共和政の成立」（同書）、六四～七四頁、安井萠「ローマ共和政の政治システム」（同書）、七五～七六頁。
(37) 同、七六～七八頁。
(38) 弓削達『ローマ帝国論』（吉川弘文館、二〇一〇年）、五六～五八頁、安井「ローマ共和政の政治システム」（『イタリア史1』）、八七頁。
(39) 本村前掲書、一四三頁、ボエティウス『哲学の慰め』、九九頁。
(40) 安井「ローマ共和政の政治システム」（『イタリア史1』）、八九頁。
(41) 砂田徹「ローマの人的社会関係」（『イタリア史1』）、一〇七頁。
(42) 坂口明「イタリアの諸社会身分」（『イタリア史1』）、一六九～一七〇頁。
(43) 同、一七一～一七二頁。
(44) 同、一七五頁。
(45) 南川前掲書、五四頁、尚樹啓太郎『ビザンツ帝国の政治制度』（東海大学出版会、二〇〇五年）、二五～二六頁。
(46) 南川前掲書、五六～五七頁、David Crouch, *The Image of Aristocracy in Britain, 1000-1300* (Routledge, 1992), p. 42
(47) 南川前掲書、五七～五八頁、Crouch, *op.cit.*, p. 51.
(48) 尚樹前掲書、二八～二九、四一～四三頁。
(49) Crouch, *op.cit.*, p. 51.
(50) 中谷功治『ビザンツ帝国　千年の興亡と皇帝たち』（中公新書、二〇二〇年）「はじめに」、二一六～二一七頁を参照されたい。
(51) 尚樹前掲書、四九頁。
(52) 同書、五〇頁。
(53) 大月康弘「東ゴート支配下のイタリア」（『イタリア史1』）、二九八～三〇〇頁、Yitzhak Hen, *Roman Barbarians: The Royal Court and Culture in the Early Medieval West* (Palgrave Macmillan, 2007), pp. 46-47.
(54) 西村善矢「ランゴバルド王国」（『イタリア史1』）、三一三頁。
(55) 同、三一四頁。
(56) 同、三一七頁。
(57) 谷川道雄『中国中世社会と共同体』（国書刊行会、一九七六年）、一〇三頁。

(58) 岡本隆司『近代日本の中国観 石橋湛山・内藤湖南から谷川道雄まで』（講談社選書メチエ、二〇一八年）、一九一頁。
(59) 岡本隆司教授（京都府立大学）からのご教示による。記して感謝したい。
(60) 落合淳思『殷――中国史最古の王朝』（中公新書、二〇一五年）、五、二七頁。
(61) 佐藤信弥『周――理想化された古代王朝』（中公新書、二〇一六年）、二三、五一～五二頁。
(62) 吉本道雅『中国先秦史の研究』（京都大学学術出版会、二〇〇五年）、一五二頁。
(63) 吉本道雅「春秋五等爵考」（『東方學』第八七輯、一九九四年）、一五～二七頁。
(64) 岡本隆司『曾国藩 「英雄」と中国史』（岩波新書、二〇二二年）、一五七頁。また、李鴻章の活躍については、岡本隆司『李鴻章 東アジアの近代』（岩波新書、二〇一一年）を参照されたい。
(65) 金谷治訳注『論語』（岩波文庫、一九九九年）、三三、一四〇頁。
(66) 同書、三四～三五頁。
(67) 岡本隆司『東アジアの論理 日中韓の歴史から読み解く』（中公新書、二〇二〇年）、二九～三一頁。なお、儒教が正統思想となって以降は、徳治とともに礼治（この場合の「礼」は、秩序維持のための規範ないし規範意識、あるいはそれらの具体的な行為形式である儀礼や制度を意味する）が君主支配の根拠とされた。この点については、檀上寛『天下と天朝の中国史』（岩波新書、二〇一六年）、一九～二〇頁を参照。
(68)『論語』、三〇五頁。
(69) 内藤湖南「概括的唐宋時代観」（神田喜一郎・内藤乾吉編『内藤湖南全集』第八巻、一九六九年）、一一二～一一三頁。
(70) 宮崎市定『九品官人法の研究 科挙前史』（中公文庫、一九九七年）、二八頁。
(71) 同書、二九頁。
(72) 同書、三二～三九頁。
(73) 同書、四六頁。
(74) 同書、四七頁。
(75) 同書、五七～五八頁。
(76) 同書、八四～八五頁。
(77) 同書、五七〇頁。なお、科挙については、宮崎市定『科挙』（中公新書、一九六三年）を参照されたい。
(78) 宮崎『九品官人法の研究』、三三四、三五三～三五四頁。
(79) 内藤前掲書、一一一頁。
(80) 谷川前掲書、一〇六頁。
(81) 同書、一〇九頁。
(82) 同書、一五二頁。
(83) 同書、二〇四頁。
(84) 同書、二一二、二二一～二二三頁。
(85) 同書、二二五頁。
(86) たとえば、矢野主税『門閥社会成立史』（国書刊行会、一九七六年）、越智重明『魏晋南朝の貴族制』（研文出版、一九八二年）、渡邉義浩「西晋における五等爵制と貴族制の成立」（『史学雑誌』第一一六編第三号、二〇〇七年）、一～三一頁など。また、六朝貴族の特質に関しての論争の詳細は、中村圭爾『六朝貴族制研究』（風間書房、一九八七年）を参照されたい。
(87) 檀上前掲書、一一三頁。
(88) 同書、一五、一九五頁。

第二章

（1）モンテスキュー（野田良之ほか訳）『法の精神』上巻（岩波文庫、一九八九年）、六四～六五頁。
（2）内藤湖南「概括的唐宋時代観」（神田喜一郎・内藤乾吉編『内藤湖南全集』第八巻、一九六九年）、一一一頁。
（3）William Doyle, *Aristocracy* (Oxford University Press, 2010), p. 26.
（4）Yitzhak Hen, *Roman Barbarians: The Royal Court and Culture in the Early Medieval West* (Palgrave Macmillan, 2007), p. 103.
（5）Karl Ferdinand Werner, "Important noble families in the kingdom of Charlemagne - a prosopographical study of the relationship between king and nobility in the early middle ages," in Timothy Reuter, ed., *The Medieval Nobility: Studies on the ruling classes of France and Germany from the sixth to the twelfth century* (Notrh-Holland Publishing Company, 1978), p. 137.
（6）佐藤彰一『カール大帝』（世界史リブレット人29、山川出版社、二〇一三年）、四六～五〇頁。
（7）檀上寛『天下と天朝の中国史』（岩波新書、二〇一六年）、七一～七二頁。
（8）David Crouch, *The Image of Aristocracy in Britain, 1000–1300* (Routledge, 1992), pp. 96–97.
（9）*Ibid.*, pp. 90–91, 98–100.
（10）*Ibid.*, pp. 50–51.
（11）*Ibid.*, pp. 100–101.
（12）*Ibid.*, pp. 107–108.
（13）佐藤前掲書、五八～五九頁。
（14）J. F. Verbruggen, *The Art of Warfare in Western Europe during the Middle Ages* (Notrh-Holland Publishing Company, 1977), p. 26.
（15）渡辺節夫「中世の社会――封建制と領主制」（柴田三千雄・樺山紘一・福井憲彦編『世界歴史大系　フランス史1　先史～15世紀』山川出版社、一九九五年）、二八四～二八六頁。
（16）同書、二八五～二八六頁。
（17）山田欣吾「叙任権闘争の時代」、西川洋一「初期シュタウフェン朝」（成瀬治・山田欣吾・木村靖二編『世界歴史大系　ドイツ史1　先史～1648年』山川出版社、一九九七年）、一六七～一六九、二三三～二三四頁。
（18）渡辺「中世の社会――封建制と領主制」（『フランス史1』）、二八二頁。
（19）林田伸一「最盛期の絶対王政」（柴田三千雄・樺山紘一・福井憲彦編『世界歴史大系　フランス史2　16世紀～19世紀なかば』山川出版社、一九九六年）、二〇二～二一四頁。
（20）松浦義弘「フランス革命期のフランス」（『フランス史2』）、三四一頁。
（21）マイケル・L・ブッシュ（指昭博・指珠恵訳）『ヨーロッパの貴族――歴史に見るその特権』（刀水書房、二〇〇二年）、一〇頁。
（22）同書、三五頁。
（23）同書、第二章。
（24）同書、第三章。
（25）同書、第四章。
（26）同書、第五章。
（27）同書、第七章。

(28) 同書、第六章。

(29) Doyle. *op.cit.* p.15. ヨーロッパの軍事革命については、ジェフリー・パーカー（大久保桂子訳）『長篠合戦の世界史 ヨーロッパ軍事革命の衝撃 1500〜1800年』（同文舘、一九九五年）、高澤紀恵『主権国家体制の成立』（世界史リブレット29、山川出版社、一九九七年）、六二〜六七頁、を参照されたい。

(30) 出村和彦『アウグスティヌス 「心」の哲学者』（岩波新書、二〇一七年）、七、一六頁。

(31) アウグスティヌス「自由意志」（『アウグスティヌス著作集3 初期哲学論集(3)』泉治典・原正幸訳、教文館、一九八九年）、四七頁。

(32) 同書、五五〜五九頁。

(33) 同書、一三三頁。

(34) アウグスティヌス（服部英次郎訳）『神の国（一）』（岩波文庫、一九八二年）、二七三頁。

(35) 同書、一五二〜一五三頁。

(36) 同書、四二六〜四二七頁。なお、アウグスティヌスについては、柴田平三郎『アウグスティヌスの政治思想 『神国論』研究序説』（未来社、一九八五年）も参照した。

(37) 柴田平三郎『中世の春 ソールズベリのジョンの思想世界』（慶應義塾大学出版会、二〇〇二年）、一三五頁。

(38) 同書、三二三頁。

(39) 同書、三四〇頁。

(40) 同書、一二九、三五八頁。

(41) 同書、三八六頁。

(42) 山本芳久『トマス・アクィナス 理性と神秘』（岩波新書、二〇一七年）、七、五〇頁。

(43) 同書、五三〜五四頁、山本芳久『世界は善に満ちている トマス・アクィナス哲学講義』（新潮選書、二〇二一年）、一二一頁。

(44) 山本『トマス・アクィナス』、九九頁。

(45) 柴田平三郎『トマス・アクィナスの政治思想』（岩波書店、一九八六年）、一七四頁。

(46) トマス・アクィナス（柴田平三郎訳）『君主の統治について ――謹んでキプロス王に捧げる』（岩波文庫、二〇〇九年）、二八、六一、八八頁。

(47) マキアヴェッリ（河島英昭訳）『君主論』（岩波文庫、一九九八年）、七七頁。

(48) 同書、一一六頁。

(49) 同書、一二六〜一二七頁。

(50) 同書、一三二頁。

(51) 同書、一一〇〜一一一頁。

(52) エラスムス（沓掛良彦訳）『痴愚神礼讃』（中公文庫、二〇一四年）、六七頁。

(53) エラスムス（片山英男訳）「キリスト者の君主の教育」（『宗教改革著作集』第二巻、教文館、一九八九年）、二六五、二七五、二七七頁。

(54) エラスムス『痴愚神礼讃』、一六九〜一七〇頁。

(55) エラスムス「キリスト者の君主の教育」、二八六〜二八七頁。

(56) 同書、三一四頁。

(57) 同書、三二八頁。

(58) トマス・モア（平井正穂訳）『ユートピア』（岩波文庫、一九五七年）、二一、二七頁。

(59) 同書、五五頁。

(60) 同書、七四、一三一、一三五頁。

(61) 同書、二二六頁。
(62) Doyle, *op.cit.*, pp. 48-49.
(63) 皆川達夫『バロック音楽』(講談社現代新書、一九七二年)、八三〜八四頁。
(64) コリン・マシュー(君塚直隆訳)「公共生活と政治」(コリン・マシュー編・君塚直隆監訳『オックスフォード　ブリテン諸島の歴史9　19世紀　1815年—1901年』慶應義塾大学出版会、二〇〇九年)、二二〇〜二二四頁。また、指昭博編『祝祭がレジャーに変わるとき　英国余暇生活史』(創知社、一九九三年)も参照されたい。
(65) アダム・スミス(高哲男訳)『国富論(上)』(講談社学術文庫、二〇二〇年)、四九三頁。
(66) ソースタイン・ヴェブレン(村井章子訳)『有閑階級の理論[新版]』(ちくま学芸文庫、二〇一六年)、四九頁。
(67) ヴェルナー・ゾンバルト(金森誠也訳)『恋愛と贅沢と資本主義』(講談社学術文庫、二〇〇〇年)、八一頁。
(68) 同書、三四六頁。
(69) ノルベルト・エリアス(波田節夫・中埜芳之・吉田正勝訳)『宮廷社会』(法政大学出版局、一九八一年)、二二四〜二二五頁。
(70) 同書、二二九〜二三一頁。
(71) 同書、一五三頁。
(72) 同書、九一頁。
(73) ノルベルト・エリアス(赤井慧爾・中村元保・吉田正勝訳)『文明化の過程(上)　ヨーロッパ上流階層の風俗の変遷』(法政大学出版局、一九七七年)、一一八〜一一九頁。
(74) 同書、一四〇〜一四一、一七六〜一八一、二三三頁。なお、この問題については、山崎正和『社交する人間　ホモ・ソシアビリス』(中公文庫、二〇〇六年)、第六章も参照されたい。
(75) Richard Wilkinson, *Louis XIV: France and Europe 1661-1715* (Hodder & Stoughton, 2002), p. 113.
(76) Raymond Cohen, "On Diplomacy in the Ancient Near East: The Amarna Letters," *Diplomacy & Statecraft*, vol. 7, no. 2, 1996, pp. 245-270. また、アマルナ文書のより詳細な研究論集は、Raymond Cohen & Raymond Westbrook, eds., *Amarna Diplomacy: The Beginnings of International Relations* (Johns Hopkins University Press, 2000) を参照されたい。
(77) Isabella Lazzarini, *Communication & Conflict: Italian Diplomacy in the Early Renaissance, 1350-1520* (Oxford University Press, 2015), pp. 35-36.
(78) *Ibid.*, p. 242; Isabella Lazzarini, "The Conduct of the Embassy," in Monica Azzolini & Isabella Lazzarini, eds., *Italian Renaissance Diplomacy: A Sourcebook* (Pontifical Institute of Medieval Studies, Toronto, 2017), p. 42.
(79) Catherine Fletcher, *Diplomacy in Renaissance Rome: The Rise of the Resident Ambassador* (Cambridge University Press, 2015), p. 6.
(80) Cohen, op.cit., p. 250.
(81) Timothy McCall and Sean Roberts, "Art and the Material Culture of Diplomacy," in Azzolini & Lazzarini eds., *op.cit.*, p. 216.
(82) Serena Ferente, "Women and Men," in *ibid.*, p. 137; Paul M. Dover & Hamish Scott, "The Emergence of Diplomacy" in Hamish Scott, ed., *The Oxford Handbook of Early Modern European History, 1350-1750: Volume II: Cultures and Power* (Oxford University Press, 2015), p. 663.

（83）カリエール（坂野正高訳）『外交談判法』（岩波文庫、一九七八年）、二〇～三六頁、H・ニコルソン（斎藤眞・深谷満雄訳）『外交』（東京大学出版会、一九六八年）、一〇四～一一一頁。

（84）高坂正堯「近代ヨーロッパの勢力均衡」（『高坂正堯著作集第六巻　古典外交の成熟と崩壊』都市出版、二〇〇〇年）。

（85）エラスムス「キリスト者の君主の教育」、三四七頁。

（86）服部春彦「アンシァン・レジームの経済と社会」（『フランス史2』）、一一～一三頁、林田「最盛期の絶対王政」（同書）、二二〇頁。

（87）松浦「フランス革命期のフランス」（『フランス史2』）、三四四頁。

（88）服部「アンシァン・レジームの経済と社会」（『フランス史2』）、六六～六七頁。

（89）川出良枝『貴族の徳、商業の精神　モンテスキューと専制批判の系譜』（東京大学出版会、一九九六年）、第一章。

（90）同書、第二章。

（91）同書、第三章。

（92）同書、一六三頁。

（93）同書、二四三～二四六頁。

（94）モンテスキュー『法の精神』上巻、六五頁。

（95）スタール夫人（エレーヌ・ド・グロート・梶谷温子・中村加津・大竹仁子訳）『ドイツ論3――哲学と宗教』（鳥影社、一九九六年）、二〇六～二〇七頁。

（96）エドマンド・バーク（中野好之訳）『フランス革命についての省察（上）』（岩波文庫、二〇〇〇年）、八八～八九頁。

（97）Marquis de Mirabeau, *L'Ami des Hommes: ou, Traité de la population* (Avignon, 1762), Vol. 1, p. 123.

（98）Count de Mirabeau, *Considerations on the Order of Cincinnatus* (London, 1785), p. 78.

（99）A・de・トクヴィル（井伊玄太郎訳）『アンシァン・レジームと革命』（講談社学術文庫、一九九七年）、二一九頁。

（100）ブッシュ前掲訳書、九一頁。

（101）本池立「ナポレオン帝国」（『フランス史2』）、四一九頁、上垣豊「立憲王政」（同書）、四五八頁。

（102）増井実子「スペイン帝国衰退の時代」（関哲行・立石博高・中塚次郎編『世界歴史大系　スペイン史1　古代～近世』山川出版社、二〇〇八年）、三七〇頁。

（103）君塚直隆『近代ヨーロッパ国際政治史』（有斐閣、二〇一〇年）、終章。

第三章

（1）A・de・トクヴィル（井伊玄太郎訳）『アンシァン・レジームと革命』（講談社学術文庫、一九九七年）、五八～五九頁。

（2）同書、二五三頁。

（3）トクヴィルについては、宇野重規『デモクラシーを生きる――トクヴィルにおける政治の再発見』（創文社、一九九八年）、同『トクヴィル　平等と不平等の理論家』（講談社選書メチエ、二〇〇七年）を参照されたい。

（4）トクヴィル前掲訳書、一四四頁。

（5）マイケル・L・ブッシュ（指昭博・指珠恵訳）『ヨーロッパの貴族――歴史に見るその特権』（刀水書房、二〇〇二年）、七六～七八頁。

（6）John Maddicott, "Origins and Beginnings to 1215," in Clyve Jones, ed., *A Short History of Parliament* (The Boydell Press,

2012): Paul Brand, "The Development of Parliament, 1215-1307," in *ibid.*

（7）David Crouch, *The Image of Aristocracy in Britain, 1000-1300* (Routledge, 1992), pp. 46-47.

（8）Chris Given-Wilson, "The House of Lords, 1307-1529," in Jones, ed., *op.cit.*; Simon Payling, "The House of Commons, 1307-1529," in *ibid.*

（9）Crouch, *op.cit.*, p. 53.

（10）*Ibid.*, pp. 100-101.

（11）*Ibid.*, pp. 91-92.

（12）水谷三公『英国貴族と近代　持続する統治　1640-1880』（東京大学出版会、一九八七年）、四二頁。

（13）コリン・マシュー編（君塚直隆監訳）『オックスフォード　ブリテン諸島の歴史9　19世紀　1815年-1901年』（慶應義塾大学出版会、二〇〇九年）、四〇三頁。

（14）ローレンス・オリヴィエ（小田島雄志訳）『一俳優の告白　ローレンス・オリヴィエ自伝』（文藝春秋、一九八六年）、二八五頁。

（15）Crouch, *op.cit.*, pp. 120-121.

（16）*Ibid.*, pp. 150-151.

（17）*Ibid.*, pp. 164-165.

（18）トクヴィル前掲訳書、三二一頁。

（19）Dominic Lieven, *The Aristocracy in Europe, 1815-1914* (Macmillan, 1992), pp. 23-25; ブッシュ前掲訳書、二七一〜二七二頁。

（20）水谷前掲書、九〜一〇頁。

（21）大久保桂子「十八世紀の社会」（今井宏編『世界歴史大系　イギリス史2―近世―』山川出版社、一九九〇年）、三六九〜三七〇頁。

（22）水谷前掲書、二五頁。

（23）同書、二四五頁。

（24）Lieven, *op.cit.*, pp. 109-111.

（25）*Ibid.*, p. 114.

（26）エドマンド・バーク（中野好之訳）「現代の不満の原因」（『エドマンド・バーク著作集1』みすず書房、一九七三年）、二一二頁。

（27）A. P. Stanley, *The Life and Correspondence of Thomas Arnold of Rugby School* (John Murray, 1846), p. 105. なおこの言葉は、リットン・ストレイチー（橋口稔訳）「アーノルド博士伝」（『ナイティンゲール伝　他一篇』岩波文庫、一九九三年）、一三〇頁でも引用されている。

（28）Lieven, *op.cit.*, pp. 163-165.

（29）*Ibid.*, pp. 110-111.

（30）金澤周作『チャリティとイギリス近代』（京都大学学術出版会、二〇〇八年）、一九二〜一九四頁。

（31）E. A. Smith, *The House of Lords in British Politics and Society 1815-1911* (Longman, 1992), p. 138.

（32）Payling, op.cit., pp. 79-80.

（33）ブッシュ前掲訳書、九〇頁; W. A. Speck, *Reluctant Revolutionaries: Englishmen and the Revolution of 1688* (Oxford University Press, 1988), p. 246.

（34）Bob Harris, "The House of Commons, 1707-1800," in Jones, *op.cit.*, p. 174.

（35）川出良枝『貴族の徳、商業の精神　モンテスキューと専制批判の系譜』（東京大学出版会、一九九六年）、二一六〜二一七頁。

（36）Lieven, *op.cit.*, p. 205.

(37) 高濱俊幸『言語慣習と政治——ボーリングブルックの時代』(木鐸社、一九九六年)、第4章「愛国王の理念」。また、モンテスキューとボリングブルックとの関係については、見市雅俊「モンテスキューとボーリングブルック」(樋口謹一編『モンテスキュー研究』白水社、一九八四年)を参照されたい。
(38) ブッシュ前掲訳書、二六一〜二六二頁。
(39) トマージ・ディ・ランペドゥーサ(小林惺訳)『山猫』(岩波文庫、二〇〇八年)、四一頁。
(40) E. A. Smith, *Lord Grey 1764–1845* (Clarendon Press, 1990), p. 282.
(41) *Ibid*., p. 259.
(42) John Lowe, *The Concert of Europe: International Relations, 1814–70* (Hodder & Stoughton, 1990), pp. 72–73.
(43) Paul Adelman, *Peel and the Conservative Party 1830–1850* (Longman, 1989), pp. 12–13.
(44) Lieven, *op.cit*., p. 228.
(45) 小林章夫『イギリス貴族』(講談社現代新書、一九九一年)、一〇二頁。
(46) Robert Stewart, "'The Conservative Reaction': Lord Robert Cecil and Party Politics," in Lord Blake & Hugh Cecil, eds., Salisbury: *The Man and his Politics* (St. Martin's Press, 1987), pp. 110–111.
(47) ダービ伯爵の政治指導のあり方については、Angus Hawkins, *The Forgotten Prime Minister: The 14th Earl of Derby* (2vols Oxford University Press, 2007) を参照されたい。
(48) ソールズベリ侯爵に関する近年の研究としては、David Steele, *Lord Salisbury: A Political Biography* (UCL Press, 1999); Andrew Roberts, *Salisbury: Victorian Titan* (Weidenfeld & Nicolson, 1999); Michael Bentley, *Lord Salisbury's World: Conservative Environments in Late-Victorian Britain* (Cambridge University Press, 2001) などを参照されたい。
(49) スタール夫人(エレーヌ・ド・グロートほか訳)『ドイツ論3——哲学と宗教』(鳥影社、一九九六年)、二一〇頁。
(50) David Cannadine, *The Decline and Fall of the British Aristocracy* (Yale University Press, 1990), p. 20. また、ロシアの貴族については、坂内知子「ロシア貴族とウサージバ:A・オレーニンと別邸プリユーチノ(1)」(『人文・自然研究』第6号、一橋大学大学教育研究開発センター、二〇一二年)、一六五頁を参照。
(51) Cannadine, *op.cit*., pp. 26, 39.
(52)「人民予算」をめぐるイギリス議会内外の対立については、水谷三公『王室・貴族・大衆　ロイド・ジョージとハイ・ポリティックス』(中公新書、一九九一年)を参照されたい。また、ロイド＝ジョージについては、君塚直隆『悪党たちの大英帝国』(新潮選書、二〇二〇年)、第六章を参照。
(53) Cannadine, *op.cit*., p. 74;、水谷『王室・貴族・大衆』、二三一頁。
(54) Cannadine, *op.cit*., pp. 82–83.
(55) *Ibid*., p. 92.
(56) *Ibid*., pp. 159, 165.
(57) H. G. Wells, *The Research Magnificent* (T. Fisher Unwin, 1926), p. 369.
(58) H・G・ウェルズが君主制嫌いで知られていたことは、君塚直隆『立憲君主制の現在　日本人は「象徴天皇」を維持できるか』(新潮選書、二〇一八年)、三〜五頁を参照されたい。

（59）Frank Prochaska, *Royal Bounty: The Making of a Welfare Monarchy* (Yale University Press, 1995), pp. 143-145.
（60）Cannadine, *op.cit.*, p. 315.
（61）*Ibid.*, p. 200.
（62）*Ibid.*, p. 204.
（63）*Ibid.*, p. 327.
（64）Nancy Mitford, *Noblesse Oblige: An Enquiry into the Identifiable Characteristics of the English Aristocracy* (Hamish Hamilton, 1956), p. 55.
（65）初代リーズデイル男爵については、A・B・ミットフォード（長岡祥三訳）『英国外交官の見た幕末維新　リーズデイル卿回想録』（講談社学術文庫、一九九八年）、A・B・ミットフォード（長岡祥三訳）『ミットフォード日本日記　英国貴族の見た明治』（講談社学術文庫、二〇〇一年）を参照されたい。
（66）ダイアナについては、山本みずき「越境するファシズム――ダイアナ・ミットフォードとBUFのナチスへの接近」（『法學政治學論究』慶應義塾大学大学院法学研究科、第129号、二〇二一年）を参照されたい。
（67）Cannadine, *op.cit.*, p. 626.
（68）*Ibid.*, pp. 630, 642, 649.
（69）*Ibid.*, pp. 688, 702-703.
（70）長谷川如是閑『倫敦！　倫敦？』（岩波文庫、一九九六年）、二六七頁。
（71）Jason Peacey, "The House of Lords and the 'Other House', 1640-60," in Jones, ed., *op.cit.*, p. 49.
（72）Robin Eagles, "The House of Lords, 1660-1707," in *ibid.*, p. 55.
（73）Harris, op.cit.
（74）バーク前掲訳書、二六七頁。
（75）ウォルター・バジョット（小松春雄訳）『イギリス憲政論』（中公クラシックス、二〇一一年）、一一二、一一五頁。
（76）同書、一一八頁。
（77）同書、一二六、一三〇～一三一頁。
（78）同書、一三六頁。
（79）C. C. Weston, *The House of Lords and Ideological Politics: Lord Salisbury's Referendal Theory and the Conservative Party, 1846-1922* (American Philosophical Soceity, 1995).
（80）バジョット前掲訳書、一三七～一三八頁。
（81）同書、一三九～一四二頁。
（82）Chris Ballinger, *The House of Lords 1911-2011: A Century of Non-Reform* (Hart Publishing, 2012), pp. 17, 25.
（83）田中嘉彦『英国の貴族院改革　ウェストミンスター・モデルと第二院』（成文堂、二〇一五年）、八三頁。
（84）Donald Shell, *The House of Lords* (Philip Allan, 1988), p. 10; 田中前掲書、三九頁。
（85）一九二三年五月に保守党のアンドリュー・ボナ＝ロウ首相が病気のため辞任を決意し、貴族院議員のカーズン侯爵（外相）と庶民院議員のスタンリ・ボールドウィン（財務相）が候補となり、ボールドウィンが後継首班に選ばれた。また一九四〇年五月には戦争指導の責任をとり、保守党のネヴィル・チェンバレン首相が辞意を表明し、貴族院議員のハリファクス子爵（外相）と庶民院議員のウィンストン・チャーチル（海相）が候補となり、チャーチルが選ばれた。
（86）田中前掲書、四〇～四一、八八～八九頁。
（87）バジョット前掲訳書、一五六頁。

(88) Olive Anderson, "The Wensleydale Peerage Case and the Position of the House of Lords in the Mid-Nineteenth Century," *English Historical Review*, vol. 82, 1967, pp. 486-502.
(89) バジョット前掲訳書、一五〇頁。
(90) Peter Dorey, "The House of Lords since 1949," in Jones, ed., *op.cit.*, p. 230.
(91) Ibid., p. 231; Shell, *op.cit.*, p. 202.
(92) Ballinger, *op.cit.*, pp. 104-126.
(93) *Ibid.*, p. 159.
(94) *Ibid.*, p. 173; 田中前掲書、五〇、九八〜九九頁。
(95) 同書、六八〜七二頁。
(96) 同書、一〇五頁。
(97) 同書、一五二〜一五三頁。
(98) 同書、七八頁、Ballinger, *op.cit.*, pp. 180-187.

第四章

(1) 福澤諭吉「日本の華族」(慶應義塾編纂『福澤諭吉全集』第一巻、岩波書店、一九六〇年)、二七〇頁。
(2) 橋本義彦『平安貴族』(平凡社、二〇二〇年)、一〇八頁。
(3) 土田直鎮『王朝の貴族』(日本の歴史5、中公文庫、改版、二〇〇四年)、一二二頁。
(4) 大久保利謙『華族制の創出』(大久保利謙歴史著作集3、吉川弘文館、一九九三年)、四〜七頁。なお、古代中国の支配層に「貴族」という用語を充てたのは、第一章にも登場した内藤湖南である(岡本隆司先生のご教示による)。
(5) 橋本前掲書、一〇八〜一一〇頁。
(6) 土田前掲書、一二五頁、美川圭『公卿会議——論戦する宮廷貴族たち』(中公新書、二〇一八年)、七頁。
(7) 橋本前掲書、一一六頁。
(8) 土田前掲書、一三二〜一三三頁。
(9) 橋本前掲書、八六〜八七頁、美川前掲書、二二八頁。
(10) 大久保前掲書、七四〜七七頁、小田部雄次『華族 近代日本貴族の虚像と実像』(中公新書、二〇〇六年)、一五〜一六頁、浅見雅男『華族誕生 名誉と体面の明治』(講談社学術文庫、二〇一五年)、一三〜一四頁。
(11) 小田部前掲書、一八〜一九頁、浅見前掲書、七八〜七九頁。
(12) 大久保前掲書、三三九〜三四三頁、小田部前掲書、一〇八頁。
(13) 同書、二〇〜二一頁。
(14) 大久保前掲書、四六九〜四八五頁、小田部前掲書、三六〜三七頁。
(15) 日本の勲章制度については、伊達宗克『日本の勲章——逸話でつづる百年史』(りくえつ、一九七九年)を参照されたい。
(16) 大久保前掲書、三九七頁。
(17) 同書、三〇七〜三〇八、三一四〜三一五、四六〇〜四六三頁、小田部前掲書、四二〜五一頁。
(18) 大久保前掲書、二七八頁、小田部前掲書、九三〜九八頁。
(19) 同書、六〇〜六三頁。
(20) 同書、六七〜六八頁、浅見前掲書、三三〜三八頁。
(21) 小田部前掲書、七八〜八八、九〇〜九一頁。
(22) 同書、一二一頁。
(23) 同書、一二五〜一三〇頁。
(24) 吉野作造「欧洲大戦と平民政治」(『吉野作造選集5 大戦期の国際政治』岩波書店、一九九五年)、一九二頁。
(25) 同書、一九一頁。

(26) 小田部前掲書、一四〇～一四二頁。
(27) 大久保前掲書、一八五～一八六、三〇〇～三〇三頁。
(28) 同書、二二一～二三〇、二四三頁。
(29) 内藤一成『貴族院』(同成社、二〇〇八年)、九～一一頁。
(30) 同書、一五～一七頁。
(31) 新城道彦『朝鮮王公族――帝国日本の準皇族』(中公新書、二〇一五年)。
(32) 福澤諭吉「貴族院議員の本分」(慶應義塾編纂『福澤諭吉全集』第一六巻、岩波書店、一九六一年)、四七七～四七八頁。
(33) 内藤前掲書、三一～三三頁。
(34) 同書、三四頁。
(35) 同書、三五～三七頁。
(36) 同書、七一、七四頁。
(37) 同書、九四～九六、一一三頁。
(38) 同書、一二三～一二六頁。
(39) 吉野作造「貴族院改正問題」(『吉野作造選集4　大戦後の国内政治』岩波書店、一九九六年)、八六～九五頁。
(40) 近衛文麿「貴族院論」(近衛文麿『清談録』千倉書房、新版、二〇一五年)、一二四頁。なお、『東京日日新聞』に連載時の正式な題名は「我国貴族院の採るべき態度」であった。
(41) 同書、一二六頁。
(42) 同書、一三一～一三二頁。
(43) 筒井清忠「近衛文麿『清談録』復刊によせて」(同書)、x-xi。
(44) 吉野作造「近衛公の貴族院論を読む」(『吉野作造選集4』)、一二九～一三〇頁。
(45) 内藤前掲書、一三五～一三八頁。
(46) 同書、一九四～一九八、二〇六頁。
(47) 同書、二一七～二三二頁。
(48) 小田部前掲書、三〇三頁。
(49) 筒井清忠『天皇・コロナ・ポピュリズム――昭和史から見る現代日本』(ちくま新書、二〇二二年)、四七頁。
(50) 藤田尚徳『侍従長の回想』(講談社学術文庫、二〇一五年)、四五、一九四頁。
(51) 高見勝利『現代日本の議会政と憲法』(岩波書店、二〇〇八年)、一三七～一三九頁。
(52) 竹中治堅『参議院とは何か　1947～2010』(中公叢書、二〇一〇年)、三九頁。
(53) 高見前掲書、一三九頁。
(54) 竹中前掲書、八～一〇頁。
(55) 同書、六～七、一八、二五頁。
(56) 同書、三四六～三四八頁。
(57) 近衛前掲書、一三四頁。
(58) 高見前掲書、一三三～一三五頁。
(59) 竹中前掲書、三三〇頁。
(60) 同書、三四三～三五三頁。
(61) 岩崎美紀子『二院制議会の比較政治学――上院の役割を中心に』(岩波書店、二〇一三年)、一～二、一八八頁。
(62) 竹中前掲書、三四五頁。
(63) 岩崎前掲書、七〇頁。
(64) 古屋安雄「武士道から平民道へ」(新渡戸基金編『新渡戸稲造研究』第一三号、二〇〇四年)、九七～一〇〇頁。
(65) 故團男爵傳記編纂委員会編『男爵團琢磨傳』下巻(ゆまに書房、一九三八年)、六三～六八頁。なお、新渡戸と團の思想については、小川原正道『明治日本はアメリカから何を学んだのか――米国留学生と『坂の上の雲』の時代』（文春新書、二〇二一年）から示唆を受けた。

おわりに

（1）福澤諭吉「西洋富豪の事情は我国に異なり」（慶應義塾編纂『福澤諭吉全集』第一六巻、岩波書店、一九六一年）、六六三～六六四頁。

（2）丸山登『寄附文化とスピリチュアリティ　渋沢栄一と大原孫三郎の場合』（東洋館出版社、二〇二一年）を参照されたい。

（3）アダム・スミス（高哲男訳）『国富論』上巻（講談社学術文庫、二〇二〇年）、四九八頁。

（4）ＢＢＣホームページ（https://www.bbc.co.uk/mediacentre/2021/bbc-newscast-prince-william）：「ウィリアム王子インタビュー」（二〇二一年一〇月一四日）。

（5）宮内庁ホームページ（https://www.kunaicho.go.jp/page/kaiken/show/51）：「天皇陛下の記者会見」（令和四年二月二一日）。

新潮選書

貴族《きぞく》とは何《なに》か　ノブレス・オブリージュの光《ひかり》と影《かげ》

著　者……………… 君塚直隆《きみづかなおたか》

発　行……………… 2023年1月25日
3　刷……………… 2023年10月25日

発行者……………… 佐藤隆信
発行所……………… 株式会社新潮社
〒162-8711 東京都新宿区矢来町71
電話　編集部 03-3266-5611
　　　読者係 03-3266-5111
https://www.shinchosha.co.jp
シンボルマーク／駒井哲郎
装幀／新潮社装幀室
図版作成／松永レイ

印刷所……………… 株式会社三秀舎
製本所……………… 株式会社大進堂

ISBN978-4-10-603894-5 C0320

立憲君主制の現在
日本人は「象徴天皇」を維持できるか
君塚直隆

各国の立憲君主制の歴史から、君主制が民主主義の欠点を補完するメカニズムを解き明かし、日本の天皇制が「国民統合の象徴」として機能する条件を問う。《新潮選書》

悪党たちの大英帝国
君塚直隆

辺境の島国を世界帝国へ押し上げたのは、七人の悪党たちだった。ヘンリ八世、クロムウェル、パーマストン、チャーチル……その驚くべき手練手管を描く。《新潮選書》

悪党たちの中華帝国
岡本隆司

中国の偉人はなぜ「悪党」ばかりなのか。安禄山、馮道、永楽帝、朱子、王陽明、梁啓超……十二人の事績を辿り、彼らが悪の道に堕ちた背景を解き明かす。《新潮選書》

ハレム
女官と宦官たちの世界
小笠原弘幸

性愛と淫蕩のイメージで語られてきたイスラム世界の後宮ハレム。六百年にわたりオスマン帝国を支えたハイスペックな官僚組織の実態を、最新研究で描く。《新潮選書》

戦争の日本中世史
「下剋上」は本当にあったのか
呉座勇一

源平合戦、元寇、南北朝動乱、応仁の乱……中世の二百年間ほど死が身近な時代はなかった。下剋上だけでは語られぬ「戦争の時代」を生きた人人のリアルな実像。《新潮選書》

武士とは何か
呉座勇一

忠義よりも領地とメンツが大事。源義家から伊達政宗まで、史料に残された名言・暴言・失言から、中世武士のアナーキーな行動原理を読みとく画期的論考。《新潮選書》

尊皇攘夷
水戸学の四百年
片山杜秀

天皇が上か、将軍が上か？ 維新は水戸学の究極の問いから始まった。徳川光圀から三島由紀夫の自決まで、日本のナショナリズムの源流をすべて解き明かす。《新潮選書》

明治維新の意味
北岡伸一

驚くほどのスピード感をもって進められた近代国家樹立。それを可能にした人的要素と政策論議のあり方を、政治外交史の専門家が独自の観点から解明する。《新潮選書》

「維新革命」への道
「文明」を求めた十九世紀日本
苅部直

明治維新で文明開化が始まったのではない。日本の近代は江戸時代に始まっていたのだ。十九世紀の思想史を通観し、「和魂洋才」などの通説を覆す意欲作。《新潮選書》

未完の西郷隆盛
日本人はなぜ論じ続けるのか
先崎彰容

アジアか西洋か。道徳か経済か。天皇か革命か。福澤諭吉・頭山満から、司馬遼太郎・江藤淳まで、西郷に「国のかたち」を問い続けた思想家たちの一五〇年。《新潮選書》

大久保利通
「知」を結ぶ指導者
瀧井一博

冷酷なリアリストという評価にいまだ支配される大久保利通。だが、それは真実か？ 膨大な史資料を読み解き、現代に蘇らせる、新しい大久保論の決定版。《新潮選書》

指揮官たちの第二次大戦
素顔の将帥列伝
大木毅

南雲、デーニッツ、パットン、ジューコフ……彼らは本当に「名将」だったのか。『独ソ戦』の著者が六カ国十二人を精緻に再評価する、軍人評伝の決定版！《新潮選書》